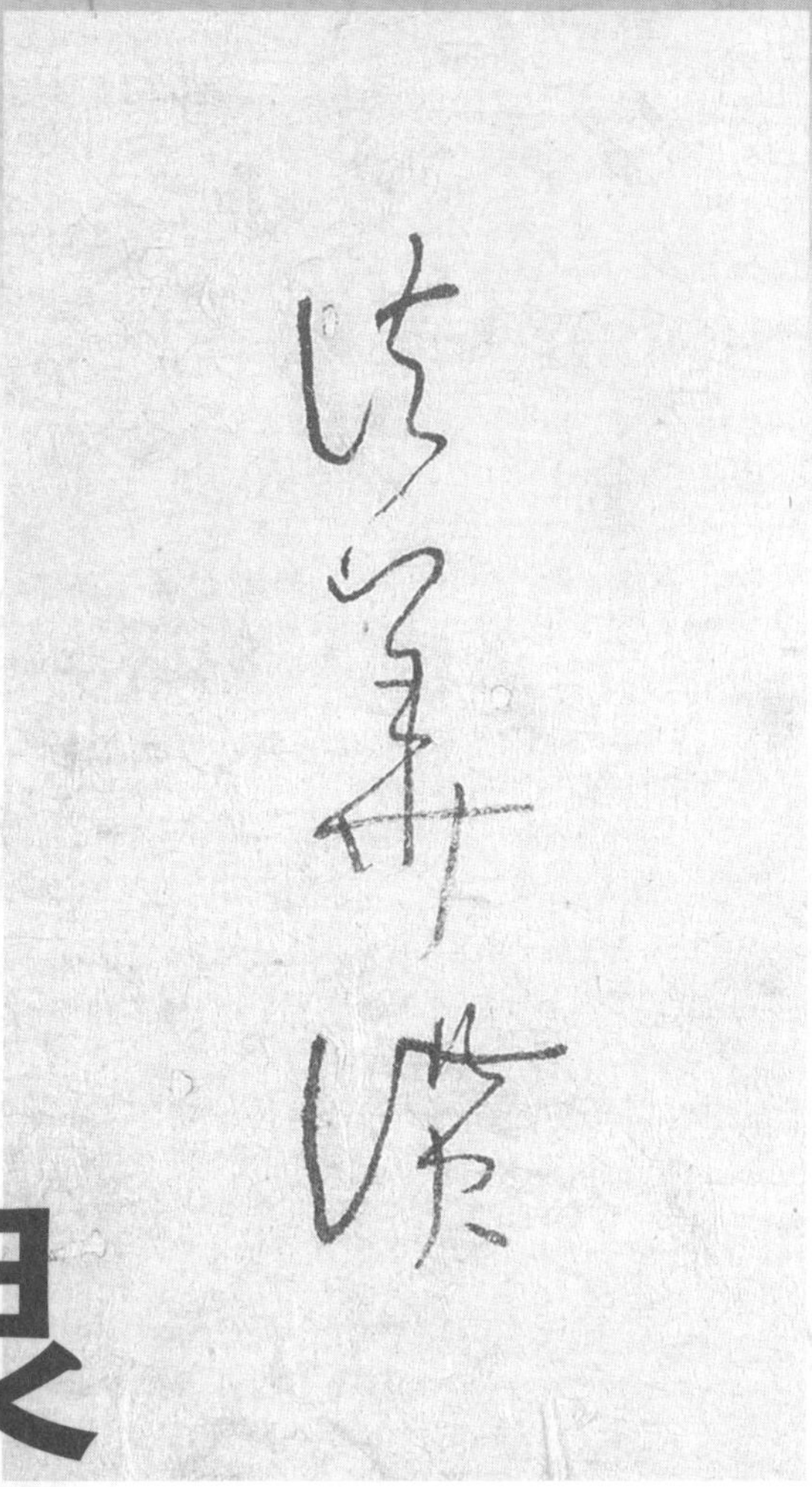

良寛「法華讃」

全国良寛会 監修
竹村牧男 著

春秋社

良寛『法華讃』

（新潟市所蔵）

法華讃

法華讃　開口

開口謗法華、杜口謗法華、法華云何讃
合掌曰南無妙法華
序品
即此見聞非見聞、不來〻不去〻、更無名字安
著、其是之謂無量義
夜半漆桶放光明、天曉木杓失眼根、失眼根直
至如今尋無痕　較些子
馬頭

至如今二十年無痕　較些子

馬頭没牛頭回白毫光裏絶纖塵自錯認着恁　果然一

果然把不住　可惜許

果然一逸多問話頭無端落三九思量

可惜許果然把不住

一箇高〻峯頂立一箇深〻海底行烏亡為賞

兄與弟引弄諸法一如聲耳　好箇一場曲調

古佛法華今佛轉〻去轉來〻益高箇間假令

轉〻百千度初中後善法華轉　三世諸佛在

裏許頭出頭没又〻鍛錬不出汁

日朝〻出東月夜〻沈西消道七佛師本光瑞

若斯　将謂多少奇特

方便品　欣然失拳

人々有箇護身符一生再活用何磬會中若
有仙陀客何必瞿曇勞出定　惡水驀頭澆
度生已了未生先安詳出定太無諸當時鶖
子見機作輸却五千退席子　寶劍在手

是非思慮之所及　謂以寂默詮幽致　有人若問
端的意　諸法元來如是　泊曾錯會
如是性相如是因　日有清光花有陰　看々法華開
演日不知何處是陸沈　按牛頭喫草
十方佛土狂指注　唯有一乗早多子　縦向聲前薦取
去哉道靈龜曳尾　㯓縱々生

去我道靈龜々曳尾 拂蹤々生

諸佛出世了非佗 祖師西來復何傳 且歸林下料

擻々者娘生鼻孔在誰邊 著忙作什麼

諸法從來寂滅相 鬧者鬧 忙者忙 若能至此急

著眼 何用兀々兀々 鬢眉成霜 無糟糠

騰々兀々只麼過 滿頭灰土滿面垢 唯此一事

世不要麼甚麼 一二三之旨 咨度十三時作麼生

以三歸一日西斜 開一為三一雁 哶沙箇中意旨

如相問法華從来轉法華 咨 更雪上加霜去

開一為三楊柳翠 以三歸一梅花芳 有人若問

箇中意 實涙出於愁人腸 愁人向愁人説々

向愁人愁殺人

乃至童子戲聚沙作佛塔 當時我若在隨

後打一巾 是什麼心行

譬喩品　勸君更盡一杯酒　西出陽關無故人

若坐禪若經行二十年前狂苦辛世尊於法

雖不惜奈何我曹敢因循　悔不慎當初

作者聊列羊鹿牛癡子驚喜太無端十方三世

唯一門不知奔走向那邊　忍俊韓獹空上階

昔時三車名空有今日一乘實也休盡情所　狂狗逐塊

却日中桂清光是非等閑秋　放過一着

千古與萬古輪轉白牛車看々疾如鳥去々

向誰家　作麼作麼　又只在這裏

信解品　之又打破飯盌様

自従一家郷別父倒指早是五十春今日相逢不
相識甘作下賤客作人　貧児思旧債
手把白払也侍左右威徳特尊厳難正視是非傭作
恃物地悔当初来至於此　以下劣宝几珍御

他時異日於牖看憔悴汚穢実可悲脱下瓔珞
細軟服故著麁弊塵垢衣　以有驚異蟄奴白特
或軟語或苦言百計千謀漸留親比奈何熟処信難
忘猶自門外止草菴　幽州猶可

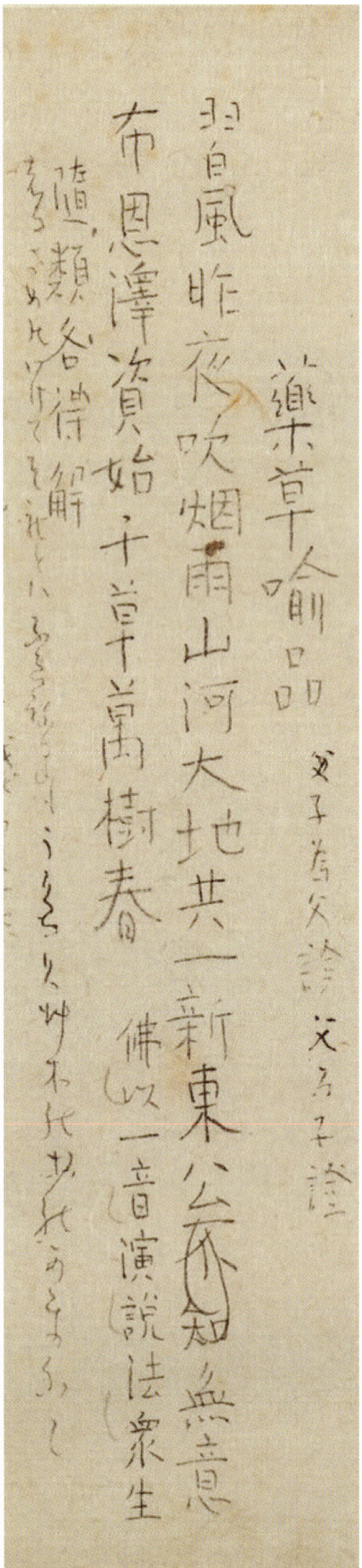

藥草喩品　文子為父説　文為子説

羽白風昨夜吹烟雨山河大地共一新東公知無意

布恩澤資貧始十草千萬樹春　佛以一音演説法衆生

隨類各得解

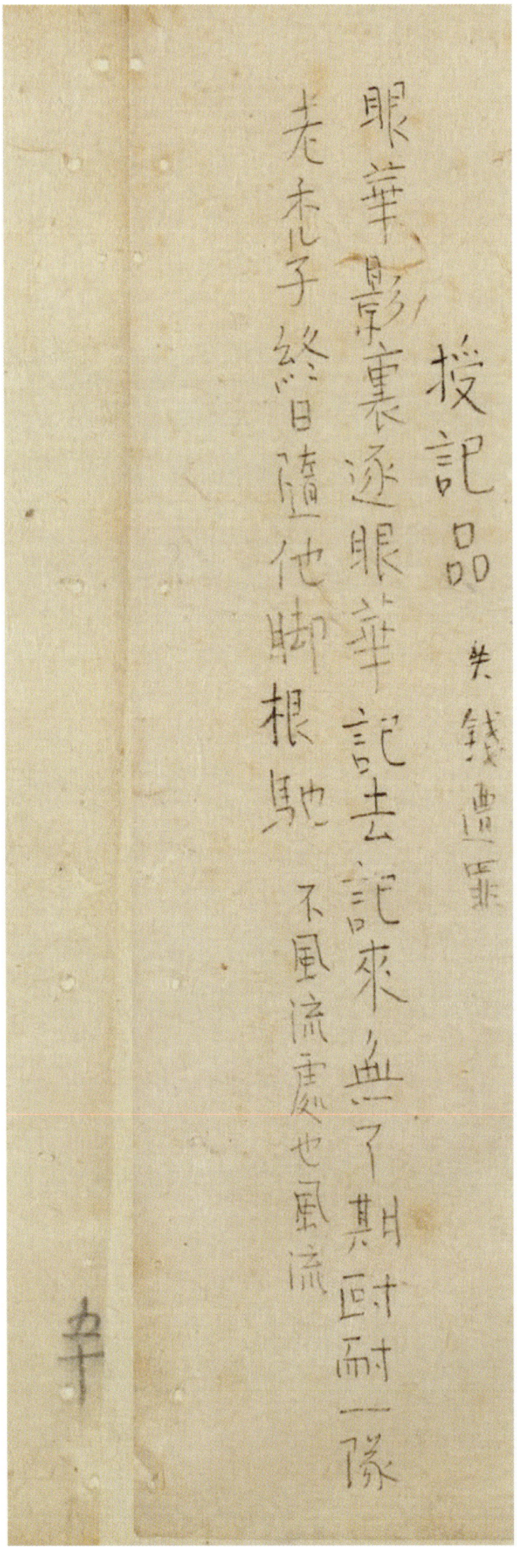

授記品　失錢遭罪

眼華影裏逐眼華記去記來無了期尉耐一隊

老和子終日隨他脚根馳　不風流處也風流

化城喩品　自愛盡遠議道、愛直談

十劫坐道場佛法不現前爲報諸方學道客　云
此莫作等閑看　きゝえてる、
過於十劫了佛法現在前　將謂也多少奇特事正眼
眼看來只如然　きゝつまえり人もる
現前不現前相去是多少毘婆尸佛早留心直至
于今不得妙　あえ北きちやま安函のふる
大通智勝坐道場不得成佛于今在不信君向未
園看冬〻瓜大於苦瓜大　古佛猶在
二儀（暉）光明不到處萬物同時現在前不知此事如
何了大家來日普請看　放棊甲過
可怕迴絶無人地權（假）立化城休視聽縱至這裏不
皆住依前猶爭半月程　不知何處是寶所

五百弟子授記品　萬十賊大敗　賊身已彰

鼻孔已在佗手裏　説什麼半千眼睛過狀　科條　箇〻不
及攀攀攀黄面老子一状領　五百水牯牛向甚麼
處去　蒼天蒼天　款呈

憶得二十年治生太艱難　祇為衣食故貧里空
往還路途逢道人　若説舊時縁　却見衣内寶于
今現在前自茲親受用　日夜恣周旋　全得佗力
恒河邊𥫗渴　飯箩維裡乞食　窮餐明〻一條路千古開
眼賬誰先兮誰後　自今休謾論　何得何兮何失元

來只如然雖得非是顯　失時隱那邊〻右看衣裏
珠擇　覚為何色　允即得不違
此珠不知何處在　或懸衣内　或髻中　然雖光彩透
畫夜不奈作者徒費功　因知下和演是等閑垂

學無學人記品　訓在臺樓　法酒雲相邀同

空王佛時同發心、或精進、或多聞　一聲横笛離亭　喫趙州茶

暮君向瀟湘我向秦　途中善爲

空王佛時同發心、或多聞、或精進　雖然取捨各隨

汝《意》等開莫說遲與迅　弄巧爲拙

空王佛時早抜本說甚麼半斤八兩　自家未《不》了　猶是

可强與佗人作榜樣　瀟河賣却假銀城

きさとくのいふへれたふみてあふられて出ひとほさきに

ふくるかとゐほか。

我法從來難《妙》思議　誰開蝦口說相評　羅睺長子阿難

侍本願力故度衆生　意足不求顏色似全身相与九方

皐

釘餖又自補修章楷綴六十六年春月　哀

法師品

空為座慈悲為室等閑披着忍辱衣従容吼哮　（職 披起）

無畏説栴檀林中獅子児　（大好谷 涼飈颯々）

荊棘室茨黎座掩泥帯水漢為衣半口繞出野

干鳴無端隆落一雙眉　（長天矣 疎雨濛々）

栴檀林中獅子吼荊棘叢裏野干鳴且道那箇堪

作師兩彩一賽金玉聲

更有一人為什麼不露顔　（西天　旨）

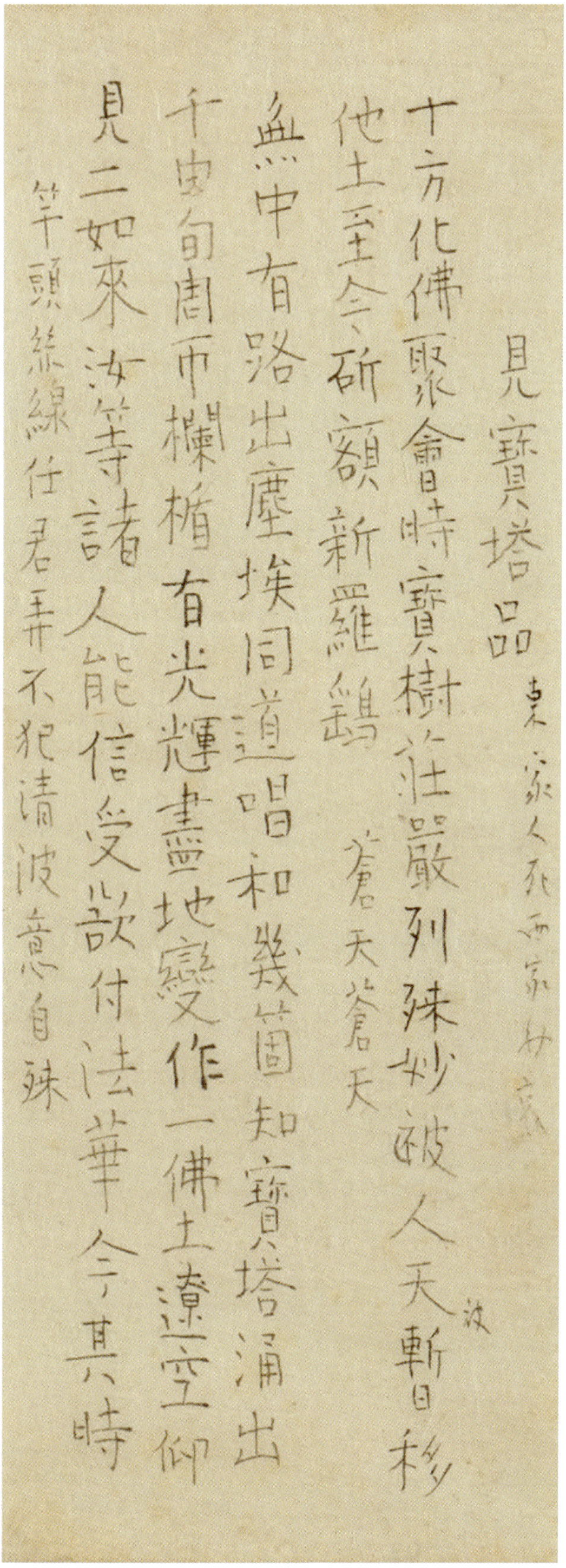

見寶塔品　東家人死西家助哀
十方化佛聚會時寶樹莊嚴列殊妙被人天暫移　波
他土至今所額新羅鵄　蒼天蒼天蒼天
無中有路出塵埃同道唱和幾箇知寶塔涌出
千由旬周帀欄楯有光耀盡地變作一佛土遼空仰
見二如來汝等諸人能信受欵付法華今其時
竿頭絲線任君弄不犯清波意自殊

有條攀條無條攀例

提婆達多品

拈捨國位委太子擊鼓四方求其人丈夫志氣古
如是我今何人謾逡巡　千歳下起清風
昔日阿私今提婆一回枯起一回新天王十號縱有
教佗是奈利槃苦聚人　生薑不改辛
曾々阿難傳消息去々來々無了期當時若有返鄉
勢令兩老無世挿觜　賊過後張弓
牛頭南馬頭北中有龍宮像氷壺風吹行樹枝葉
擊手直至如今道胡盧　や被風吹別調中
盡恒河沙世界衆無道非牟尼遺身好箇風流々
知音更有青山外
布處莫教六耳等閑聞
劫說刹說衆生說海中唯說妙法華了角女子頓成
佛白眉老僧頻歎嗟　はかなさはほけるもやてせ遠ろし
おもしろいりかえろ乃雨つ花
白雲深處金龍躍碧波心裏玉兔驚

佛
白眉老僧頻歎嗟
おもふやうりおもへるやうなし
白雲深處金龍躍　碧潭心裏玉兎驚

一粒明珠價大千　直呈佛陀看也麼　師資妙契
奉與納誰能至此著手脚　外方不敢論
相好誰人良不有休　以男女輙　六周量唯能隨分
消日子當處南方無垢郷　衆王行處絶孤蹤
樵子活計在林丘　漁父生涯水是程　暫時相逢逆鬧
市裏話盡山雲海月情　摘楊花摘楊花
千里同風萬方一規　寒潭月落長天雁啼　龍女呈
無珠　鷲子辨　没辭　靈鷲山上休登陟　大千界
人歸去來　拈了也

勸持品　前者撰頌

出窟獅子纔一吼虛空腦裂山河紅珍重世尊自

安意只因烏藤善流通　袾衣鉢稱成事　某甲

一切衆生類如來記回既已酎酎憍曇彌徒懸

雖又眼淚。儞觀有眼

二安樂行品　後者在尾

文章筆硯已拋來麻衣草座慕諸聖報恩一句

如衝陳弁時莫措願與行

靈山佛勅此土傳日夜守護不空過若人要知

端的意時ゝ摩頭者如何

誰道人身良難得況値遺法未全徒任置路遠通

塞際勉哉四安樂行耳

霜夜明月印清池春來百花上枝端轉輪王不看

髻中珠唯是人天謾相傳　大劫不寧千古榜様

従地涌出品　示衆驀直蛇

自家鼻孔自家穿　來了也

自賣自買

好箇大衆唱導首　従地涌出幾千〻　欲示如來

壽量永　故教逸多致問端

獨善尓很鳴

自家鼻索自家牽縄

乃往曽経游世界　不見一人似這回　所従国土

與名號為我一一説將來

適来呈示了

如來壽量品　大海若知足百川應倒流

伽耶城此去中殊不遠苦行六年證菩提若人問我那

時節五百塵點過於其

宇乞乃春

日可涼月可熱如來神通不可議常在於此度

是我如來十方神通

衆生不令我輩敢各自覩或已身或他身亡宗滅度亦常在靈山説法若有

盡無限百川不朝海

無盡説法無盡盡無盡無盡無盡

滅度無盡常在無盡靈山

無盡無盡是道呼甚麼作

無盡分眞道從來不弄鬼眼睛

言有道可修可成寔愚於認己爲甲衆生若無種

不奈何舟形破扉斗　要説道理看

心心如來不説種種法

劫火洞然大千壞我此國土長平安此是神仙眞秘訣

誰指蓬萊淺淺波瀾　疥狗不生天笑雲中白鶴

之子可愍毒被中乃盡乃夜譫狂顛醫王不知何處

長留藥品在大千

服與不服非醫咎也

分別功徳品　第四載下默上錯紙

從佗流通與正宗箇裏一句如何持堪笑諸方暗
黑豆終日區々向外馳　爭値宗乘草客多是鈍刻舟人

隨喜功徳品　千只紙　給言下垂一彼維受業　萬波隨

有經有經名法華好勸一人為聽侶五十展轉隨
喜功哉今與君一十細敘　若道一子細敘那箇是子細
敘處若道一子細不敘奈何已知是道畢竟作麽生
頻喚小玉元無事只要檀郎認得聲

法師功徳品

眼八百耳千二戴嵩牛韓幹馬有人若問端的意

好執掃箒驀口打

鼻八百舌千二紫羅維帳外撒珠玉雖然一等弄精

魂就中這段最奇特　那箇是奇特處

身八百意千二湼槃已非有無甚空夜來一遭喫頭

僵失却從前多少功

常不軽菩薩品

謗法之罪如臣説所得功徳若斯泣盡血流無用

處不如閉口過一期

誰言日茶苦

此土西天那所似半堪笑大半堪悲今日雖迴成正覺

尚慕但行禮拜時

夢中説夢

朝行禮拜莫禮拜但行禮拜送此身南無歸

命常不軽天上天下唯一人

清風颯々凜々

遠見四衆復故往只麼禮拜讃歎爾此老去後幾

永劫如是當作佛猶在耳 一回拳著一回新

或投瓦石或杖木避走遠住高聲唱此老一去消 無

息夜來風月皆誰淨 逝者若可起我為執鞭鞋

斯人因茲滅無斯人斯人以後無斯人不輕老不輕

老教我曹轉慕惇二眞 讃歎不輕不覺灑全身入草

氷泥

右 道

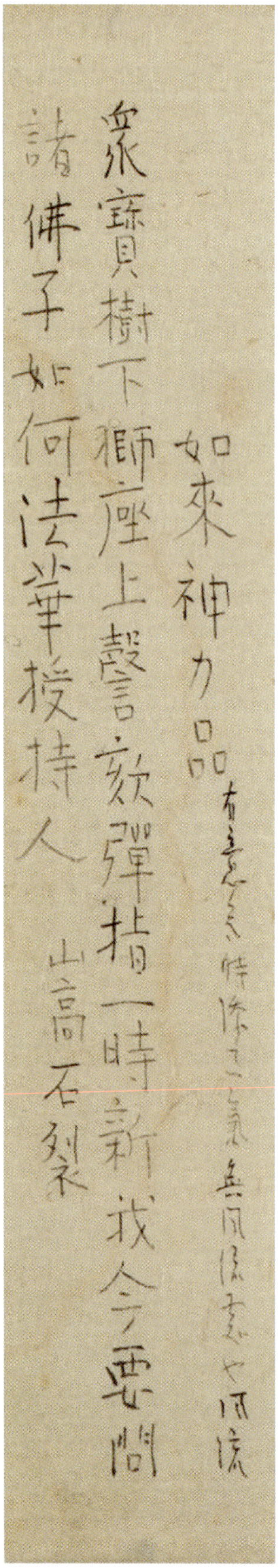
如來神力品
有意氣時添意氣 無風流處也風流
衆寶樹下獅座上謦欬彈指一時新我今要問
諸佛子如何法華授持人
山高石裂

嘱累品　雲龍叟笑呵々　丙午秋末筆付与他

年老心孤思家門　一回挙著一回悲　寄語殊方同道真

子　直體此意莫遅疑　同病相憐

山自高水自清　付属有在後何思　諸来清衆並吉

佛帰去来南北東西　随尓一條拄杖子

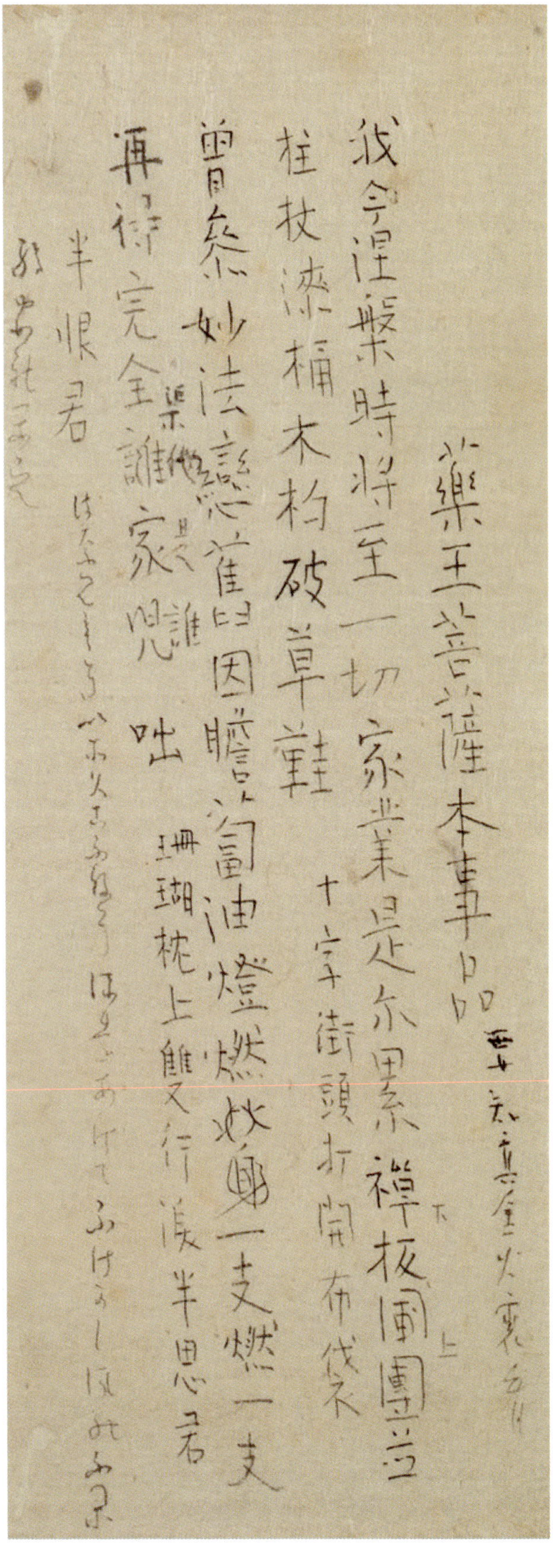
薬王菩薩本事品
我今涅槃時将至一切家業是尓因累禅板蒲団
十字街頭打開布袋
柱杖漆桶木杓破草鞋
曽参妙法戀雀因膽淘油燈燃燃身一支燃一支
渠儂是誰
珊瑚枕上雙行涙半思君
再待完全誰家児　咄
半恨君

妙音菩薩品　長安城裡任閑遊

菩薩即時入三昧坐不起身不遷者闍崛山法座

時化作八萬四千蓮　者ゝ

曽供妓楽感此身一華繞発一華媚一華媚

自茲萬事付游戯　参

人轉見風流

半花萬枝半遮面　令

觀世音菩薩普門品　八、古〃、前去来
慣捨西方安養界五濁惡世投此身　弾法界身本無
出没大悲願力示現去来　就木之兮就竹々全身放擲
多劫春　一任千里萬里〃御去　脚下金蓮拖水泥頭
寶冠委塵埃　嘆嗟去日顔如玉而今歸来為醜陋老
乃往一時楞嚴會今作吉祥擇諫親　列聖叢中

作者知　森〃二十五大士獨於此尊稱　嗟吁頻一將
難得　南無大悲觀世音哀愍納受救世仁
讃歎有
月籠素影雲破時波疊碧波風來始永夜
静倚寶陀岸人道應身三十二　聽言不似真呼
鐘作擁
長者長兮短者短應現不現觀自在三界往々
古與今青天白日求亡子　一犬傳虚十犬傳實
真觀清淨觀廣大智慧觀悲觀及慈觀無觀

古與今吾天白日求亡子　一犬傳虚十犬傳實

真観清浄観廣大智慧観悲観及慈観無観

好日観鳥報途中未歸客観音不在寶陀

山　[illegible]

[illegible]

妙音観世音梵音海潮音勝彼世間音希音是

真音是故我今頂首禮南無大悲観世音

[illegible]

[illegible]

風定花猶落鳥啼山更幽観音　妙智力　咄

若不得流水過別山

[illegible]

五六

陀羅尼品（正令当行十方坐断）

二種天王供眷属共説神呪鎮塵紛斯之諸法

實相印率土何物不奉行（違時作麼生）

銅頭鐵額並鬼面千口一舌爲（作）折誓言若違我語

侵法師果然頭破作七分

国有憲章

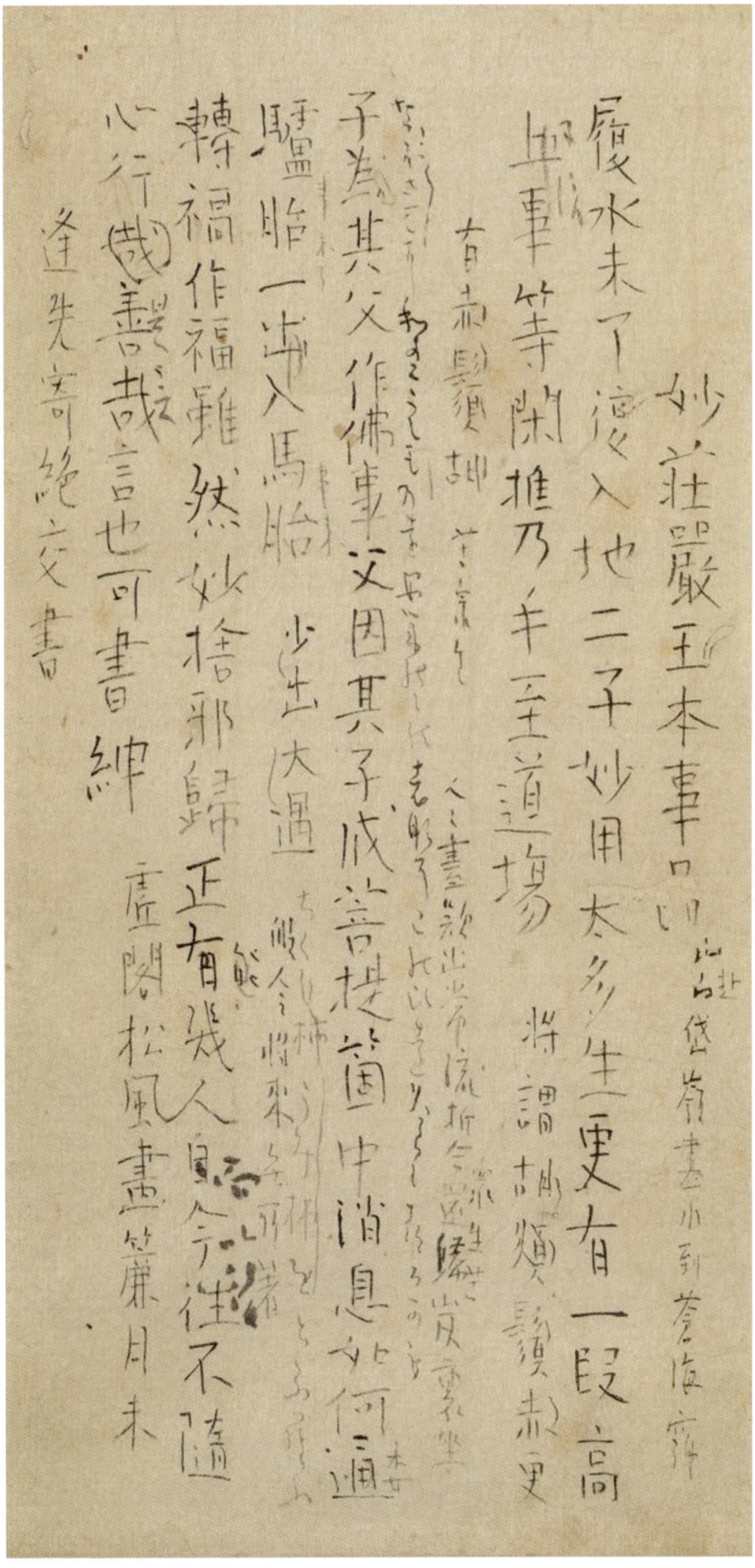

妙荘厳王本事

履水未了湧入地二子妙用太多生更有一段高

卑車等閑推乃手至道場　将謂胡鬚赤更

有赤鬚胡

子為其父作佛事又因其子成菩提箇中消息如何通

驢胎一歩入馬胎　少出大遇

轉禍作福雖然妙捨邪歸正有幾人自今往不隨

心行識善哉言也可書紳　虚閣松風畫簾月来

逢先寄絶交書

普賢菩薩勧発偈

明年更有新條在　悩亂春風卒未休

幾回生幾回死　生死悠々無窮極　今遇妙法飽修

習且道是什麼人力

適来也記得

今日

欸乃和櫓聲　満船載月帰

五十九

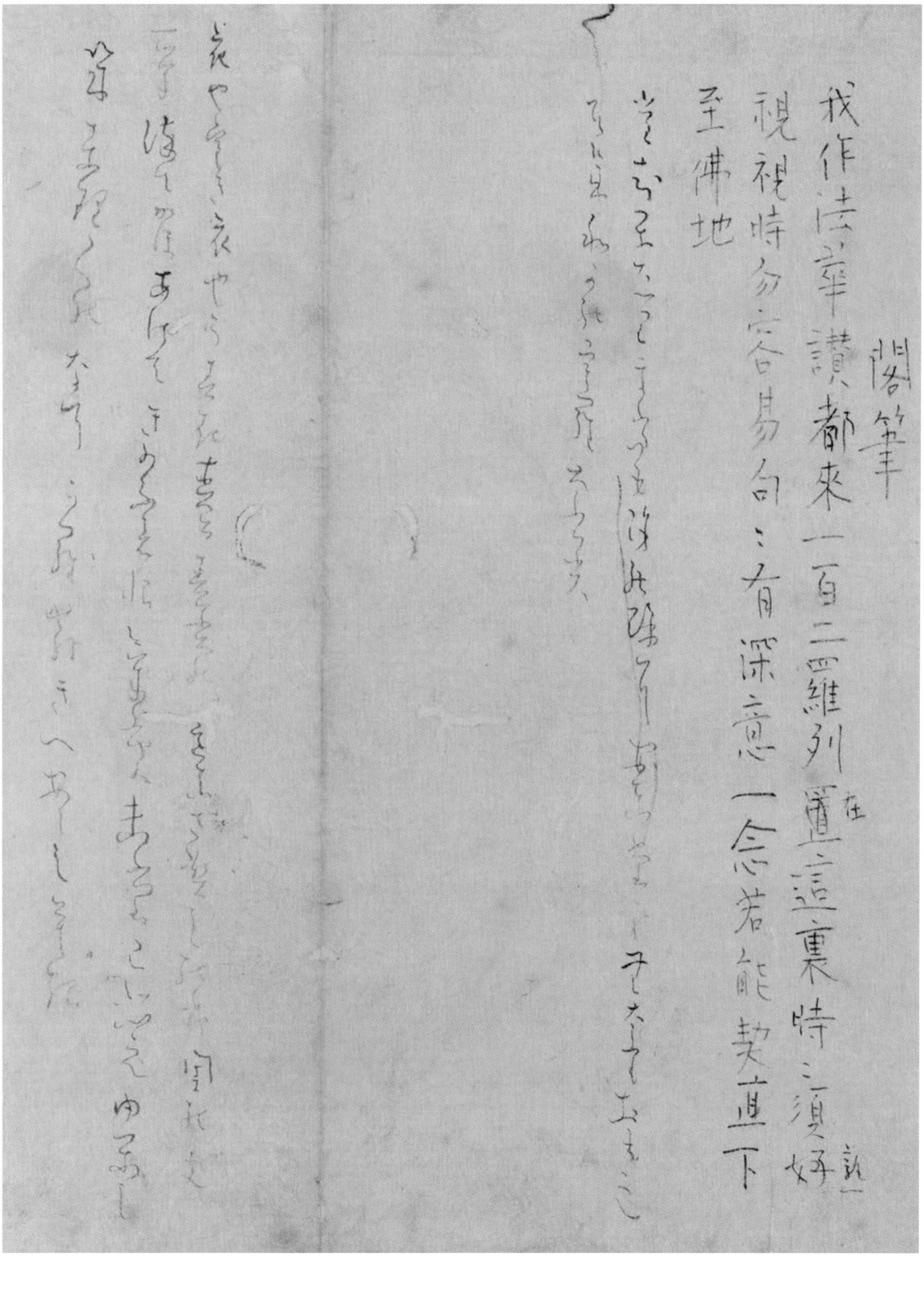
閑筆

我作法華讃都来一百二四維列在置這裏時々須好読一視々時勿容易句々有深意一念若能契直下至佛地

聞れ文。　配りし宝をまろ字を。毒て衣を身にまとふ

衣やうき衣やし蔵き損傷れば穿ち破て内の身を衣をまとふ。一字を

珠を乱して毒に帷を去れれしも生ず恋し心の人しれとも

くれけふはれを生じ出して身へ出しれ

法華讃

序

大徳寺五百三十世　泉田玉堂

良寛が『法華経』を信奉していたのは、『良寛道人《りょうかんどうにん》遺稿《いこう》』の「法華讃」序品の冒頭に、

如是両字高著眼（如是《にょぜ》の両字　高く眼を著《つ》けよ）

百千経巻在這裡（百千の経巻　這裡《しゃり》に在り）

とあることからも明らかである。

『法華経』は中国天台宗開祖智顗《ちぎ》が、天台五時の教判で釈尊の教説を年次順に五期に分け、一、華厳《けごん》時　二、阿《あ》含《ごん》時　三、方等時　四、般若時　ついで晩年の八年間の真空の法を説いた五、法華涅槃《ねはん》時として、最後に位置づけたものである。その過程は『法華経』信解品《しんげほん》第四の「長者窮子《ちょうじゃぐうじ》の譬喩《ひゆ》」等にも見ることが出来るが、この『法華経』を良寛が尊敬してやまぬ曹洞宗開祖道元が信受していた。「幾たびか悦ぶ山居《さんきょ》の尤も寂寞《せきばく》たるを、斯《これ》に因って常に法華経を読む」と『永平広録《えいへいこうろく》』にある。

道元は他の経典は方便にすぎず、『法華経』こそが「経典の大王」と言い、自身の病床のあった庵室を「妙法蓮華経庵」と称したほどであった。

曹洞宗の開祖が何故にと訝《いぶか》しむ人もいようが、禅は根本的にあらゆるものからの束縛を嫌う。経典教義しかり、自己の身辺に降りかかる全てに対してである。執着を嫌悪し、絶対的な自由を尊ぶ。従って教外別伝・不立文字の禅には、本来所依《しょえ》の経典はない。反対にいかなるものをも、自己薬籠中の「経典」として取込んでゆく。『法華経』もその例にもれない。

大事了畢した良寛も、当然そのような風光の中に在るわけで、宗祖道元の影響も強くあったか。

良寛出生の出雲崎、山本家の屋号「橘屋」は、鎌倉時代末期の公家、日野資朝《ひのすけとも》が正中《しょうちゅう》の変により佐渡に流される途次、山本家に仮泊の礼として贈った和歌「忘るなよ　程《ほど》は波路《なみじ》をへだつとも　替らず匂へ　宿の橘」に由

来する。良寛にとって佐渡は出生以前からの因縁ということになるが、なによりも佐渡は母の出身の地であった。

たらちねの　母がみ国と　朝夕に
　　佐渡がしまべを　うち見つるかな

母を憶う気持は、そのまま佐渡を思う心にも繋がろう。

その佐渡には『法華経』の持経者、日蓮も遠流《おんる》の憂き目に遭っていた。「十方佛土中　唯有㆓一乗法㆒　無㆑二亦無㆑三」と釈尊の本懐である『法華経』を至上とし、実践主義者として「南無妙法蓮華経」の七字の題目をもって佛法の根本にせまり、『法華経』第十九品に登場する常不軽《じょうふぎょう》菩薩を範として（良寛もしかり）「信」の固まりとなって不惜身命《ふしゃくしんみょう》、折伏逆化《しゃくぶくぎゃくげ》を専らにした。

その強烈な教線拡大は、時の執権北条時宗に弾圧され伊豆流刑となり、滝ノ口では斬首をからくも許されたが、佐渡に配流された。

このような法難甘受の日蓮の行状と『法華経』について、良寛は母から聞かされ、幼い頃からの記憶は深く刻み込まれていたに違いない。十八歳頃、近くの曹洞宗光照寺に入るが、朝昼の食前に唱える「十佛名」に「大乗妙法蓮華経」が加えられていたのも、何かの引合せであろうか。

長ずるに及んで良寛は、『法華経』に絶大なる信服を披瀝《ひれき》した。それは良寛の大悟徹底の宗乗眼をもって『法華経』の二十八品に対する自己の見解《けんげ》の「讃」となって表現され、さらにその「讃」には与奪縦横の活手段を弄した短評、すなわち「著語」をつけて「法華讃」一巻とした。こうした良寛を宗祖道元と知音底同志と看てとった原坦山《はらたんざん》は「永平高祖以来の巨匠なり」と激賞している。

この一巻をなした良寛の背景には、時代の知的基盤であった儒学の影響も見逃すことは出来ないであろう。儒学は幕府の御用学問であった朱子学、陽明学、古学と大きく三派に分類される。就中《なかんずく》、良寛の禅者として追求する一筋の道に連なるのは、伊藤仁斎《いとうじんさい》の「堀川学派」と共に古学の一派をなした荻生徂徠《おぎゅうそらい》の「古文辞《こぶんじ》学派」であろう（良寛が少年期に学んだ儒者大森子陽《おおもりしよう》はこの流れを汲む）。

徂徠は明の古文辞派の文学運動から暗示を受けて、秦漢以前の孔子・孟子・四書五経などの古代の聖賢の書（古文辞）に直接あたることによって、儒教の「道」の真意は、天道にとらわれない経世済民（政治の道）にあるとした。無論、言葉に対する探求はより度合を強めた。すなわち、古文辞による学問によって「ことの根源」にさかのぼり、新しい儒教体系の確立をはかろうとしたのである。

このような方法論が引き金となって契沖《けいちゅう》（万葉代匠記）などは、我が国の古典における「古言《こげん》」の研究を行い国文学を生んだ。のちには賀茂真淵《かものまぶち》（万葉考）や本居宣長《もとおりのりなが》（古事記伝）等によって「古道」を説く「国学」が成立した。平田篤胤《ひらたあつたね》に至っては「復古神道」が提唱されるなど、復古主義思想や運動が良寛の頭上を滔滔《とうとう》と流れていたのである（良寛和歌の万葉調）。

良寛の属する曹洞宗もその例外ではなかった。当時の曹洞宗は、積年の宗弊と、明から来朝した隠元《いんげん》の斬新な黄檗宗《おうばくしゅう》（念仏禅）の影響などで、宗祖道元の峻厳枯淡《しゅんげんこたん》な只管打坐《しかんたざ》の禅風がゆらいでいた。一時代前から既に月《げっ》舟宗胡《しゅうそうこ》や、自らを復古老人と称した曹洞宗の中興の祖卍山道白《まんざんどうはく》らによる宗統復古運動がおこされ「永平大清規」に回帰すべし、とする運動が展開されていた。これを継承し、後にその旗手となった玄透即中《げんとうそくちゅう》は、良寛の師大《だい》忍国仙《にんこくせん》の跡を継いで円通寺第十一世住職となり、後には永平寺五十世となっている。

これら良寛を取り巻く時代の方向性は、禅がめざす「返本還源《へんぽんかんげん》」と響きあい、良寛にあっては内と外との問題を止揚するような形で、「万法帰一」に如《し》くは無しとて、二も無く三も無く、唯《ただ》一乗の法のみ有りとする経中の王『法華経』におのずと眼が向かったのも、なるべくしてなったと言うべきか。

「法華讃」の構成は、禅門第一の書と言われる『碧巌録《へきがんろく》』や『従容録《しょうようろく》』等の禅語録の一要素を踏襲し、内容たるや佛々祖々の悟入体験と較べても、一歩もひかずとの矜持《きょうじ》をもってのはずである。

もとより「法華讃」は難解である。

良寛自筆原本は新潟市が所蔵するが、先年閲覧する機会を得た。先ずはその文字の、改めての判読が大変困難な作業であったに違いない。幸い良寛研究の第一人者であり、良寛その人を知悉《ちしつ》した小島正芳氏によって、新たに緻密な読解がなされた。これを踏まえ、東洋大学学長である禅学の泰斗《たいと》竹村牧男氏は『法華経』全二十八品と、良寛の「法華讃」に対して、難解なものを難解とすることなく、懇切丁寧な解説をほどこされた。

真の禅者良寛を知らんと欲する人達には、必携の書に違いない。一読三嘆おくあたわず、江湖の諸賢に推奨する次第である。

序文

全国良寛会会長　長谷川義明

このたび待望の『良寛「法華讃」』が刊行される運びとなりました。

全国良寛会としても実に待望の一書で、良寛の理解についてその真髄に近づく大きな一歩になるものと確信いたしております。

全国良寛会としては良寛理解を広め顕彰の実を挙げるために、その活動の一環として連携団体である一般財団法人良寛会を設立いたしましたが、その最初の事業としてこの良寛の「法華讃」の解説書の出版刊行を目指したものであります。

子供達と日が暮れるまで手まりをついたり、かくれんぼをして遊んでいた良寛、盗人にも優しい目を向ける良寛などなど、慈愛に満ちた良寛については広く理解されていますが、食《じき》を乞《こう》て歩く良寛や、一人山中に独居する良寛など菩薩行に専心する良寛については十分にその評価がなされていないように思います。更に空海以降良寛あるのみとさえ評価される、仏教の教学についての良寛の理解の深さなど良寛の真髄を理解するためには何といってもこの良寛の「法華讃」の解読と理解が必要となります。

この良寛が何年も掛けて著したと思われる『法華経』への理解を述べたこの「法華讃」の解読は、仏教の教学に関するものだけに実に難解です。そして良寛自身も「心して読んで欲しいと」書くほどに、深い深い内容を含んでいます。また原文は細かい筆で小さく書かれ、さらに書き足し部分なども加えられているため、一般の人々にとってはなかなか読み取ることも目に触れる機会すらも無かったものです。

幸いこのたび４Ｋ、８Ｋといわれる解像度の大変優れたカメラの出現により、良寛直筆の原資料の撮影拡大が可能となり、判読不明であった細かい文字についても解読が進むようになりました。幸い新潟市が所蔵している良寛直筆の「法華讃」について、撮影、拡大、パネル化して展示をする機会をいただき、一般財団法人良寛会の理事長となられた小島正芳氏にこの詳細な細字の読み取りと読み下し文の作成をしていただくことが出来たのであります。そしてこの新しい資料にもとづいて、より正しく「法華讃」の解読が進むことになったのであります。

曹洞宗の開祖道元が諸経の王と評価した『法華経』について良寛がどのように理解していたか、その『法華経』の各品に対する良寛の評価と更に著語《じゃくご》といわれる感想語を加えたこの「法華讃」はまさに良寛の教学理解の深さを表していると考えられます。

このたび、この良寛の「法華讃」の解説について、すでに『良寛『法華讃』評釈』をはじめ多くの仏教教学に関する著書を書いておられ、当代を代表する仏教学者であられる東洋大学学長の竹村牧男氏にその解説をお願いすることが出来ました。

『法華経』の解説と良寛の『法華経』への評価を解説するというきわめて困難な仕事で、しかもできるだけわかり易くなど無理なお願いもさせていただきましたので大変だったと思いますが、ご多忙の中にも関わらず快くお引き受けいただき、実に熱心に取り組み、完成をしていただきました。深く深く感謝申し上げる次第です。

加えて「序」として大徳寺五百三十世泉田玉堂老師には、大変ご多忙の中にも関わらず、『法華経』の真髄にも触れる大変丁寧な文章をお寄せいただきました。良寛の教学に対する姿勢について宗教者としての評価もお示しいただき、大変有難く感謝申し上げる次第です。この「法華讃」については良寛自身も「視るとき容易にするなかれ、句句深意あり」と述べているように、その内容において大変深い意味が含まれております。今後さらに、この解説書を越えてより深く良寛の深意を解読できる研究者が現れてくるかもしれません。むしろそのような研究者にとって、有意義な先達の研究としての一歩の書となれば幸いに思います。

良寛に学び、あるいは関心を寄せておられる多くの方々に良寛の真髄を伝えるこの『良寛「法華讃」』をご提供できることを大変嬉しく思います。この書を通じてさらに良寛への理解が深まることを願っています。

良寛「法華讃」

良寛「法華讃」目次

良寛と「法華讃」

全国良寛会副会長
一般財団法人良寛会理事長
小島正芳

良寛は、高祖道元禅師《どうげんぜんじ》が鎌倉時代に開いた曹洞宗の禅僧である。二十二歳より十七年間、玉島（岡山県倉敷市）の円通寺《えんつうじ》で、国仙《こくせん》和尚の指導のもと厳しい修行に励んだ。良寛は、寛政二年（一七九〇）冬、三十一歳のとき国仙和尚より悟ったことを証明する印可《いんか》の偈《げ》を付与されるとともに、円通寺《えんつうじ》本堂の下にある覚樹庵《かくじゅあん》（本来は住職の隠居所）を与えられている。

良寛庵主《りょうかんあんじゅ》に附《ふ》す
良《りょう》や愚《ぐ》の如《ごと》く道転寛《みちうたたひろ》し
騰々任運誰《とうとうにんうんたれ》か看《み》ることを得《え》ん
為《ため》に附《ふ》す山形爛藤《さんぎょうらんとう》の杖《つえ》
到《いた》る処壁間《ところへきかん》午睡閑《ごすいかん》なり

寛政二庚戌冬　水月老衲仙大忍

この偈を読むと、国仙和尚が良寛の深い悟境を高く評価していたことがわかる。「良」とは、良寛のことを指している。国仙和尚は、円通寺開山の徳翁良高《とくおうりょうこう》禅師にも迫る良寛の禅境を高く評価し、印可の偈の初句で、「良《りょう》や愚《ぐ》の如《ごと》く道転寛《みちうたたひろ》し」と表現したのであろう。「愚」というのは、相対差別に拘《とら》われない絶対境を体得していることを言い、禅においては最高の誉《ほ》め言葉である。良寛は、道元禅師の言う「身心《しんじん》脱落《だつらく》」の境涯《きょうがい》を当時既に身につけていたことが想像される。

良寛は、寛政八年（一七九六）三十九歳のとき越後に帰郷し、寺泊郷本の塩焚《しおたき》小屋に住庵する。お釈迦様《しゃかさま》と同じく托鉢《たくはつ》して得た米などで命をつなぎ、民衆を教化していった。しばらくして、国上山《くがみやま》の中腹にある国上寺《こくじょうじ》の隠居所五合庵《ごごうあん》に入り、自然の中で落ちついた生活を送るようになるが、その頃から『法華経《ほけきょう》』を真剣に学ぶようになる。

『法華経』は、道元禅師が『正法眼蔵《しょうぼうげんぞう》』の中で「法華経は諸仏如来一大事の因縁なり。大師釈尊所説の諸経の中、法華経これ大王なり。大師なり。余経余法、みなこれ法華経の臣民なり眷属《けんぞく》なり」（帰依仏法僧宝）と述べ、『法華経』を第一に尊重すべき経と定めているものである。曹洞宗では、『法華経』中「安楽行品《あんらくぎょうほん》」「如来寿量品《にょらいじゅりょうほん》」「観世《かんぜ》音菩薩普門品《おんぼさつふもんぼん》」の三品に「方便品《ほうべんぼん》」を併せて、「法華の四要品」として、『法華経』八巻二十八品の大要はこの「四要品」中に摂《せっ》せりと言われている。良寛は円通寺修行時代、この四品は読経《どきょう》などで読んだことはあったかもしれないが、全巻までは読むに至らなかったかもしれない。

しかし、良寛は、五合庵時代初期より、托鉢《たくはつ》で訪れた家で『法華経』を借用し、読んでいたことが漢詩によってわかる。また、文化五年（一八〇八）燕《つばめ》市中島の斎藤源右衛門に宛てた手紙にも『法華経』の「方便品」を読誦して回向《えこう》していることが記されている。一方、良寛は文化十四年（一八一七）三月（良寛六十歳）解良《けら》家の旧屋敷跡の石地蔵に『法華経』を書写して収めたとも言われている。後に触れる「法華讃」「法華転」には閣筆《かくひつ》の部分にそれぞれ「夏七軸法華」「春八軸法華」と書かれていることからすると、多種類の経本を借りて読んでいたことがわかる。良寛は、五合庵時代中・後期に『法華経』を熱中して学んでいたことが窺える。そして、良寛は『法華経』を学ぶだけでなく「法華讃」「法華転」といった『法華経』を称《たた》えた漢詩を多く作った。四種類のものが伝わっているという。中でも、百二篇の漢詩が収められている新潟市所蔵の「法華讃」は、内容はすばらしく、書としても名品である。

この「法華讃」は、仮名の筆跡からすると、五合庵時代から乙子《おとこ》神社時代初にかけてのものと思われる。閣筆の後に記されている俚謡《りよう》は、少し時代が下った筆跡になっている。かなり長い期間、推敲に推敲を重ねたと思われ、訂正した所や書き込みも見られる。この「法華讃」は百二篇という漢詩の多さや推敲の後が多く見られることから数種類ある「法華讃」「法華転」の底本となったものではないかと思われる。

良寛が、『法華経』諸品の中で、一番惹《ひ》きつけられたと思われるものが、「常不軽菩薩品《じょうふぎょうぼさつほん》」である。「常不軽」とは「常に軽蔑《けいべつ》されても人を軽んぜず」の意で、常に不軽《ふぎょう》（軽んじない）の行《ぎょう》をなし、口に不軽の教えを述べ、人に会うごとにいずれ仏となるべき人だということを述べ、謗《そし》られて軽蔑されても、ただただ礼拝《らいはい》したといわれる菩薩である。良寛が記した「法華讃」には、

朝《あした》に礼拝《らいはい》を行《ぎょう》じ暮《くれ》にも礼拝《らいはい》す
但《た》だ礼拝《らいはい》を行《ぎょう》じて此《こ》の身《み》を送《おく》る
南無帰命《なむきみょう》 常不軽《じょうふぎょう》
天上天下《てんじょうてんげ》唯一人《ただひとり》のみ

と常不軽菩薩を讃歎《さんたん》している詩がある。この常不軽菩薩こそ万人仏《ぶっ》性《しょう》あるゆえに区別せず布教していくという大乗仏教《だいじょうぶっきょう》の権化《ごんげ》であり、民衆とともに歩む菩薩であった。良寛は、常不軽菩薩の行いに感動し、自らも灰頭土面《かいとうどめん》、光をやわらげて人々の中に入っていったと思われるのである。

また、「観世音菩薩普門品」にも大いなる感銘を受けていることが窺える。ほこれまみれになりながら全身を衆生済度のために邁進する観世音菩薩のあり方は、良寛の手本となるものであった。「西方安養《さいほうあんにょう》界《かい》を捨《す》つるに慣《な》れて　五濁悪世《ごじょくあくせ》に此《こ》の身《み》を投《とう》ず……」で始まる良寛の「讃」は、観世音菩薩の行状を微に入り細に入り描写し、その菩薩行のすばらしさを称えている。良寛の仏教者としての原点は、少年時代、観世音菩薩と出会ったことにあるのではないかと私は考えている。そしてそれは、母・秀子（おのぶ）の実家、佐渡相川橘屋と切っても切れない縁で結ばれているように思われる。

良寛の母・秀子（おのぶ）の伯母であり姑《しゅうとめ》にもあたる、おそのは、良寛にとっては祖母にあたる人であるが、非常に観音信仰の厚い人であり、相川橘屋の菩提寺である大乗寺の観音堂に、十一面観世音菩薩像と千手観世音菩薩像、二体を寄進している。このような慈悲深い心は、姪であり嫁にあたる母・秀子（おのぶ）にも大きな影響を与えていたと思われる。そして、その慈悲の心は、長男である良寛にも受け継がれていったのであろう。

良寛が二十二歳の時、国仙和尚に弟子入りし、別れの挨拶をしているが、その時の様子が詠まれている良寛の長歌「出家の歌」には、

……母が心の　むつまじき　そのむつまじき　みこころ（ち）を　はふ
らすまじと　思ひつぞ　つねあはれみの　こころもし　うき世の
ひとに　むかひつれ（後略）

とある。母のやさしい心を大切にして、いつも民衆に対して慈悲の心を持って向きあおうという決意を胸に秘めて、西国玉島円通寺へと向かったのである。良寛を仏門に導いてくれたのは、母であり、その根底に観音信仰があったと思われるのである。不思議な縁である。尚、良寛が出家した光照寺も修行した円通寺も、本尊は観世音菩薩である。五合庵時代、『法華経』の「観世音菩薩普門品」を読み、良寛はあらためて出家した時の原点に立ち返ろうと思ったことであろう。良寛の〝菩薩道〟の手本が『法華経』にある観音菩薩の姿であったと思われるのである。

『法華経』（サッダルマ・プンダリーカ・スートラ）について

全国良寛会顧問
東洋大学学長　竹村牧男

『法華経』は、大乗仏教の代表的な経典の一つである。サンスクリットの写本も各種残っているが、日本で用いられた『法華経』は言うまでもなく漢訳である。中国では、都合、六回訳されたと言われるが、今は次の三訳のみ残っている。

『正法華経《しょうほっけきょう》』（竺法護《じくほうご》訳、二八六年訳）
『妙法蓮華経《みょうほうれんげきょう》』（羅什《らじゅう》訳、四〇六年訳、提婆達多品《だいばだったほん》は、四九〇年ごろ追加）
『添品《てんぼん》妙法蓮華経』（六〇一年に闍那崛多《じゃなくった》が補訳）

このなか、世にもっとも流布している『妙法蓮華経』七巻あるいは八巻は、姚秦の鳩摩羅什《くまらじゅう》訳で、全二十八品のものである。良寛が讃をつけたのは、この『妙法蓮華経』である。

一般に大乗仏教経典は、空思想、唯心思想や如来蔵思想（仏性思想）などを説くものである。しかし『法華経』は、思想的な教理を展開することは少なく、譬喩物語が多く用いられていて（三車一車喩（火宅喩《かたくゆ》）、長者窮子喩《ちょうじゃぐうじゆ》、三草二木喩《さんそうにもくゆ》、化城喩《けじょうゆ》、繋珠喩《けいじゅゆ》、高原鑿水喩《こうげんさくすいゆ》、良医喩の法華経七喩がある）、いわば終始、文学的な作品であるのが特徴である。分量的にも、決して大部のものではなく、しかも親しみやすい物語風なので、多くの人々に浸透してきた。特に日本では、聖徳太子《しょうとくたいし》が『法華義疏《ほっけぎしょ》』を造られて『法華経』を重視し、最澄《さいちょう》が『法華経』に基づく天台教学を奉じたので、『法華経』重視の伝統が形成された。言うまでもなく、日蓮《にちれん》は、比叡山の教学の伝統の中から、独自に新たな法華仏教を創唱した。

さらに道元《どうげん》は『法華経』を「諸経の王」と認め、不立文字《ふりゅうもんじ》・教外別伝《きょうげべつでん》を標榜しがちな禅宗ながら『法華経』をこよなく尊重した。道元の末孫、良寛が『法華経』に真摯に取り組んだのは、自然の事であった。

では、『法華経』とはどのような経典なのであろうか。一般に、『法華経』の中心思想は、三つあると言われている。それは、一乗《いちじょう》思想、久遠実成《くおんじつじょう》の釈迦牟尼仏《しゃかむにぶつ》、菩薩《ぼさつ》の使命の三つである。

その中、一乗思想とは、声聞乗《しょうもんじょう》・縁覚乗《えんがくじょう》・菩薩乗という三乗に対する言葉であって、乗とは乗り物のことであるが、事実上、教義を意味する。声聞乗・縁覚乗は小乗、菩薩乗は大乗である。この菩薩というのは、文殊《もんじゅ》や普賢《ふげん》、観音《かんのん》や弥勒《みろく》等々の高位の者のみでなく、大乗仏教の道を行こうと決意した者、すなわち菩提心《ぼだいしん》を発した者は誰でも菩薩と呼ばれるのである。小乗仏教は生死輪廻《しょうじりんね》から解放されて涅槃《ねはん》に入ることを目的とするが、大乗仏教は智慧を完成させて仏となり、未来永劫、他者の救済に励むことを目的とする。

三乗思想というのは、人間の宗教的資質において、もとより声聞・縁覚・菩薩が決定づけられており、菩薩として大乗仏教の道を歩み、仏と成ることができない者がいるという思想である。ゆえにそれぞれに対して教義も分かれているとする。これに対して一乗思想は、誰もが菩薩として大乗仏教の道を歩み、仏と成ることができるという思想である。したがって、『涅槃経《ねはんぎょう》』の、「一切衆生は悉く仏性《ぶっしょう》を有す」（仏性とは、仏と成るための因のこと）の思想と同等になる。『法華経』

は、今、小乗仏教の声聞や縁覚の道を行きつつある者も、いつかは大乗仏教の道に入ってきて、菩薩の修行をして仏となるのだ、と主張する。むしろ声聞や縁覚の道も、大乗へ誘引するための方便《ほうべん》であって、仏は大乗によってしか衆生を教化しないのだというのである。

このことに関しては、「方便品《ほうべんぼん》」「譬喩品《ひゆほん》」「信解品《しんげほん》」等に詳説されており、「方便品」には有名な「十方《じっぽう》の仏土《ぶつど》の中には、唯《ただ》、一乗《いちじょう》の法のみありて、二も無く、亦、三も無し、仏の方便《ほうべん》の説をば除く」という句も見られる。また、声聞らに将来の成仏を保証する授記《じゅき》もしばしばなされるわけである。

なお、この一乗思想は、誰もが仏に成れるということと了解されがちであるが、実はその背景に、方便を駆使してでも衆生を仏にならしめようとする仏の辛抱強い大悲こそが主題であることを思うべきであろう。たとえば「譬喩品」には、「如来も亦、また、かくの如し。則ち一切世間《せけん》の父となり、……大慈大悲ありて、常に懈倦《けけん》無く、恒に善事を求めて、一切を利益するなり。しかして、三界《さんがい》の朽ち故《ふ》りたる火宅に生ずるは、衆生《しゅじょう》の生《しょう》・老・病・死・憂・悲・苦・悩・愚痴《ぐち》・暗《あん》蔽《ぺい》・三毒の火を度し、教化《きょうけ》して、阿耨多羅三藐三菩提《あのくたらさんみゃくさんぼだい》を得せしめんがためなり。……舎利弗《しゃりほつ》よ、仏は、これを見已《おわ》りて、便《すなわ》ちこの念を作《な》せり、「われは、衆生《しゅじょう》の父なれば、応《まさ》にその苦難を抜き、無量無辺の仏の智慧の楽を与え、それに遊戯《ゆげ》せしむべし」と」等とあるようである。

次に、久遠実成の釈迦牟尼仏とは、歴史上、インドに姿・形をもって現れた釈尊の本体としての仏がいるのであり、その仏は、久遠の昔に実に成道を果たした仏であるというものである。この仏こそ、成仏以来、ひとときも休まずに一切衆生の救済のためにはたらいておられるという。眼に見える仏は実は化身《けしん》なのであり、眼にはみえない、大悲に満ちた真実身の仏がおられるのだというのである。こうして、化身を現わし、方便を駆使する根源的な仏の存在が明らかにされるわけである。

この久遠実成の釈迦牟尼仏のことは、「如来寿量品《にょらいじゅりょうほん》」に説かれている。そこでは、「われ、仏を得てより来《このかた》、経《へ》たる所の諸の劫数は、無量百千万億載《おくさい》阿僧祇なり、常に法を説きて無数億の衆生を教化して、仏道に入らしむ、爾《それ》より来《このかた》、無量劫なり、衆生を度《すく》わんがための故に、方便して涅槃を現わすも、しかも実には滅度せずして、常にここに住して法を説くなり」とある。実はこの如来も、この娑婆《しゃば》世界にいるのであり、世界が壊れてもこの仏国土は壊れない等とも説かれている。我々衆生の側からすれば、今・ここで、その根源的な仏の大悲のはたらきに、常に包まれているということになるわけである。

なお、『法華経』二十八品の中、前半は歴史上の釈尊が主役とみなされていて、これを迹門《しゃくもん》といい、後半、久遠実成の釈迦牟尼仏が明かされて以降は、これを本門《ほんもん》という。

さらに、『法華経』は、特に釈尊の没後、五百年後の末世において、この経典を広めるべきだと自らさかんに主張する。もちろん、この経典を広めるということは、経典の文句を押しつけることではなく、そのメッセージを伝えていくことに他ならないであろう。ただし、大乗仏教の通例でもあるが、この経の一句でも唱えれば、その功徳は絶大であることもしばしば説かれている。

『法華経』を広めるにあたっては、「法師品《ほっしほん》」に、「薬王よ、若し善男子・善女人有りて、如来の滅後に、四衆《しゅ》のために、この法華経を説かんと欲せば、云何《いか》んが、応に説くべきや。この善男子・善女人は、如来の室に入り、如来の衣を著《き》、如来の座に坐して、しかしてすなわち、応に四衆のために、広くこの経を説くべし。如来の室とは、一切衆生の中の大慈悲心、これなり。如来の衣とは、柔和忍辱《にゅうわにんにく》の心、これなり。如来の座とは、一切法の空、これなり。この中に安住して、然して後に、懈怠《けたい》ならざる心をもって、諸の菩薩及び四衆のために、広くこの経を説くべし」と説かれている。これを「弘教者《ぐきょうしゃ》の三軌」（経典を広めるにあたっての三つの軌範）という。『法華経』を広めるにあたっても相手に対する思いやりの心は忘れられるべきでなく、『法華経』は慈愛の心に満ちた経典なのである。

また、同じ「法師品」には、「若しこの善男子・善女人にして、わが滅度の後に能く竊《ひそ》かに、一人のためにも、法華経の、乃至、一句を説かば、当に知るべし、この人は則ち如来の使にして、如来に遣《つかわ》され、如来の事を行ずるなり。何《いか》に況んや、大衆の中において、広く人のために説かんをや」ともあることは印象的である。

なお、『法華経』最後の「普賢菩薩勧発品《ふげんぼさつかんぼつほん》」では、普賢菩薩が、『法華経』を受持する者を守護すること等を説いている。

このように、『法華経』の主題は、一乗思想、久遠実成の釈迦牟尼仏、菩薩の使命の三つにあると言われているが、そのほかにも重要な思想が見られる。まず、何といっても、「方便品」に、「唯仏与仏、乃能究尽」（ただ仏と仏とのみ、すなわちよく究尽す）という、「諸法実相《しょほうじっそう》」が説かれていることを忘れることはできない。ここを経典の句によって示せば、次のようである。「唯、仏と仏のみ、乃《すなわ》ち能く諸法の実相を究《きわ》め尽せばなり。謂《い》う所は、諸法の是《か》くの如きの相《そう》と、是《か》くの如きの性《しょう》と、是《か》くの如きの体と、是《か》くの如きの力《りき》と、是《か》くの如きの作《さ》と、是《か》くの如きの因と、是《か》くの如きの縁と、是《か》くの如きの果と、是《か》くの如きの報と、是《か》くの如きの本末究竟《ほんまつくきょう》等《とう》となり。」こうして、『法華経』は、「十如是《じゅうにょぜ》」によって、諸法実相を説明するのであった。

禅家の道元や良寛が『法華経』を尊重した背景には、この「諸法実相」が明かされているということに起因しているものと思われる。ただし禅者の「諸法実相」の把握は、より端的な仕方になるのも事実である。道元は、「詠法華経」（「法華経を詠める」）と題して、たとえば「峯の色渓《たに》の響《ひびき》もみなながら我《わが》釈迦牟尼の声と姿と」と歌っている。道元主著『正法眼蔵《しょうぼうげんぞう》』には、「渓声山色」や「山水経」の巻がある。道元にとっては、峰の色・谷の響きが『法華経』なのである。もちろん、良寛もその把握・領解を十分に受け継いでいる。そして「諸法実相」を「十如是」にはよらず、ただ「如是」によって示すのである。あるいは「只這是」（ただこれこそそれだ）で示すのである。

また、『法華経』には、観世音《かんぜおん》菩薩のことが詳しく説かれている。その「観世音菩薩普門品《かんぜおんぼさつふもんぼん》」は、独立して『観音経』としても用いられ、流布した。観世音菩薩は、我々が「南無観世音菩薩」と唱える言葉を聞き取って、どんな苦境にあっても救い取って下さるという。また、身を三十三に分けて、相手と同じ姿・形を取って、救済して下さるという。これほど頼りになる菩薩はいないであろう。一言でいえば、観世音菩薩は、無畏のこころを我々に施与して下さるのである。

ただし、禅者・道元は、観音のはたらきを外に見ることをしない。臨済義玄《りんざいぎげん》（臨済宗の祖）はその語録『臨済録』において、「仏に逢うては仏を殺し、祖に逢うては祖を殺す」と言っているが、道元も観世音菩薩を外に求めるではない、と説いている。次の詩は、その意である。「聞思修《もんししゅ》より三摩地《さんまじ》に入り、自己端厳《たんごん》にして聖顔《しょうげん》を現ず、為《ため》に来《らい》人《にん》に告げて此の意を明《あきら》めしむ、観音は宝陀山《ほだせん》に在らず。」実は良寛も、これと同じ趣旨のことを説いている。この品への讃の一つに、次のように示すのである。「真観《しんかん》　清浄観《しょうじょうかん》　広大智慧観《こうだいちえかん》　悲観《ひかん》及《およ》び慈観《じかん》あるも　無観《むかん》最《もっと》も好観《こうかん》なり　為《ため》に報《ほう》ず　途中未帰《とちゅうみき》の客《かく》　観音《かんのん》は宝陀山《ほだせん》に在《いま》さずと」観世音菩薩の自己を本来の自己として実現させるはたらきは、自己の内にあるとの指摘であろう。

さらに、良寛の『法華経』への思いを思いはかるとき、「常不軽菩薩品《じょうふぎょうぼさつほん》」を忘れることは出来ない。常不軽菩薩とは、一般の人々から常に軽蔑されていた菩薩であり、かつ常に誰をも軽視しなかった菩薩である。というのも、この菩薩は、誰と出会っても、「われ深く汝等を敬《うやも》う。敢えて軽《かろ》しめ慢《あなど》らず。所以《ゆえ》は何《いか》ん。汝等は皆菩薩の道《どう》を行《ぎょう》じて、当に仏と作ることを得べければなり」と述べて、合掌礼拝して回ったからである。

このことは、授記にも相当するわけで、仏であればこそこの言葉も重みを持つが、誰だか解らないような者に言われても、言われたほうは馬鹿にしているのかということにならざるをえないであろう。まして伝統的な仏教（小乗仏教）が一般的な社会において、仏と成るということはおよそ現実味もない話である。したがって、杖で叩かれたり、石を投げつけられたりもするのであった。しかし常不軽菩薩は、危難を避けて離れたところによけつつも、大声で「あなたは仏となるべき方です」と述べつたえ、合掌礼拝してやまないのであった。経典には、「但行礼拝」（ただ礼拝を行ず）ともある。この行為のお蔭もあって、常不軽菩薩は、速く成仏を果たすのであった。

常不軽菩薩が、誰に対しても合掌礼拝した背景には、「一切衆生《いっさいしゅじょう》、悉有仏性《しつうぶっしょう》」の思想がある。かの菩薩は、どんな人にも具有されている仏性を礼拝していたと見ることができるであろう。

良寛がこの菩薩を崇敬してやまなかったことは、「法華讃」の讃にも、あるいは和歌にも、明らかである。和歌には、「比丘はただ万事はいらず常不軽菩薩の行ぞ殊勝なりける」とある。良寛が子供たちと遊ぶのも、農夫たちと酒を酌み交わすのも、すべては言葉に出さずとも相手の本来の自己実現を心に深く念じての常不軽菩薩行なのであった。

このほかにも、『法華経』あるいは「法華讃」をめぐる道元と良寛との深い関係が認められるが、それらについては、以下の各讃の解説等を参照されたい。以上、『法華経』の概要のみ、記してみた。禅僧・良寛は、広い仏教学の素養を基盤としながら、とりわけ宗祖・道元の『法華経』理解をふまえて、良寛自身の禅道体験に基づく『法華経』への領解を提示したもの、それが「法華讃」なのである。

「法華讃」解説

竹村牧男

凡例

・原文・書き下しは小島正芳が、解説文は竹村牧男が担当した。

・原文・書き下しは、良寛の原書にできるだけ忠実に書き起こした。その際、原則として新字体を採用したが、一部は旧字体のままとした。漢文はできるだけ古典文法で書き下し文にした。促音便は小さく「っ」と表記した。和歌・俳諧は、直接ひらがなに翻読し、改めて現代漢字かな交りに表記し、歌意を明らかにした。脱字は（ ）で囲み、補った。

・良寛が添削して脇に添えられた文字はそのまま活字として残しているが、漢詩について訂正が入っている場合は、訂正されているものを採用した（一部本文を採用したものもある）。

・著語はできるだけ原書に忠実に書き下した。

・釈文を作成するにあたり、次の書物を参考にした。
加藤僖一著『法華讃　良寛和尚筆』／『良寛墨蹟への誘い』全国良寛会／竹村牧男著『良寛『法華讃』評釈』／須佐晋長著『良寛詩注解』／新井勝龍著『良寛和尚の宗教——評釈法華転・法華讃』／北川省一著『良寛、法華経を説く』／本間勲著『良寛の「法華讃」を読む』／陰本英雄著『法華転・法華讃全評釈』など。

・ルビに関しては、原則として良寛の属する曹洞宗の読みを採用したが、岩波文庫など他によったところもある。

・「法華讃」解説文について、基本的に、讃のみの解説としている。可能な限り、その心に迫ったつもりではあるが、誤解もあるかと思う。これを一つの参考として、めいめい自ら参究していただく際の、その便りとして下されば幸甚である。また、各品全体への著語および各讃への著語については、その意味のみを記してみた。これも良寛の意を正しく理解しているかどうかはわからない。異なる解釈も十分、ありえよう。なお、不明のものについては、そのままにしてある。今後の参究に待ちたい。

開口

【原文】

開口謗法華　杜口謗法華

甜瓠徹蔕甜

法華云何讃　合掌曰南無妙法華

葫蘆藤種纏葫蘆

苦瓜連根苦

【書き下し】

口《くち》を開《ひら》くも法華《ほっけ》を謗《そし》り　口《くち》を杜《と》ずるも法華《ほっけ》を謗《そし》る

法華《ほっけ》　云何《いか》んが讃《さん》ぜん　合掌《がっしょう》して曰《いわ》く　南《な》無《む》妙《みょう》法華《ほっけ》

葫蘆《ころ》の藤種《つる》は葫蘆《ころ》を纏《まと》ふ
苦瓜《にがうり》は根《ね》に連《つらな》りて苦《にが》く
甜瓠《あまうり》は蔕《へた》に徹《てっ》して甜《あま》し

【現代語訳】

口を開いて『法華経』を讃嘆すれば『法華経』を謗ることになり、口を閉じて『法華経』について何も言わないとしても『法華経』を謗ることになる。さあ、『法華経』をどう讃嘆すべきであろうか。自ら代って答えよう、合掌して言う、南無妙法華。

（著語）著語《じゃくご》はともに、自己が自己に徹したところに真の自己があることをいうものである。

【解説】

良寛は、「法華讃」を始めるにあたり、その全体を貫く立場を、「開口」として頭初に掲げた。「法華讃」は、『法華経』各品の内容を讃嘆するものであるが、その核心は「法華」であり、この「法華」とは妙法のこと、さらに言えば諸法実相《しょほうじっそう》のことである。それは、良寛が体得した禅の悟りの世界そのものでもある。では、これを讃嘆するとは、どうすればよいのであろうか。

良寛は、それは本来、言葉では言い表せないので何か語れば謗ることになってしまうし、かといって何も言わないなら讃嘆したことにならない、むしろ謗ることになる。口を開いても閉じても『法華経』を讃嘆することは出来ない、という。

禅宗では、この矛盾、隘路《あいろ》をよく問題にしている。『無門関《むもんかん》』第四十三則、「首山竹篦」には、「汝等諸人、若し喚んで竹篦《しっぺい》と作さば則ち触れ、喚んで竹篦と作さざれば則ち背く。汝等諸人、且く道《い》え、喚んで甚麼《なに》とか作《な》せん」とある。古来、「道《い》い得るも三十棒、道い得ざるも三十棒」という。さて、どうすべきであろうか。

良寛はこの問題に、自ら答えを提示している。それは、「合掌して曰く　南無妙法華」である。これでは口を開いたではないか、と言うかもしれない。しかしこの「南無妙法華」は、無心の「南無妙法華」であり、口を開く・閉じるの二元対立を超えた「南無妙法華」である。

いわば、自己が自己そのものを生きている世界、いのちがいのちのままに生きている世界である。ここに法華の自発自転の世界があるというのである。それを展開していくことが、讃歎でもあるということである。

かつて一遍《いっぺん》は、「唱うれば仏もわれもなかりけり南無阿弥陀仏南無阿弥陀仏」の歌をものしたと伝える。また念仏の世界には、何かを求めることもなくただ念仏する「白木の念仏」なるものが言われたという。この「南無妙法華」も、その風光を表わしているであろう。

序品《じょほん》

【品の概要】

序品は、次の言葉から始まっている。

かくの如く、われ聞けり。一時《あるとき》、仏《ほとけ》は王舎城《おうしゃじょう》の耆闍崛山《ぎじゃくっせん》の中に住したまい、大比丘衆《びくしゅ》、万二千人と倶なりき。……菩薩《ぼさつ》・摩訶《まか》薩《さつ》、八万人あり、皆、阿耨多羅三藐三菩提《あのくたらさんみゃくさんぼだい》において退転《たいてん》せず、……

耆闍崛山とは、霊鷲山《りょうじゅせん》のことである。このとき釈尊は、まず菩薩のために、「大乗経の無量義・菩薩《ぼさつ》を教える法・仏に護念せらるるものと名づける」を説くのであった。すると、天は曼陀羅華《まんだらけ》・摩訶曼陀《まかまんだ》羅華《らけ》等を雨ふらして仏及び大衆の上に散じ、普く仏の世界は六種に震動するのであった。その後、禅定に入っていた釈尊の眉間から東方に向けて光が放たれて、地獄から天上界までの様子がすべて見えたのであった。

弥勒菩薩《みろくぼさつ》は、大衆の疑問を察し、文殊《もんじゅ》菩薩にどういうわけでこのように大光明が放たれたのかと問うた。これに対し文殊菩薩は、「今、仏世尊《ぶっせそん》は大法《だいほう》を説き、大法の雨を雨《ふら》し、大法の螺《ら》を吹き、大法の鼓を撃《う》ち、大法の義を演《の》べんと欲するならん」と答えた。それは、過去の諸仏も、光を放ちおわって大法を説かれたからだというのである。

このことを、以下、文殊菩薩は、ていねいに説明する。気の遠くなるような果てしない過去から、二万もの仏が現れては正法《しょうぼう》を演説してきたが、その名はすべて日月燈明如来《にちがっとうみょうにょらい》という。ついこの前の日月燈明如来も、今の釈尊と同様であった。このとき、妙光菩薩がおり、日月燈明如来はその妙光菩薩とその弟子たちに、『妙法蓮華経』を説いて、涅槃《ねはん》に入った。その妙光菩薩は私・文殊菩薩であり、釈尊はこれからきっと『妙法蓮華経』を説かれる、というのである。

こうして、今、『法華経』が説かれるというそのときには、たくさんの花が雨ふり、大地が震動し、どこまでも光明が放たれる。このことが数かぎりない日月燈明如来のお出ましのたびに、繰り返し繰り返し行われたと示される。また、繰り返しなされたという日月燈明如来の説法について、経典は次のように示している。

正法《しょうぼう》を演説したもうに、初も善・中も善・後も善なり。その義は深遠《じんのん》にして、その語は巧妙《ぎょうみょう》なり、純一無雑《むぞう》、具足清白《しょうびゃく》に して梵行《ぼんぎょう》の相あり。声聞《しょうもん》を求むる者のためには応ぜる四諦《したい》の法を説き、生老病死を度して涅槃《ねはん》を究竟《くきょう》せしめ、辟支仏《びゃくしぶつ》を求むる者のためには応ぜる十二因縁《いんねん》の法を説き、諸《もろもろ》の菩薩《ぼさつ》のためには応ぜる六波羅蜜《ろくはらみつ》を説き、阿耨多羅三藐三菩提《あのくたらさんみゃくさんぼだい》を得て一切種智《いっさいしゅち》を成ぜしめたもう。

このあと、文殊菩薩の回答が偈頌《げじゅ》の形でまとめられるが、そこでは、日月燈明如来が『法華経』を説き終わったとき、「諸法実相《しょほうじっそう》の義は、已《すで》に汝等のために説けり。われ、今、中夜において、当《まさ》に涅槃《ねはん》に入るべし」と告げたとある。また、この偈の最後のほうには、「妙光法師とは、今則ち我が身、是れなり。われ燈明仏《とうみょうぶつ》を見たてまつりしに、本《もと》の光瑞はかくの如し。ここをもって知りぬ、今の仏も、法華経《ほけきょう》を説かんと欲するならん」とあるのである。

著語

（原文）
買帽相頭
（書き下し）
帽《ぼう》を買《か》ふに頭《こうべ》を相《そう》す
（解説）
あるものを獲得するには、まずその内容を知らなければならない。この経典は何か、について『法華経』であることが明かされる。

序品1

【原文】

吐箇奴児婢子漢
試非知情何及　是則是可惜乎　若是陶淵明必定攢眉帰

即此見聞非見聞　不来々不至々

更無名字可安著　此是之謂無量義

巻尽五千四十八

【書き下し】

箇《こ》の奴児《ぬじ》、婢子《ひし》の漢《かん》に吐《は》く
試《こころ》みるに知情《ちじょう》に非《あら》ずんば何《なん》ぞ及《およ》ばん　是《こ》れ則《すなわ》ち是《こ》れ可惜乎《かしゃくこ》　若《も》し是《こ》れ陶淵明《とうえんめい》ならば必定《ひつじょう》眉《まゆ》を攢《あつ》めて帰《かえ》らん

即此《そくし》の見聞《けんもん》　見聞《けんもん》に非《あら》ず　来《きた》らずして来《きた》り　至《いた》らずして至《いた》る

更《さら》に名字《みょうじ》の安著《おく》くべき無《な》し　此《こ》れ是《こ》れを之《こ》れ無量義《むりょうぎ》と謂《い》ふ

巻《ま》き尽《つく》す五千《ごせん》四十八《しじゅうはち》

【現代語訳】

日常普通のこの見聞は、真の見聞ではない。本当は、来るのではなくして来《き》、至ることなくして至るのだ。その世界は、言葉を立てることのできない世界である。その世界こそが、無量義というものである。

（著語）巻き尽す五千四十八とは、この讃でもはや大蔵経のすべてを説き尽したということ。

【解説】

これから『法華経』が開演されるに当たって、釈尊の登場にともない、さまざまな神変《じんぺん》も繰り広げられることになる。それらをただ見たり聞いたりしたつもりでいても、釈尊の説法の核心、『法華経』の核心を捉えたことにはならないであろう。それでは、真の釈尊を見た、聞いたとはいえないことになる。

では、釈尊の本質はどこにあろうか。『法華経』の真髄はどこにあろうか。それは、「来ないで来る、至らないで至る」ところにある。つまり、来るのだが来たことにとらわれない、至るのだが至ったことにとらわれない、ただただ無心のはたらきが発揮されるところにある。

そこを真空妙用《しんくうみょうゆう》ともいう。そこに真の釈尊の姿がある。また『法華経』が示す究極の世界がある。よく『法華経』は「諸法実相《しょほうじっそう》」を説くものと理解されるが、この諸法実相は、静止的なものではない、はたらきそのもの、いのちそのもの、さらに言えば、絶対の主体そのもの、と良寛はここで言っていることになる。それは、釈尊だけに実現しているわけでもない、各人に本来、息づいているいのちなのである。

それについては、対象的に捉えることは出来ないので、言葉を置くことも出来ない。安は置く、著は付けるであるが、要は言葉を立てられない、言葉では言い表せないということである。「如来寿量品《にょらいじゅりょうほん》」には、「久遠実成《くおんじつじょう》の釈迦牟尼仏《しゃかむにぶつ》」は世界を、「如実に三界の相は、生まれること死すること、若《も》しくは退すること若しくは出ずること有ることなく、（あたかも八不のように世界を見て）、錯謬《あやまり》あることな」く見て、三界《さんがい》にいる迷いのうちにある者が三界を見るのとは異なると言っている。

その言葉を離れた無心の世界こそ、そこからありとあらゆる世界が展開してくるのであり、それゆえ無量義と呼ぶことにもなる。平等即差別というか、空即是色《くうそくぜしき》というか、真如《しんにょ》・法性《ほっしょう》と諸法とは不一不二であり、それゆえ、その無とも言うべき世界を無量義と言えるのであろう。禅語に、「無一物中無尽蔵、花あり月あり楼台あり」（蘇東坡）とある。

と同時に、釈尊はまず「大乗経の無量義・菩薩を教える法・仏に護念せらるるものと名づける」を説いたのであった。また、古来、『無《む》量義経《りょうぎきょう》』が、『法華経』の先導をなす経典であると受け止められている。『無量義経』『法華経』『観普賢経《かんふげんぎょう》』が、法華三部経といわれている。ゆえに良寛はこの詩をもって『法華経』の先導とする、との意をこめて、「これを無量義とする」と言ったと解される。まず初めに、『法華経』の核心は何かを明らかにして、導入としたということである。ということは、良寛は『法華経』を、言葉を離れた仏の妙用にあるぞと示したのであり、どこまでも禅的に『法華経』を捉える立場を明らかにしたといえよう。

序品2

【原文】

夜半漆桶放光明　天暁木杓失眼根

失眼根　直至如今求無痕

較些子

【書き下し】

夜半《やはん》漆桶《しっつう》　光明《こうみょう》を放《はな》ち　天暁《てんぎょう》木杓《もくしゃく》眼根《げんこん》を失《しっ》す

眼根《げんこん》を失《しっ》するも　直《じき》に如今《いま》に至《いた》るまで求《もと》むるに痕《あと》無《な》し

些子《しゃし》に較《あた》れり

【現代語訳】

真っ暗な夜中に、真っ黒なうるし桶が光明を放ち、明るくなった明け方、木杓（眼）は見る能力をうしなう。見る能力を失っても、まさに今日にいたるまで、その傷跡を求めてもまったく見いだせない。

（著語）眼や耳をうしなってこそ、真実を体得することができるのだ。

【解説】

夜半とは、ものみな寝静まった、真っ暗闇の世界であろう。その中で使い込まれて真っ黒々の漆を入れる桶は、どこにあるのかまったくわからないはずである。しかし良寛はそれが光明を放つという。ここは、禅定《ぜんじょう》体験においてこそ知られる世界であろうが、分別《ふんべつ》を掃討《そうとう》し尽くしたとき、無分別智《むふんべつち》の光明が実現することを言っているのである。

その無分別智が開かれて、悟りが開かれたとき、対象を見るというような分別のはたらきは消えてしまう。このことを、眼根を失すという言い方で言っている。木杓は、眼のたとえのようである。かんたんに言えば、眼がつぶれた、ということろであろう。

眼根は、身体上の一部の器官であり、これを失うことは、いわば不具が生じることである。しかし、その悟りを得た時期以来、何の問題もないという。もとより十全そのものだという。人間は、むしろ分別によって、真実を見失い、障害を得ていたのであって、無分別智が開ければ、分別は失っても、無分別の分別がはたらいて、かえって的確な行動が可能となってくるのである。

この讃と「序品」との関係は、ただちに見出せるものでもない。光明というところで関係しそうであるが、もしもこの関係を見るなら、釈尊が光明を放たれたのち、そこに集まってきた諸菩薩等が、「木杓眼根を失す」で、日常とまったく違った世界を見たということを言おうとするものと受け止められよう。そういう諸菩薩衆も、もとより仏そのもので、欠けたところはない存在である、というのかもしれない。

しかし、この理解はやや強引かもしれない。ここは、前と同じで、『法華経』の核心は、いわば「無分別の分別」にあることを謳い上げたものという理解でいかがであろうか。要は、分別を滅尽したときに、本来の自己を自覚・実現するということである。

序品３

【原文】

馬頭没牛頭回　白毫光裏絶纎壒 果然
自従錯惹逸多問 果然　**話頭無端落三界** 葛藤 偈九
可惜許　果然把不住

【書き下し】

馬頭《めず》没《もっ》し　牛頭《ごず》回《かえ》る　白毫光裏《びゃくごうこうり》　纎壒《せんあい》を絶《ぜっ》す
錯《あやま》って　逸多《いった》の問《とい》を惹《ひ》いて自従《よ》り　話頭《わとう》端《はし》無《な》く三界《さんがい》に落《お》つ
可惜許《かしゃくこ》　果然《かぜん》把《は》不住《ふじゅう》

【現代語訳】

馬がいなくなると、牛が出てくる。釈尊が白毫《びゃくごう》から光を放って世界を照らすと、煩悩の塵は微塵もない。世界はそのまま十全であるのに、光を放ったりして疑問を抱かせ多くの問を引き起こしたことから、思わず衆生のためにあれこれ話すことになってしまった。

（著語）惜しいかな、やっぱり甘いところがある。釈尊のやさしさを讃えている。

【解説】

馬頭《めず》も牛頭《ごず》も、そのような頭を持った生き物のことで、やや妖怪めいた存在である。この句が何を意味するのかは、次の句からの照り返しで判断すべきであろう。

白毫光裏《びゃくごうこうり》とは、釈尊が禅定から立ち上がって、額の白毫から光を放ったことに基づく。繊壒《せんあい》は、ごく微細な塵のようなものであり、「白毫光裏　繊壒を絶す」とは光の中にそれが無いというのか、光に照らされた世界にそれが無いというのか、いずれにせよ、地獄から仏国土までのあらゆる世界の様子が、一塵の曇りもなく完全に照らし出されたことを意味するであろう。

それに対して、では「馬頭没し　牛頭回る」は、何を意味していようか。一つは、地獄の衆生もいれば、餓鬼の衆生もいる、多種多様な世界と生き物が次から次へと明るみに照らし出された、と理解することが出来よう。もう一つは、このたび釈尊が登場するはるか過去から、繰り返し繰り返し仏がこの娑婆《しゃば》世界にお出ましになったことを言っているとも考えられる。これは、「没し、回る」に重点を置いた解釈であって、「馬頭・牛頭」は、むしろ通常と異なる存在、優れた存在を意味すると受け止めればよい。

ともあれ、釈尊は光を放って、まずは東方のあらゆる世界を照らし出したのであった。そこにいた菩薩衆等は、ふだん見ることのできない光景に接して、その奇瑞に感嘆するとともに、なぜこのような神秘的な出来事が行われたのか、疑問に思う。そこで、弥勒菩薩は、その意を汲んで、釈尊に「これはどうしたことなのですか」と質問したのであった。逸多とは、詳しくは阿逸多であって、弥勒菩薩のことである。

この弥勒菩薩の質問がきっかけとなって、『法華経』の説法が開演されていく。このことを、「話頭端無《わとうはしな》く三界《さんがい》に落《お》つ」と言っている。俄然《がぜん》、説法が欲界《よくかい》・色界《しきかい》・無色界《むしきかい》の三つの迷いの世界にある娑婆世界になされることになってしまったというのである。前の句に「錯《あやま》って」とあることからしても、この句の表面的な意は、余計なことをしてくれたものだ、要らないことだ、というところであろう。

しかし禅の世界に、抑下《よくげ》の掉上《たくじょう》（おとしめる表現によって実はもち上げること）は日常的なことである。釈尊が光など放つから、弥勒菩薩が質問などするから、余計なことを、といいながら、だからこそ釈尊の『法華経』の説法にめぐり会えた、ありがたい、ありがたいと感謝しているのが本意である。

なお、話頭は、まずは『法華経』の説法でよいと思うが、この語は公案《こうあん》を意味するもので、解くべき問題のことでもある。人生の一大事の謎の究明が我々に求められたということでもあるのである。

序品4

【原文】

一箇高々峯頂立　一箇深々海底行

為主為賓兄与弟　引弄諸法一如声

好箇一場曲調

【書き下し】

一箇《いっこ》は高々《こうこう》たる峯頂《ほうちょう》に立《た》ち　一箇《いっこ》は深々《しんしん》たる海底《かいてい》を行《い》く
主《しゅ》と為《な》り賓《ひん》と為《な》る　兄《あに》と弟《おとうと》　引弄《いんろう》す諸法一如《しょほういちにょ》の声《こえ》
好箇一場《こうこいちば》の曲調《きょくちょう》

【現代語訳】

一人は高くそびえる峰の頂上に立つがようであり、一人ははてしなく深い海底を行くかのようである。その両人、弥勒《みろく》と文殊《もんじゅ》は互いに主となりあるいは客となり、兄弟のように協力しあって、釈尊から諸法一如の真実に関する説法を引き出した。

（著語）すばらしい一場の演奏だ。諸法一如の声のすばらしさよ。

【解説】

釈尊が禅定から起《た》って、光明を放つという神変《じんぺん》を演出したとき、その意図について、弥勒菩薩が質問し、文殊菩薩がこれは『法華経』が説かれる奇瑞であると説明したのであった。弥勒菩薩は、何も解らないで質問したのではないであろう。自分は解っていたものの、あえて会衆の疑問を汲んで、代表して質問したのであった。

文殊菩薩も、そのことを心得ていて、その質問に応え、『法華経』の開演を導いたのであった。二人とも、すべて心得ていて、いわば芝居を打っているわけである。こうして、釈尊の説法は、無事、始まるのであった。

どちらが高峰に立ち、どちらが深海を行くのか、一般には前者が文殊菩薩、後者が弥勒菩薩と考えられていよう。しかし要は、両者の智慧と慈悲とが甚深・広大であることをいうものである。主となり客となるのも、表面的には文殊菩薩が主ということになろうが、実はあえて解っていないふりをして質問する弥勒菩薩のほうが主なのかもしれない。兄と弟も、文殊菩薩が兄で、弥勒菩薩が弟ということであろうが、要は上下関係よりも仲がよいことを表わしたものと見るのがよい。いずれにせよ、両人が協力して、釈尊の『法華経』の説法の開始を導きだしたのであった。

良寛はここで、『法華経』の教えを、「諸法一如《しょほういちにょ》」の声と示している。やはり、無分別智《むふんべっち》によって悟られる真如の世界を高唱していると見ているようである。しかし諸法を離れた一如はなく、一如を離れた諸法はない。唯だ仏と仏のみ、すなわちよく究尽するという諸法実相こそを、ここで良寛は諸法一如と呼んだのであろう。ちなみに、弥勒の質問に対する文殊菩薩の回答が偈頌《げじゅ》の形でまとめて説かれる箇所では、日月燈明如来《にちがつとうみょうにょらい》が『法華経』を説き終わったとき、「諸法実相《しょほうじっそう》の義は、已《すで》に汝等のために説けり。われ、今、中夜において、当《まさ》に涅槃《ねはん》に入るべし」と告げたとある。このように、「諸法実相の義」こそが『法華経』の核心なのである。

ちなみに、道元《どうげん》の『正法眼蔵《しょうぼうげんぞう》』「有時《うじ》」の巻には、「有時立高高峰頂、有時行深深海底、……」とある。

序品5

【原文】

古仏法華今仏転　々去転来益高箇
仮令転々百千度　初中後善法華転
三世諸仏在裏許頭出頭没　又云鰕跳不出斗

【書き下し】

古仏《こぶつ》の法華《ほっけ》　今仏《こんぶつ》転《てん》ず　転《てん》じ去《さ》り転《てん》じ来《きた》って　益《ますます》高箇《こうかん》なり
仮令《たとい》転《てん》じ転《てん》じて百千度《ひゃくせんたび》するも　初中後善《しょちゅうごよ》し　法華転《ほっけてん》
三世《さんぜ》の諸仏《しょぶつ》裏許《うち》に在《あ》って頭出頭没《ずしゅつずもつ》す　又云《またい》ふ　鰕《えび》は跳《はね》るとも斗《ます》を出《い》でずと

【現代語訳】

かつての仏が転じた法華の法輪《ほうりん》を、今の仏がまた転ずる。古来、幾度となく説法されてきて、その教えはますます優れた明らかなものとなっている。百回であれ千回であれ、どんなに転法輪《てんぽうりん》されても、最初の方、中頃、その後の方、どの部分もすばらしいのが『法華経』の説法である。

（著語）三世の諸仏は、『法華経』の説法のために、世に現れては消えるのだ。仏の種々の説法も、『法華経』の教えを出るものではない。

【解説】

文殊《もんじゅ》菩薩が、釈尊より放たれた大光明について、『法華経』の開演が始まると伝えたのは、過去もそうだったからとの根拠によるものなのであった。すなわち、果てしない過去から、日月燈明如来《にちがつとうみょうにょらい》という名の二万もの仏が現れては正法《しょうぼう》を演説してきたが、それはいつも『法華経』であった。またその際には、今回と同じような奇瑞が、毎回、現れてきた。故に、同様の奇瑞が現れた今回も、『法華経』が説かれるはずだというのである。

「古仏の法華」とは、はるか過去以来、繰り返し世にお出ましになった日月燈明如来の説法のこと、「今仏」とは、釈尊のこと。しかし過去の日月燈明如来とは、釈尊の過去世の仏である。その教えは繰り返し、説かれる中で、ますます「高箇」なものとなったと言っている。高は勝れたもの、箇は本、書物のことか。あるいは要を得たものという意か。ともかく優れた経典としての真価が発揮されてきたということであろう。

なにしろ二万もの仏が、世にお出ましになっては『法華経』を説かれたのである。したがって、「百千度」ではきかないであろうが、要は何回説かれるとしても、ということである。「初中後善し」とは、経典自身に、「正法《しょうぼう》を演説したもうに、初も善・中も善・後も善なり」とあるのであった。続いて、「その義は深遠《じんのん》にして、その語は巧《ぎょう》妙《みょう》なり、純一無雑《むぞう》、具足清白《しょうびゃく》にして梵行《ぼんぎょう》の相あり」等とあるのであった。こうして、良寛は『法華経』のどこをとってもすばらしい教えであると認めている。

この讃は、素直に『法華経』のすばらしさを讃嘆したものであって、特にむずかしい点はないであろう。

序品6

【原文】

日朝々出東　月夜々沈西
消道七仏師　本光瑞若斯
将謂多少奇特

【書き下し】

日《ひ》は朝《ちょう》々《ちょう》東《ひんがし》より出《い》で　月《つき》は夜《や》々《や》西《にし》に沈《しず》む
道《い》ふを消《もち》ひんや七仏《しちぶつ》の師《し》よ　本《もと》の光瑞《こうずい》は斯《かく》の若《ごと》しと
将《まさ》に謂《おも》へり多少《たしょう》の奇特《きどく》と

【現代語訳】

太陽は毎朝毎朝、東から出、月は毎夜毎夜、西に沈む。文殊《もんじゅ》菩薩よ、はたして「過去にもこうした光の奇瑞があった」などと言うべきであろうか。

（著語）どれだけ多くのすばらしいことがあるのかと思ったが、元来、正法《しょうぼう》に不思議無しだ。

【解説】

道元《どうげん》が興聖寺《こうしょうじ》の禅堂を開いた時の上堂《じょうどう》の説法は、次のようなものであった。

　上堂、山僧、叢林を歴《ふ》ること多からず、只是《ただこ》れ等閑《とうかん》に天童先師に見《まみ》えて、当下《とうげ》に眼横鼻直《げんのうびちょく》なることを認得して、人に瞞《まん》せられず、便乃《すなわ》ち空手にして郷に還る。所以《ゆえ》に一毫も仏法無く、任運に且《しばら》く時を延ぶ。朝朝日は東より出で、夜夜月は西に沈む。雲収まって山骨露われ、雨過ぎて四山低し。畢竟《ひっきょう》、如何《いかん》。良久《りょうきゅう》して云く、三年には一閏《じゅん》に逢う、鶏は五更《こう》に向かって啼く。久立下座《くりゅうげざ》。

　宋に渡り、最終的に天童山《てんどうざん》の如浄《にょじょう》禅師の下で、身心脱落《しんじんだつらく》・脱落身《だつらくしん》心《じん》の悟りを得たという道元。しかし、髪の毛一筋ほども仏法は有していないという。眼は横に、鼻は縦にある、ただそのこと以外に悟りはないというのである。有名な柳は緑、花は紅も同じことを指しており、あるいは雀はちゅんちゅん、烏はカーカーともいう。

　良寛も、その同じ悟りの眼を有していた。諸法実相《しょほうじっそう》とは、何か特別に神秘なことなのではなく、ありのままの一真実そのものだと見抜いていた。それで、その諸法実相を謳い上げるのに、道元の言葉を用いたのであった。

　「七仏の師」とは、文殊《もんじゅ》菩薩のことである。文殊菩薩は、弥勒《みろく》菩薩の質問に対し、古来、『法華経』が開演される際には、いつもいつも、天から美しい花が雨降り、大地は震動し、禅定から起《た》った仏から光が放たれてあらゆる世界が照らし出されることを説明したのであった。ついこの前の日月燈明如来《にちがつとうみょうにょらい》のもとには、妙光菩薩がいたが、その妙光菩薩は文殊菩薩であって、その妙光菩薩として日月燈明如来が『法華経』を説法する際に、光が放たれるなどの奇瑞があったことを経験していた。そこで文殊菩薩は、前の時も、大光明が放たれた、だから今回も『法華経』が説かれるのだという。そこを経典は、偈文《げもん》の中で、文殊菩薩が、「われ燈明仏《とうみょうぶつ》を見たてまつりしに、本《もと》の光瑞はかくの如し」と言ったと示している。

ところが、良寛は、そんなことを言っているようでは、何も解っておらんぞ、と釘をさしている。文殊菩薩の言葉自体に、光瑞を尊ぶ様子は必ずしも見えるわけではないものの、そこに、人々が不可思議で圧倒的な神変・奇瑞をこよなく尊ぶ傾向を汲み取ったうえで、そんなことに惑わされてはならない、真理は現実世界のありのままの姿にあるのだと示すのである。

本来なら、文殊菩薩はきわめて尊い存在である。しかし良寛はその文殊菩薩をあえて叱ることによって、諸法実相のありかを明らかにしたのである。ここは、良寛の切々たる慈悲心に手を合わす以外ないであろう。

方《ほう》便《べん》品《ぼん》

【品の概要】

釈尊は三昧《さんまい》から起《た》って、舎利弗《しゃりほつ》に、諸仏の智慧はあまりにも深く、一切の声聞《しょうもん》・縁覚《えんがく》は知ることができない、ゆえに説法しないと語りかける。このことについては、「仏の成就せる所は、第一の希有《けう》なる難解《なんげ》の法にして、唯、仏と仏のみ、乃《すなわ》ち能く諸法の実相を究《きわ》め尽せばなり」とあって、その諸法実相《しょほうじっそう》の説明としていわゆる十如是《じゅうにょぜ》のことが説かれている。釈尊はそのように説くとともに、その後、その内容が偈《げ》によって説かれる。中に、「甚深微妙《じんじんみみょう》の法は、見難《がた》く了すべきこと難し、……この法は示すべからず、言辞《ごんじ》の相《そう》が寂滅《じゃくめつ》すればなり」ともある。

この釈尊の説示に対し、声聞らは説法を懇請するが、釈尊はたとえば「止みなん、止みなん。説くべからず。わが法は妙にして思い難し。諸《もろもろ》の増上慢《ぞうじょうまん》の者は、聞けば必ず敬信《きょうしん》せざらん」と言って制止する。しかし舎利弗が彼らを代表して三たび懇請したので、釈尊は説法することにした。このとき、五千人の声聞らが釈尊の説法を聞くまでもないと退出するのであった。

その後、釈尊の説法では、仏の悟りの世界はただ仏のみ知りうることが強調され、さらに、諸仏はただ一大事因縁をもってのみ世に出現するのであり、その一大事因縁とは仏の知見を、「開《かい》・示《じ》・悟《ご》・入《にゅう》」せしめることだと明かしている。

さらに、「舎利弗《しゃりほつ》よ、如来は但《ただ》、一仏乗《いちぶつじょう》をもっての故のみ、衆生《しゅじょう》のために法を説きたもう。余乗《よじょう》の若《も》しくは二、若しくは三あることなし。……」とあって、一乗思想が説かれていくのである。一仏乗と他の声聞乗・縁覚乗等との関係について、経典は次のように説いている。

……舎利弗《しゃりほつ》よ、劫《こう》の濁乱《じょくらん》の時には、衆生《しゅじょう》は垢《く》重く、慳貪《けんどん》・嫉《しつ》妬《と》にして、諸《もろもろ》の不善根《ふぜんこん》を成就《じょうじゅ》するが故に、諸仏は方便力《ほうべんりき》をもって、一仏乗《いちぶつじょう》において分別《ふんべつ》して三と説きたもう。

つまり、声聞・縁覚・菩薩の教えは、一仏乗において方便として説いたのであって、教化の目標はあくまでも菩薩のみであるというのである。

この教えが、重ねて偈によって説かれるが、その中にも、「十方《じっぽう》の仏土《ぶつど》の中には、唯《ただ》、一乗《いちじょう》の法のみありて、二も無く、亦、三も無し。仏の方便《ほうべん》の説をば除く。但《ただ》、仮《か》りの名字《みょうじ》のみをもって、衆生《しゅじょう》を引導《いんどう》するは、仏の智慧《ちえ》を説かんが故《ため》なり。諸仏の、世に出でたもうは、唯《ただ》、この一事のみ実《じつ》にして、余の二は則ち真に非ざるをもって、終に小《しょう》乗《じょう》をもって、衆生《しゅじょう》を済度《さいど》したまわざるなり」等ともある。

また、この偈のなかには、仏に会い、あるいは説法を聞いて六波羅《ろくはら》蜜《みつ》を修する人等は、「皆、已《すで》に仏道を成《じょう》じたり」と語られている。その中には、「乃至、童子の戯れに、沙《すな》を聚めて仏塔を為《つく》れる」だけでも、また一華をもって仏の画像を供養するだけでも、仏塔において南無仏と唱えただけでも、仏道を成ずとある。

この品の結びには、「汝等は既《すで》に已に、諸《もろもろ》の仏・世の師の、宜しきに随う方便《ほうべん》の事を知り、また、諸《もろもろ》の疑惑なく、心に大歓喜《だいかんぎ》を生ぜよ。自《みずか》ら当《まさ》に仏と作《な》るべしと知れ」とある。

著語

（原文）
欲与先奪
（書き下し）
与《あた》へんと欲《ほっ》して先《さき》に奪《うば》ふ
（解説）
一仏乗を与えようとして、まず二乗・三乗を方便だと示し奪った。

方便品1

【原文】

人々有箇護身符　一生再活用何罄
会中若有仙陀客　何必瞿曇労出定
悪水驀頭澆

【書き下し】

人々《にんにん》箇《こ》の護身符《ごしんふ》有《あ》り　一生再活《いっしょうさいかつ》して用《もち》ふるも　何《なん》ぞ罄《つ》きん
会中《えちゅう》　若《も》し仙陀《せんだ》の客《かく》有《あ》らば　何《なん》ぞ必《かなら》ずしも瞿曇《くどん》の出定《しゅつじょう》を労《ろう》せん
悪水驀頭《あくすいまくとう》に澆《そそ》がん

【現代語訳】

人は誰でも護身のお札を有している。それは一生涯、使ってもなくなってしまうものではない。釈尊の説法の会座の中に、一を聞いて十を悟るような利発な者（仙陀）がいれば、わざわざ釈尊は禅定から起《た》って説法しなくともよかったものを。

（著語）説法しようと、のこのこ出てくるなら、汚水をぶちまけるぞ。

【解説】

人は誰でも、その人を守るお札を持っているという。道元《どうげん》は、「この生死《しょうじ》はすなわち仏のおんいのちなり」と言っている。いわば、人は誰でも仏のおんいのちに守られていよう。『法華経』的に言えば、実はいつもいつも大白牛車《だいびゃくごしゃ》に乗っているのだというのである。

仙陀とは、『涅槃経《ねはんぎょう》』の、次の話に由来する。「昔、ある国王に一人の怜悧な臣下がいた。王が仙陀婆というと、多くの臣下は水・馬・塩・器の中、どれを指して言ったのか迷うのみであったが、かの怜悧な臣下は、ただちにこれを理解して誤ることがなかった。」つまり、仙陀とは、他者の心をすぐにも理解できるような、聡《さと》い者のことである。釈尊の心中、つまり悟りの内容（内証の世界）を解るものに対しては、わざわざ禅定から起って説法する必要もなかったのに、釈尊にはご苦労様なことであった、というのである。衆生本来仏なりで、その仏のおんいのちを生きていればよいのであり、何もあれこれ説く必要はないのに、というのである。

しかし我々は当然、仙陀の者でありえない。自分の中に、護身符があるなどとはわからない。故にやはり説法していただくことが必要である。この「方便品」では、釈尊が説法はすべきでない、なぜなら「仏の成就せる所は、第一の希有《けう》なる難解《なんげ》の法にして、唯、仏と仏とのみ、乃《すなわ》ち能く諸法の実相を究《きわ》め尽くせばなり」とある。これに対し、会中の者すべてに、「世尊は何が故に、慇懃《おんごん》に甚深《じんじん》微妙《みみょう》にして解《さと》り難き法を称歎《しょうたん》したもうや」との疑問が起きたのであった。そこで、今度は舎利弗《しゃりほつ》が代表となって、三たび、釈尊にその説明を求め、三たび断られる。しかし、舎利弗の懇請を受けて、釈尊は説法されるのである。

したがって、みな仏法のことを解っていれば、何も説法する必要もなかったのに、度重なる懇請を受けて説法されたのは、ご面倒をおかけして申し訳ない、というわけである。と同時に、わざわざ説法してくださって、有り難い、感謝に堪えないという心であろう。

逆に言えば、釈尊の『法華経』説法の核心は、一生受用不尽の仏のおんいのちの中に生きているということだぞ、と言おうとしているであろう。

方便品2

【原文】

度生已了未生先　安詳出定太無謂

当時鶖子見機作　輪却五千退席子

宝剣在手

【書き下し】

度生《どしょう》已《すで》に了《りょう》ず　未生《みしょう》の先《さき》　安詳《あんじょう》として定《じょう》より出《い》づるも太《はなは》だ謂《いわ》れ無《な》し

当時鶖子《とうじしゅうし》　機《き》を見《み》て作《な》すも　輪却《ゆきゃく》す　五千《ごせん》の退席《たいせき》の子《し》に

宝剣《ほうけん》手《て》に在《あ》り

【現代語訳】

未だ生まれぬ前に、衆生済度《しゅじょうさいど》は完了している。したがって、ゆっくりと禅定から出て説法するなど、無意味のことだ。そのとき舎利弗《しゃりほつ》は、会中の意を汲み取って質問をなしたが、そこで五千人の声聞《しょうもん》が退席してしまって、その点は失敗だった。

（著語）増上慢の者を切り捨てるのも、仏の衆生救済のためのすばらしいはたらきだ。

【解説】

「方便品」の冒頭には、「その時、世尊は、三昧《さんまい》より安詳《あんじょう》として起《た》ち、舎利弗《しゃりほつ》に告げたもう」とある。釈尊はこの句に続いて、「舎利弗《しゃりほつ》よ、われ、成仏してより已来《このかた》、種々の因縁《いんねん》、種々の譬喩《ひゆ》をもって、広く言教《ごんきょう》を演《の》べ、無数の方便《ほうべん》をもって衆生《しゅじょう》を引導《いんどう》し、諸《もろもろ》の著《じゃく》を離れしめたり」とある。さらに、「……止《や》みなん。舎利弗《しゃりほつ》よ、また説くべからず」とある。

この成仏の時期が問題であるが、久遠《くおん》の昔のことであれば、このたび娑婆《しゃば》世界に生まれる以前に、これまで無数の衆生を済度してきた、ということになろう。しかしここで久遠実成《くおんじつじょう》の釈迦牟尼仏《しゃかむにぶつ》が登場しているとは考えられない。そこで、衆生の救済は、釈尊がこの世にお生まれになる前から、すでに果たされているということになる。それは、衆生本来仏なりの事実故である。自己に即していえば、それが諸《しょ》法実相《ほうじっそう》ということになる。

あるいは未生とは、父母《ぶも》未生以前《みしょういぜん》本来面目《ほんらいめんもく》とあるように、分別《ふんべつ》以前に、本来的に、の意でもちいられているとも考えられる。この場合は、自分があれこれ計らう以前にすでに救済されているぞ、ということになろう。

そのように、人は誰でもすでに救済されているのなら、釈尊がわざわざ禅定から起って、説法する必要もないわけである。良寛が一番言いたいことはここにある。しかし、舎利弗は無理やりと言ってもよいほどに、いわば強引に説法して下さるよう懇請したのであった。その結果、釈尊が『法華経』を説いて下さったのだから、よくやった、すばらしい手腕を発揮した、と称讃したいところである。

しかし、釈尊がまさに説法しようとしたとき、「会《え》の中に比丘《びく》・比丘尼《びくに》・優婆塞《うばそく》・優婆夷《うばい》の五千人等ありて、即ち座より起《た》ちて仏を礼《らい》して退けり」ということになったのであった。この点において、舎利弗は、ちょっと失敗した部分もあった、残念であった、というわけである。これも説法などをお願いするからだ、と批判している。

しかし、この五千人は、大乗仏教の真価を知らない増上慢《ぞうじょうまん》の者たちであって、この者たちが退席したお蔭で、釈尊は「わが今、この衆《しゅ》にはまた枝葉《しよう》なく、純《もっぱ》ら貞実《じょうじつ》なるもののみあり。……汝よ、今、善く聴け、当《まさ》に汝がために説くべし」と語りかけている。そうして、開《かい》・示《じ》・悟《ご》・入《にゅう》の一大事因縁が明かされていくのである。とすれば、良寛はここで、舎利弗さん、問題がありましたね、と言っているようで、実はその裏で、あなたのお蔭でもっぱら貞実のみの見事な説法の会座が完成した、有り難う、という思いを言外に伝えようとしているのであろう。

方便品3

【原文】

是非思慮之所及　誰以寂黙誇幽致

調箇出来問如何

有人若問端的意　諸法元来祇如是

(泊)
泊曽錯会麼　莫錯認定盤星

某甲至這裏還不会

【書き下し】

是《こ》れ思慮《しりょ》の及《およ》ぶ所《ところ》非《あら》ず　誰《たれ》か寂黙《じゃくもく》を以《もっ》て幽致《ゆうち》を誇《ほこ》らん

人《ひと》有《あ》って若《も》し端的《たんてき》の意《い》を問《と》はば　諸法《しょほう》は元来《がんらい》祇《た》だ如是《にょぜ》のみと

泊曽《ほとんど》錯《あやま》って会《え》すや　錯《あやま》って定盤星《じょうばんしょう》を認《みと》むる莫《なか》れ

某甲《それがし》這裏《ここ》に至《いた》って還《かえ》って不会《ふえ》

【現代語訳】

それは思慮・分別の及ぶところではない。かといって、いったい誰が寂黙の世界こそ究極の真理だなどというべきであろうか。では、その端的は何なのか、ともし人が問うなら、答えよう、諸法は元来、ただ如是のみと。

（著語）ただの沈黙が真理ではないのだが、まず解っていない。ただ如是と言うことも要らないことなのだが。

【解説】

これは、思慮・分別の及ぶところではない、という。その「これ」とは、何か。それは、唯仏与仏《ゆいぶつよぶつ》、乃能究尽《ないのうぐうじん》の、諸法実相《しょほうじっそう》のことというべきであろう。これについて経典に、「この法は示すべからず、言辞《ごんじ》の相《そう》が寂滅《じゃくめつ》すればなり」とあり、また「この法は思量・分別《ふんべつ》の能く解《げ》する所に非ずして、唯、諸《もろもろ》の仏のみ有りて、乃《すなわ》ち能くこれを知りたまえばなり」ともある。諸法実相といっても、それは必ずしも対象の真実のことではない。むしろ主客未分の一真実であり、ゆえに自己本来の面目であり、真実の自己そのものでもある。もちろん、分別以前であるのだから、言語以前でもある。

しかしだからといって、沈黙に真理がある、というわけでもない。現象に対する実在、相対に対する絶対は、いまだ究極の真理ではない。教外別伝《きょうげべつでん》、不立文字《ふりゅうもんじ》を掲げてしたり顔でいては、事柄の真実に到り得ていない。道元《どうげん》も、教外別伝を批判し、それでは教は心外別伝だというのか、と反問している。

分別《ふんべつ》以前であるが、単なる無分別でもない。では、それはいったいどう言うべきなのであろうか。良寛はここで、「諸法《しょほう》は元来《がんらい》祇《た》だ如是《にょぜ》のみ」と示すのである。諸法というのは、あらゆる現象のこと。その核心は、もとより「ただ如是」にあるというのである。

ここには、二つの意味を汲むことができると思う。一つは、単なる分別でもなく単なる無分別でもないところを、たとえば分別の無分別・無分別の分別と言うこともできよう。あるいは、「色即是空《しきそくぜくう》・空《くう》即是色《そくぜしき》」という言い方もあるかもしれない。現象即実在、相対即絶対、なども同じ理路の表現であろう。しかしそう言えば、それがまた分別を呼ぶことになる。畢竟《ひっきょう》、分別にわたらずに言おうとすれば、「ただ如是」としか言いえない。この言葉で事柄の一真実を自覚せよ、という意味がある。

もう一つは、『法華経』の核心、諸法実相は、「諸法の如是相《そう》と、如是性《しょう》と、如是体と、如是力《りき》と、如是作《さ》と、如是因と、如是縁と、如是果と、如是報と、如是本末究竟等《ほんまつくきょうとう》なり」と、いわゆる十如是《じゅうにょぜ》で説明されるのであった。しかし禅者・良寛にとっては、そんないくつもの如是はまどろっこしい。諸法実相は、ただ端的に、「如是」のみですむではないか、の意味もあると思われるのである。

こうして、諸法実相は、言語・分別によってとらえることはできないが、単なる虚無でもありえない。主客未分の一真実が現成しているところに、悟道の風光はあり、しかもそれは、我々の分裂した主客の直下に、もとより働いているのである。

良寛の禅は、「只這是」（只だ這《こ》れ是《こ》れ）に窮まる、というのが私の見方であるが、「諸法は元来祇だ如是のみ」も、まさにそのことそのものである。

方便品4

【原文】

如是性相如是因　月有清光花有陰
看々法華開演日　不知何処是陸沈
按牛頭喫草　会麼
誰非真人

【書き下し】

如是《にょぜ》の性《しょう》・相《そう》　如是《にょぜ》の因《いん》　月《つき》に清光《せいこう》有《あ》り　花《はな》に陰《かげ》有《あ》り
看《み》よ看《み》よ　法華開演《ほっけかいえん》の日《ひ》　知《し》らず　何《いず》れの処《ところ》か是《こ》れ陸沈《りくちん》
牛《うし》の頭《こうべ》を按《おさ》へて草《くさ》を喫《きっ》せしむ　会《え》すや
誰《たれ》か真人《しんにん》に非《あら》ざる

【現代語訳】

諸法実相《しょほうじっそう》は、如是相・如是性、また如是因等と、十如是《じゅうにょぜ》で語られる。その端的は、月に清らかな光があり、花に蔭はある、それそのものだ。自分のまわりに『法華経』が開演されていることを、見るがよい。どこも法華ならざるところはない。

（著語）方便を尽くして、諸法実相を何とかして了解させようとしている。それがわかるか。どこもかしこも諸法実相。誰も彼れも真人以外でない。

【解説】

前にも言うように、『法華経』方便品には、諸法実相が、「如是相《そう》・如是性《しょう》・如是体・如是力《りき》・如是作《さ》・如是因・如是縁・如是果・如是報・如是本末究竟等《ほんまつくきょうとう》」の十如是によって明かされるのであった。第一句、「如是の性・相　如是の因」は、この十如是のことであり、故に諸法実相のことである。しかし、諸法実相は、論理や概念の中にあるわけではない。ただ「如是」のところにある。これが禅における諸法実相のありかの把握なのであった。

では、「如是」の端的はどこにあるのか。良寛はそこを、第二句、「月に清光有り　花に陰有り」と示す。実は蘇東坡《そとうば》の詩に、「花に清香《せいこう》有り、月に蔭《かげ》有り」の句がある。良寛はこれをうろ覚えで、逆さにしてしまったのか、意識的に換えたのかはわからない。良寛の書に、本来とは異なる間違った字が用いられていることも少なくない。しかし良寛ほどの人がこの句を間違えたとは思えない。おそらく遊び心もってあえて換えてみたのであろう。「花に清香有り、月に蔭有り」では、両者が別々の場面になりかねない。しかし「月に清光有り　花に陰有り」なら、どこまでも澄む月の光の下、何かの花の重なった花びらに光影が浮かび上がっている即今・此処・自己の消息を見事に表現していることになろう。

そこに諸法実相がある。見るところ・聞くところ、どこにも諸法実相が露わになっている。すなわち『法華経』が開演されている。道元《どうげん》は『傘松道詠《さんしょうどうえい》』の中に、「法華経を詠める」との詞書《ことばがき》のもと、五つの歌を載せているが、そのなかには次のようなものがある。

渓《たに》の響《ひびき》嶺に鳴く猿たえだえにただ此の経を説くとこそ聞け

此の経の心を得れば世の中のうりかう声も法を説くかは
峯の色渓《たに》の響《ひびき》もみなながら我《わが》釈迦牟尼の声と姿と

そこで、良寛も、「看よ、看よ、法華開演の日」と呼びかける。ここには、将来、『法華経』が開演される日に看よというより、すでに開演されている今、看よ、の意を汲むべきであろう。

こうして、良寛は、法華そのもの、諸法実相そのものが、埋もれてしまっているところはあるであろうか、いやどこにもない、と力強く結ぶ。つまり、どこもかしこも法華そのものだ、この事実を看よ、というのである。良寛の悟りの眼の確かさがよく窺える讃である。

方便品5

【原文】

十方仏土狂(枉)指注　唯有一乗転多子
縦向声前薦取去　我道霊亀久曳尾
是非性燥児
掃払蹤々愈生
先者非先後者非後

【書き下し】

十方仏土《じっぽうぶつど》は枉《いたず》らに指注《しちゅう》す　唯《ただ》一乗《いちじょう》のみ有《あ》るも転《うた》た多子《たす》
縦《たと》い声前《しょうぜん》に向《むか》ひて薦取《せんしゅ》し去《さ》るも　我《われ》は道《い》はん　霊亀《れいき》久《ひさ》しく尾《お》を曳《ひ》くと
蹤《あと》を掃払《そうふつ》すれば蹤愈生《あといよいよしょう》ず
先《さき》んずる者《もの》も先《さき》なるに非《あら》ず　後《おく》るる者《もの》も後《あと》なるに非《あら》ず

【現代語訳】

十方の仏土において、あえて方便の教えも説かれている。そのもとの一乗《いちじょう》のみがあるというのさえ、わずらわしいことだ。かといって、あらゆる言葉以前の世界をとりあげるのも、私なら、まだまだ跡がのこっているぞと言いたい。

(著語) 言語・分別を否定するのは、まだ肯定・否定の分別の中だ。早く悟ろうが遅く悟ろうが、もとより仏そのものなのだ。

【解説】

最初の句、「指注す」は解りにくいが、言葉でもってあれこれ指示・解説していることなのであろう。釈尊は、この娑婆《しゃば》世界だけでなく、十方の諸仏国土において、分身により『法華経』を説法するのであった。

その内容の大きな柱は、一乗思想である。声聞乗《しょうもんじょう》・縁覚乗《えんがくじょう》・菩薩《ぼさつ》乗の三乗は、方便の教えであり、ただ一仏乗のみが真実だという。小乗仏教の声聞も縁覚も大乗仏教の菩薩も、やがては阿耨多羅三藐三《あのくたらさんみゃくさん》菩提《ぼだい》を実現して、『法華経』が説く究極の真理の覚証を果たすのだというのである。その究極の真理とは、諸法実相《しょほうじっそう》にきわまるであろう。

そこで、三乗《さんじょう》は方便の教えであり、ただ一乗のみが真実の教えだと明かされる。しかし、一乗、一乗というのも、何やら余計なことで、煩わしいことだ、という。良寛は『法華経』の言葉に捉われず、その核心に常に迫っているのである。

　以上が事柄の真実だとして、言葉を離れた真実を了解・体得したとしても、もしも言葉を離れたところに真理があると、そう言うとすれば、それはまだ、真実そのものへの分別の跡が残っており、未だしである、という。「霊亀、尾を曳く」とは、『碧巌録《へきがんろく》』にもしばしば出る著語《じゃくご》の定番の一つといってよいものであり、『禅林句集《ぜんりんくしゅう》』には、「跡を消さんとして、かえって跡を残す」と言っている。

　よく禅宗では、差別と平等の語が用いられる。迷いと悟り、現象と本性等と見ることもできる。平等を見たと言っても、それはまだ初心にすぎない。事柄の真実は、差別即平等・平等即差別であるからである。それで、単純に言語・分別以前の世界を体得した、といってもそれで禅の悟りが完成したわけではない。その悟りを現実世界の中で生かして、はたらいてはたらいて止まず、しかもそのはたらいたということにもとらわれないとき、禅のめざす境涯が成就するであろう。味噌の味噌臭きは上味噌にあらず、という。禅者は、とりわけ跡を払うということを尊ぶ。もっとも、そのこと自体がことさらになされるのではなく、自然法爾《じねんほうに》に流れ出るべきであろうが。

　というわけで、要はこの讃では、どんな言葉を用いてもだめだし、言葉をもちいなくても駄目だ、と言っていることになる。では、どうすればよいであろうか。それは、ただ自己が自己になりつくして、その自己を生きるのみであろう。まさに良寛がこの「法華讃」の冒頭、「開口」において示した、「合掌して曰く、南無妙法華」のみである。

方便品6

【原文】

諸仏出世了非佗(他)　祖師西来復何伝

三条椽　君自

旦(且)帰林下抖擻看　娘生鼻孔在誰辺

按牛可喫草

著忙作什麼

【書き下し】

諸仏《しょぶつ》の出世《しゅっせ》　了《つい》に他《た》に非《あら》ず　祖師西来《そしさいらい》して　復何《またなに》をか伝《つた》えん

且《しばら》く林下《りんげ》に帰《き》して　抖擻《とそう》して看《み》よ　娘生《じょうしょう》の鼻孔《びくう》　誰《た》が辺《へん》にか在《あ》る

牛《うし》を按《おさ》へて草《くさ》を喫《きっ》せしむべし

著忙《じゃくぼう》して什麼《なに》をか作《な》さん

【現代語訳】

　諸仏が世にお出ましになられた理由はほかでもない（ただ仏知見《ぶっちけん》を開示悟入《かいじごにゅう》させんがためだ）。また、菩提達磨《ぼだいだるま》はインドから中国に来て、何を伝えたのか。その内容を真に解りたいと思ったなら、叢林《そうりん》に入って、修行してみよ。生まれながらにある自己本来の面目は、どこにあろうか。

（著語）まずは禅仏道に入らねばなるまい。

悟ろうと焦ってもがいても何にもならんぞ。

【解説】

「方便品」では、諸仏が世にお出ましになられる最大の理由、一大事因縁が明かされていることで有名である。このことについて経典は、「諸の仏・世尊は、衆生《しゅじょう》をして仏の知見を開かしめ、清浄なることを得せしめんと欲するが故に、世に出現したもう。衆生《しゅじょう》に仏の知見を示さんと欲するが故に、世に出現したもう。衆生《しゅじょう》をして、仏の知見を悟《さと》らしめんと欲するが故に、世に出現したもう。衆生《しゅじょう》をして、仏の知見の道に入らしめんと欲するが故に、世に出現したもう」と説いている。第一句、諸仏の出世は、ほかでもない、この一大事因縁のためにほかならない、という。では、その仏の知見、仏知見とは何かが問題であろう。

また禅宗の祖師・菩提達磨は、わざわざインドから中国までやってきて、何を伝えようとしたのであろうか。このことについては、古来、公案《こうあん》となっていて、たとえば『無門関《むもんかん》』第三十七則には、「趙州、僧の『如何なるかこれ祖師西来意』と問うに因《よ》って、州云く、『庭前《ていぜん》の栢樹子《はくじゅし》』」とある。いったいこの「庭前の栢樹子」とは、何のことであろうか。

このことを究めたいなら、禅宗の叢林、つまり専門道場に帰入して、少欲知足のもとに修行に専念してみるべきである。抖擻《とそう》とは、払い清めることで、頭陀《ずだ》行というときの頭陀の訳語である。頭陀行そのものは、ぼろを着て、樹下石上に生活するなど、要は極端な禁欲生活に甘んじて修行することであるが、ここでは要は坐禅修行したらわかるよ、ということであろう。

実は次の「譬喩品《ひゆ》」の中に、舎利弗《しゃりほつ》がかつて大乗を求めず、小乗の修行をしてしまったことを後悔して、「われは、山谷《せんごく》に処し、或は林樹の下に在りて、若しくは坐し、若しくは経行《きょうぎょう》して、常にこの事を思惟《しゆい》し、嗚呼《なげき》て深く自《みずか》ら責めぬ、『云何《いか》んぞ自ら欺けるや』と」とある。しかしここの林下の林は、禅林のことでよいであろう。

娘生というときの娘とは、母のことであり、娘生とは、母から生まれたということである。鼻孔は、鼻の穴のことであるが、この「娘生の鼻孔」で、生まれながらの自己、自己本来の面目ということになる。本当の自己ということである。いわゆる「父母未生以前、本来の面目」である。坐禅修行すれば、そのありかがわかるというのである。

方便品7

【原文】

諸法従来寂滅相　閑者閑忙者忙
皮膚已脱落
若能至此著眼睛　何用兀兀鬢成霜
本不失
自非得今得甚麼
唯有貞実無枝葉

【書き下し】

諸法《しょほう》は従来《じゅうらい》寂滅《じゃくめつ》の相《そう》なり　閑《かん》なるは閑《かん》　忙《ぼう》なるは忙《ぼう》
若《も》し能《よ》く此《ここ》に至《いた》って眼睛《がんぜい》を著《つ》けば　何《なん》ぞ用《もち》ひん　兀々《ごつごつ》と
して鬢《びん》の霜《しも》と成《な》るを

本《もと》失《うしな》はず
自《みずか》ら得《う》ること非《あら》ざるに今《いま》得《う》るは甚麼《なん》ぞ
唯貞実《ただじょうじつ》のみ有《あ》りて枝葉《しような》無し
皮膚《ひふ》已《すで》に脱落《だつらく》す

【現代語訳】

諸法は本来、寂滅を特質としている。その心は、閑はただ閑、忙はただ忙、それのみということである。もしこのことを了解できたならば、どうして年を取るまで悟りを求めてずうっとただ坐禅することが必要であろうか。


（著語）もともと仏であるのに、今、仏になろうと騒ぐのはどういうわけか。

ただ真実のみあり、他に余計なものは何もない。


【解説】

寂滅とは、涅槃《ねはん》の訳語でもある。小乗仏教では、涅槃は、生死輪廻《しょうじりんね》を越えて、過去世の業《ごう》の結果としての身心（余依《よえ》）がすっかり無くなった（無余依の）、灰身滅智《けしんめっち》の、無為寂静《むいじゃくじょう》の世界である。しかし大乗仏教では、諸法の本性としての空性《くうしょう》＝法性《ほっしょう》＝真如《しんにょ》に涅槃を見出すのであり、故に自性本来清浄涅槃《じしょうほんらいしょうじょうねはん》も説かれる。今・ここで、涅槃に入っている、というのである。それは、善心であれ煩悩であれ、どんな現象も常住の本体を持たない、空《くう》を本性とするものなので、そこに眼をつけて、自性涅槃というのである。『摂大乗論《しょうだいじょうろん》』ではここを、「一切法《いっさいほう》、無自性《むじしょう》、無生無滅《むしょうむめつ》、本来寂静《ほんらいじゃくじょう》、自性涅槃《じしょうねはん》」と示している。

したがって、諸法に即して寂滅の相を見るのであり、諸法を離れた法性・真如があるわけではない。

そこで、本来寂滅の世界はどこにあるかといえば、「閑なるは閑　忙なるは忙」だと良寛は示す。閑は閑、忙は忙、遅は遅、速は速、眼は横、鼻は縦、雀はチュンチュン、烏はカーカー、すべてそのまま、ありのままに、その世界がある。ただしこのことは、世界のあり方を哲学的に究明して了解できるものではなく、それそのものになりきってのところで自《みずか》らにうなずけることである。如是《にょぜ》、そこに、生死即涅槃、生死はすなわち仏のおんいのちなりの真実が自覚されるのである。

もしこのことが解れば、ことさら悟りを開こうとあくせくする必要はないであろう。「鬢《びん》の霜と成る」とは、すっかり年老いるということ、兀兀は、坐禅のことを意味する。かつて、南嶽《なんがく》は、馬祖《ばそ》に対して、なんでそんなに坐禅しているのか、と問うた。馬祖は、作仏を図ると答えた。これに対し南嶽は、瓦を砥石《といし》にあてて磨き始める。馬祖が何をしているのですかと問うと、鏡にしようと思っている、と答える。馬祖は、いくら瓦を磨いても、鏡にはなりっこないでしょう、と言うと、南嶽は、いくら坐禅しても、仏になどなるものか、と言うのであった。

実はすでに仏であるのに、対象的に仏の姿を想定して、それに近づこうと坐禅するのは、お門違いというものである。不生禅《ふしょうぜん》で有名な盤珪《ばんけい》禅師は、「仏になろうとするより、仏でおるほうが造作ないわい」

と言ったという。その背景には、黄檗《おうばく》の「念を動ずれば即ち乖《そむ》く」、「心を擬すれば即ち差《たが》う」、といった子細がある。良寛も、それと同じことをここで述べているわけである。

方便品8

【原文】

騰々任運只麼過　困来眠飢来餧
唯此一事也不要　不知何処度二三

貞実亦亦
又曰作麼生不度二三底道理

【書き下し】

騰々任運《とうとうにんうん》　只麼《しも》に過《す》ぐ　困《こう》じ来《きた》れば眠《ねむ》り　飢《う》え来《きた》れば餧《くら》ふ
唯《ただ》此《こ》の一事《いちじ》も也《ま》た要《よう》せず　知《し》らず何《いず》れの処《ところ》にか二三《にさん》を度《わた》さん

貞実亦亦《じょうじつじょうじつ》
又曰《またいわ》く　作麼生《そもさん》か二三《にさん》を度《わた》さざる底《てい》の道理《どうり》

【現代語訳】

いつもゆったりと、はからわず、そのように過ごしている。眠くなったら眠るし、おなかがすけば何か食べる。釈尊がこの世におでましになったというたった一つのこと（仏知見の成就）も必要ない。いったい、あらゆる衆生をどこに渡すべきであろうか。

（著語）自己即仏の真実しかない。真実しかない。その大乗の立場しかない。
二乗・三乗を済度しないとはどのような道理か。よく理解せよ。

【解説】

騰々は、のびやかにのんびりした様、任運ははからいをはなれていのちのままに生きる様を表している。只麼にというのは、ただそのように、ということである。まさに良寛の境涯である。良寛の漢詩のいくつかに、騰々の語は使われている。その代表的なものとして、次の詩がある。

生涯身を立つるに懶《ものう》く、騰々として天真に任す、
嚢中《のうちゅう》三升の米、炉辺一束の薪、
誰か問わん迷悟の跡、何ぞ知らん名利の塵、
夜雨草庵の裏、双脚等閑に伸ばす

自己本来の面目を追求しぬいて、確かに会得するところがあって、もはやすべてを放下して、閑のあいた境涯である。

その本来のいのちのままに生きるその具体的なありようが、「困じ来れば眠り　飢え来れば餧ふ」の句で示される。『臨済録《りんざいろく》』には、「道流《どうる》、仏法は功《く》を用いる処無し。祇だ是れ平常無事《びょうじょうぶじ》、屙屎送尿《あしそうにょう》、著衣喫飯《じゃくえきっぱん》、困《こん》じ来れば即ち臥す。……你、且らく随処に主と作れば、立処《りっしょ》

皆な真なり」とある。また『碧巌録《へきがんろく》』第七十八則の頌《じゅ》の評唱《ひょうしょう》には、「飢え来たれば飯を喫し、困じ来たれば眠る」とある。なお、実はこの句の前には、良寛が好んで用いる「長く両脚を舒《の》べて睡《ねむ》れば」の句もあるのである。

「唯だ此の一事」に関して、「方便品」に、「諸《もろもろ》の仏・如来《にょらい》は、但《ただ》、菩薩《ぼさつ》のみを教化《きょうけ》したもう。諸有《すべて》の所作は、常に一事のためなり。唯《ただ》、仏の知見をもって、衆生《しゅじょう》に示し悟らしめんためなり。舎利弗《しゃりほつ》よ、如来は但《ただ》、一仏乗《いちぶつじょう》をもっての故にのみ、衆生《しゅじょう》のために法を説きたもう。余乗《よじょう》の若しくは二、若しくは三あることなし」とある。偈《げ》にも、「……但《ただ》、仮《か》りの名字《みょうじ》のみをもって、衆生《しゅじょう》を引導《いんどう》するは、仏の智慧《ちえ》を説《と》かんが故《ため》なり。諸仏の、世に出でたもうは、唯《ただ》、この一事のみ実《じつ》にして、余の二は則ち真に非ざるをもって、終に小乗《しょうじょう》をもって、衆生《しゅじょう》を済度《さいど》したまわざるなり」とある。故に「此の一事」とは、諸仏からいえば、仏知見《ぶっちけん》に衆生を導くこと、衆生の側から言えば、仏知見を得ることといえよう。

しかし良寛は、そのようなことも必要ない、という。まして声《しょう》聞《もん》・縁覚《えんがく》の二類の人々、または、これに菩薩を加えた三類の人々を、それぞれの悟りにみちびくことなど、どうして必要なことであろうか、というのである。このすべては、前の『臨済録』で言えば、「功を用いる処無し」なのであって、自己へのはからいをすべて捨てはてたときに本来のいのちがそのいのちのままに響きをあげることであろう。道元《どうげん》も、「放てば手に満てり、一多のきわならんや」と言っていた（『弁道話《べんどうわ》』）。

方便品9

【原文】

以三帰一日西斜　開一為三雁啀沙

箇中意旨如相問　法華従来転法華

更雪上加霜去

月外無指

【書き下し】

三《さん》を以《もっ》て一《いち》に帰《き》し　日《ひ》西《にし》に斜《かたむ》く　一《いち》を開《ひら》いて三《さん》と為《な》す

雁《かり》は沙《すな》に啀《さえず》る

箇中《こちゅう》の意旨《いし》　如《も》し相問《あいと》はば　法華《ほっけ》は従来《じゅうらい》　法華《ほっけ》を転《てん》ずと

更《さら》に雪上《せつじょう》に霜《しも》を加《くわ》へ去《さ》る

月《つき》の外《ほか》に指無《ゆびな》し

【現代語訳】

三乗《さんじょう》は一乗《いちじょう》に帰せられる。太陽が西に傾き、沈むように。一乗を開いて三乗を設ける。雁が岸辺でさえずるようである。このなかの意旨は何かと問うなら、答えよう、従来、法華は常にただ法華を開演しているのみと。

（著語）三乗（霜）は一乗（雪）と何も変わらないぞ。すべては法華の開演だ。

すべては一仏乗の真理（月）以外、何もない。

【解説】

三とは、声聞《しょうもん》乗・縁覚《えんがく》乗・菩薩《ぼさつ》乗の三乗のこと。乗とは、彼岸に渡る乗り物のことであるが、実質的にはそれぞれの教義を意味する。それらの多彩な教えも、すべては一仏乗という、『法華経』が説く大乗仏教の教え、真理に帰することになる。三乗は一仏乗に衆生を導く方便であるからである。三乗の中の菩薩乗がそのまま一仏乗なのか（三車家《さんしゃけ》）、その菩薩乗とは異なって一仏乗があるのか（四車家《ししゃけ》）、古来、異なる見解があったが、大乗仏教の中でさらに権《ごん》・実《じつ》を分ける見方、一般の大乗仏教のほかに円教《えんぎょう》としての大乗仏教があるとの見方などによれば、四車家の立場にならざるをえないであろう。

三乗が一乗に帰するところを、「日西に斜く」と示している。あたかも、平等一味の世界に帰するかのようであるが、これまで良寛はしばしば単なる平等をあげつらうのでは、未だしだと指摘していた。ここは、「夜夜、月は西にかたぶく」を太陽で語った、つまり如是の一つと受け止めるほうがよいであろう。

一方、一仏乗から三乗が展開されるという。真実の世界に導くためにこそ、方便の教えが語られるのである。ここを、「雁は沙に啀る」という。これも、種種の言語の展開を描くようで、かつ如是の一つと見ることができる。

ではいったい、一乗と三乗とは、明瞭に、真実と方便との違いがあって、如実に高低・深浅のあるものなのであろうか。そうではなく三乗はあくまでも一乗に導くためのものなのであって、その意味ではすべてが法華を説いていると言えるであろう。『法華経』には、しばしば、釈尊はただ大乗のみで教化しているのだとある。また、この「方便品」には、「但《ただ》、仮《か》りの名字《みょうじ》のみをもって、衆生《しゅじょう》を引導《いんどう》するは、仏の智慧《ちえ》を説かんが故《ため》なり。諸仏の、世に出でたもうは、唯《ただ》、この一事のみ実《じつ》にして、余の二は則ち真に非ざるをもって、終に小乗《しょうじょう》をもって、衆生《しゅじょう》を済度《さいど》したまわざるなり」とある。このような教説から、「法華は従来　法華を転ず」とあることの意旨も容易に理解されるであろう。

ただし、この「法華は従来　法華を転ず」の句に、一乗・三乗、真実・方便の枠組みを援用して理解するのが適切であろうか。それでは、少なくとも禅的ではないのが、懸念される。むしろ、法華が法華を転ずるところ、説法が説法を転ずるところ、自己が自己を転ずるところにこそ、法華があると見るべきであろう。

方便品10

【原文】

開一為三楊柳翠　以三帰一梅花芳
有人若問箇中意　実涙出於愁人腸

愁人莫向愁人説
々向愁人愁殺人
蒼天蒼天

【書き下し】

一《いち》を開《ひら》いて三《さん》と為《な》す　楊柳《ようりゅう》翠《みどり》なり　三《さん》を以《もっ》て一《いち》に帰《き》す
梅花芳《ばいかかんば》し
人《ひと》有《あ》り若《も》し箇中《こちゅう》の意《い》を問《と》はば　実《まこと》の涙《なみだ》は愁人《しゅうにん》の腸《はらわた》より出《い》づと

愁人《しゅうにん》愁人《しゅうにん》に向《むか》って説《と》くこと莫《なか》れ
愁人《しゅうにん》に向《む》かって説《と》けば人《ひと》を愁殺《しゅうせつ》せん
蒼天《そうてん》　蒼天《そうてん》

【現代語訳】
一乗《いちじょう》を開いて三乗《さんじょう》とする。柳は緑である。三乗を一乗に帰す。梅の花の香りが芳しい。このなかの意旨は何かと問うなら、答えよう、本当の涙は、真に悲しみ憂える者の心底より出るのだと。

（著語）大悲に満ちた仏よ、迷い苦悩する私どもに説法されないでください。
自分たちは大乗の仏とどれほど遠いかと悲しみにあふれます。
悲しい、悲しい。

【解説】
一と三の意味は、前の讃の解説に記したとおりである。一乗において三乗を設ける。それは美しい緑色の柳のようという。三乗をもって一乗に帰する。それは梅の花の芳香のようという。細い葉っぱが柔らかな枝にたくさん伴われている柳は、多を象徴し、梅の花が幾多もあろうとも香において一つに溶け込んでいる様子は一を象徴するかのようでもある。梅の香りは、夜、花は見えないところで言われることが多い。

しかし、ここでも、それぞれ、諸法実相《しょほうじっそう》のありかを示したものとも見るべきであろう。柳緑花紅、眼横鼻直、等とかわるものではないであろう。この意旨は何か、というなら、そのように、一乗も三乗も、すべては諸法実相のことを指し示していると私なら答えたいと言う。

ところが、ここで良寛は、「本当の涙は、愁人のはらわたから出るものだ」と述べている。どうやら、この意旨（箇中の意）を、ここでは良寛は、一乗を三乗に開き、三乗を一乗に会す、そのことの意旨のことにつなげたようである。というのも、愁人とは、衆生の苦悩を心から心配し、何とかしたいと、それこそ自分自身が苦悩している人、実は仏のこと、その心の底から、さまざまな衆生に対応する三乗の教えが説かれた、ということを言わんとしていると思われるからである。つまり、一乗の真実すなわち諸法実相に到達させる方便としての三乗の教えを釈尊が説いたのは、切に衆生を思う大慈悲心からなのであり、その釈尊のお心を拝すべきであるというのである。

そのことをふまえれば、釈尊の私たちに対するはたらきかけは、けっして声聞《しょうもん》乗・縁覚《えんがく》乗・菩薩《ぼさつ》乗のいずれかにとどまるものではない、すべて諸法実相の体証、すなわち阿耨多羅三藐三菩提《あのくたらさんみゃくさんぼだい》の実現、つまり仏知見《ぶっちけん》の実現にあるのだ、ということも、この意旨に含まれてくることになろう。

ここには、仏の衆生に対する深い愛情、真剣な愛情が語られている。一世におでましになる一大事因縁の背景にあるものが示されている。一乗も三乗も、ともに実涙、本当の涙の所産なのである。と同時に、そのゆえに、すべては諸法実相の自覚につらなっているのであり、けっしてそれ以外ではありえないのである。

方便品11

【原文】

乃至童子戯　聚沙作仏塔

当時我若在　随後打一帀

是什麼心行

【書き下し】

乃至《ないし》童子《どうじ》の戯《たわむ》れに　沙《すな》を聚《あつ》めて仏塔《ぶっとう》を作《つく》る

当時《そのかみ》　我《われ》若《も》し在《あ》らば　後《しりえ》に随《したが》って打《う》つこと一帀《いっそう》せん

是《こ》れ什麼《なん》の心行《しんぎょう》ぞ

【現代語訳】

あるいは童子が遊びの中で、砂を集めて仏塔を作ったとしよう。そのとき私がもしいたならば、その童子にしたがって、一回、そのまわりをめぐったものを。

（著語）子どもの後について一巡りするなんて、いったいどういうつもりの行いか。あなたは、この無心の行道がわかるか。

【解説】

「方便品」の終わりのあたりには、いわゆる「小善成仏《しょうぜんじょうぶつ》」のことが語られている。すなわち、布施《ふせ》・持戒《じかい》等の徳行、舎利供養《しゃりくよう》、仏塔造営、仏像仏画の作成、華・香・音楽の供養、仏徳の讃嘆、合掌低頭による礼拝、南無仏《なむぶつ》と称えること、法を聴くこと、等々によっても、成仏するというのである。成仏とは、まさに阿耨多羅三藐三菩提《あのくたらさんみゃくさんぼだい》すなわち無上正等覚《むじょうしょうとうがく》といわれる仏智を完成させることである。その中の一節に、次のことが説かれている。

諸仏、滅度《めつど》し已《おわ》りて、舎利《しゃり》を供養《くよう》する者は、万億種の塔を起《た》てて、金・銀及び頗梨《はり》と、硨磲《しゃこ》と瑪瑙《めのう》と、玫瑰《まいえ》と瑠璃《るり》と珠《しゅ》とをもって、清浄《しょうじょう》に広く厳飾《ごんじき》し、諸《もろもろ》の塔を荘校《しょうきょう》し、或は石廟《しゃくみょう》を起《た》て、栴檀《せんだん》及び沈水《じんすい》、木樒《もくみつ》并びに余の材、甎瓦《せんが》・泥土《ないど》等をもってするもあり。若し曠野の中において、土を積みて仏廟《ぶつみょう》を成し、乃至、童子の戯れに、沙《すな》を聚めて仏塔を為《つく》れる、かくの如き諸《もろもろ》の人等《ら》は、皆、已《すで》に仏道を成《じょう》じたり。

この讃の、最初の二句、「乃至童子の戯れに　沙を聚めて仏塔を作る」は、まったく「方便品」の経文そのものである。経典には、今、見たように、この者は「皆、已に仏道を成じたり」とあって、完了の形になっているが、梵本によれば、「さとりを得る者になるであろう」とあって、やはり未来に成仏することが約束されたという意である。しかしたとえそのことが遠い未来であったとしても、ともかく成仏が約束されたのであれば、もはやそのことはすでに成就していると言っても差し支えない。『華厳経《けごんきょう》』には、「初発心時《しょほっしんじ》、便成正覚《べんじょうしょうがく》」とあるのも、まずはその意と解せられる。

「後に随って打つこと一帀せん」の帀は、匝が正字、めぐるということである。したがって、「打つこと一帀せん」とは、一回りめぐる、ということである。古来、インドの風習においては、師のまわりを合掌しつつ右回りに三回まわるなどして、師への敬意を表した。もちろん、仏塔など尊貴なものに対しても、そうしたのである。

いうまでもなく、仏塔は、釈尊の遺骨、舎利を祀る施設である。それは、釈尊の本質の象徴であり、釈尊そのものとも考えられたのである。童子たちが、砂遊びの中で、仏塔を作ったとする。当然、そのまわりを子供ながらに右遶三匝《うにょうさんそう》することであろう。良寛は、その子供の作った仏塔に対しても、実に尊いことと、自分もすなおに子供らと一緒になって、それを合掌礼拝するというのである。

ただし、禅的には、成仏を願って仏塔を礼拝するのではないであろう。子供らは、仏道の成就をめざして砂あそびするわけでもないに違いない。ただ無心に戯れ遊ぶのみである。実はその無心の営みの中に、法華が法華を転じている世界がある。すでにそこに、歩歩仏道の世界がある。良寛もその子供らとただ無心に遊ぶのみである。おはじきもてまりもすべてそうである。その良寛の無心の遊戯、無心の行道こそが、実はそのまま仏道の修証なのであった。

譬喩品《ひゆほん》

【品の概要】

初めに、舎利弗《しゃりほつ》が釈尊に、前の「方便品《ほうべんぼん》」によって、声聞《しょうもん》・縁覚《えんがく》の教えはけっして究極ではなく、大乗の悟りに至る方便であったと聞いて、大いに安堵したことを申し上げる。偈《げ》には「われは、定《さだ》んで当《まさ》に仏と作《な》りて、天・人《にん》のために敬われ、無上の法輪を転じて、諸《もろもろ》の菩薩《ぼさつ》を教化《きょうけ》すべし」ともある。これに対し釈尊は、声聞に本来の仏道を思い出してほしいがために、「この大乗経の、妙法蓮華《みょうほうれんげ》、菩薩《ぼさつ》を教える法・仏に護念せらるるものと名づくる」を説くのであると述べ、さらに舎利弗に対し、未来世に華光如来《けこうにょらい》という名の仏となって、方便も用いつつ人々を教化するであろうと保証（授記《じゅき》）する。

さらに釈尊は、方便の教えを説いても、すべて阿耨多羅三藐三菩《あのくたらさんみゃくさんぼ》提《だい》のためであり、すべて菩薩を化せんがためのものであったことを明かし、いわゆる「三車一車の喩え」を説くのである。

その譬喩を簡単に記すれば、ある大長者の家が火事になる。中に子どもたちがいて遊びに夢中であり、逃げようとしない。長者（父）は子どもらに、「お前たち、速やかに出でよ」と呼びかけるが、子どもらはなお遊びに熱中したままである。そこで長者は一計を案じ、「お前たちがほしがっていた玩具の羊車《ようしゃ》・鹿車《ろくしゃ》・牛車《ごしゃ》が門の外にあるぞ、早く出てこい」と呼びかけた。すると子どもらは、我れ先に火事の家から出てくる。しかし門の外に車はなかった。そこで子どもらはその玩具がほしいとねだると、長者はみんなに等しく大白牛車《だいびゃくごしゃ》を与えたという。

この譬喩物語の後、その意味するところが明かされていく。長者は仏・如来であり、大慈大悲あって、わざわざこの世に生まれ、苦悩する衆生の無明《むみょう》・煩悩を除き、教化して阿耨多羅三藐三菩提を得せしめるのだという。諸の衆生は諸々の苦があるもその中に没在《もつざい》して、歓喜し遊戯《ゆげ》してやまないという。仏はこの衆生の様子を見て、「われは、衆生《しゅじょう》の父なれば、応《まさ》にその苦難を抜き、無量無辺の仏の智慧の楽を与え、それに遊戯《ゆげ》せしむべし」と思うのであった。そのために、方便によって衆生を三界《さんがい》の火宅《かたく》から抜済しようとして、三乗の教えを説いたというのである。この中、大乗の教えが説かれた背景について、「若し衆生《しゅじょう》有りて、仏・世尊《せそん》より法を聞きて信受し、勤修《ごんしゅ》に精進《しょうじん》して、一切智・仏智・自然智《じねんち》・無師智と如来の知見・力《りき》・無所畏とを求め、無量の衆生《しゅじょう》を愍念《みんねん》し、安楽にし、天・人《にん》を利益《りやく》し、一切を度脱すれば、これを大乗と名づけ、菩薩《ぼさつ》はこの乗を求むるが故に、名づけて摩訶薩《まかさつ》となす」とある。結局、「初め三乗を説きて衆生を引導《いんどう》し、しかして後、但《ただ》、大乗のみをもって、これを度脱するなり」なのである。

このあと、仏は以上について、偈によって再説していく。そこでは、「今、この舎宅には、一として楽しむべきものなし。しかるに諸子等は嬉戯《きげ》に妣湎《おぼれ》、わが教えを受けず、将《まさ》に火に害せられんとす」とあり、また「今、この三界は、皆、これ、わが有なり。その中の衆生《しゅじょう》は、悉くこれ吾が子なり」等とも語られるのである。

著語

（原文）
勧君更尽一杯酒　西出陽関無故人
（書き下し）
君《きみ》に勧《すす》む更《さら》に尽《つく》せ一杯《いっぱい》の酒《さけ》　西《にし》のかた陽関《ようかん》を出《い》づれば故人《こじん》無《な》からん
（解説）
ここ（火宅）を出るなら出るがよい。その先には、なじみの人は誰もいないぞ。露地には、羊・鹿・牛の三車はないぞ。だから、今・ここに徹してみよ。

譬喩品1

【原文】

若坐禅若経行　二十年前狂(枉)苦辛
世尊於法雖不惜　奈何我曹敢因循
悔不慎当初

【書き下し】

若《も》しくは坐禅《ざぜん》し　若《も》しくは経行《きんひん》す　二十年前《にじゅうねんまえ》　枉《むな》しく苦《く》辛《しん》す
世尊《せそん》　法《ほう》に於《お》いて惜《お》しまずと雖《いえど》も　奈何《いかん》せん　我《わ》が曹《ともがら》敢《あえ》て因循《いんじゅん》せしことを
悔《く》ゆらくは当初《そのかみ》を慎《つつ》しまざりしを

【現代語訳】

かつての修行時代、坐禅したり、経行したり、さまざまな行に取り組んだ。ここ二十年、あえてことさら修行に打ち込んできたのである。釈尊は、常に大乗の道も説いてくださっていたが、我々はその高度な道に逡巡してしまい、小乗の道に進んでしまったことは何とも悔やまれる。

（著語）当初において間違っていたことが悔やまれるわい。

【解説】

『法華経』「譬喩品」には、舎利弗《しゃりほつ》らが、「われは、山谷《せんごく》に処し、或は林樹の下に在りて、若しくは坐し、若しくは経行《きょうぎょう》して、常にこの事を思惟《しゆい》し、鳴呼《なげき》て深く自《みずか》ら責めぬ。「云何《いか》んぞ自ら欺けるや」と」とある。この讃は、その句に由来するものである。経文の、「常にこの事を思惟し」の「この事」とは、釈尊が本当は大乗の教えを説いてくださっていたのに、自分の力量を過小評価してしまい、ついにその道を行かず、小乗の道に進んでしまったことであろう。因循するとは、ぐずぐずすることである。

それが二十年前だったのかどうかは、経典を調べてもよくわからない。もしかしたら、良寛の自らの修行の軌跡を重ね合わせているのかもしれない。とすれば、円通寺《えんつうじ》での当初の参禅修行は、小乗的であった。一応の悟りを実現して、国仙《こくせん》老師から道元《どうげん》の『正法眼蔵《しょうぼうげんぞう》』の拝読を許されて、はじめて大乗禅の道に進んだ、という事情を重ね合わせているとも考えられよう。というのも、『読永平録』という良寛の詩には、「憶い得たり疇昔《ちゅうせき》円通に在りし時、先師、提持《ていじ》す正法眼、当時、洪《おお》いに翻身《ほんしん》の機有り、為に拝閲《はいえつ》を請い親しく履践《りせん》す、転《うた》た覚ゆ従来、独り力を用いしを、玆《これ》自《よ》り師を辞し遠く往返す」とあるからである。この「転た覚ゆ従来、独り力を用いしを」が何を意味するのか、必ずしも明らかではないが、この句の背景には、道元が菩提心《ぼだいしん》について「自ら未だ度を得ざるに、先に他を度す」心だと言っているように、自分の問題の解決以上に、他者の救済の事が課題となった、ということがあったかとも思われる。

枉の字は、まげてと読めば、辛いのをこらえて頑張ってということになる。むなしくと読めば、無駄な努力だったということになる。確かに後者のほうがここにはふさわしいであろう。

この讃が言いたいことは、自分の情けないことの懺悔、二乗の克服されるべきことよりも、釈尊の教えが大乗仏教以外でありえないこと、その背景にある切々たる慈悲心を宣揚することにある、と言うべきであろう。

譬喩品2

【原文】

作者聊列羊鹿牛　痴子驚喜太無端

十方三世唯一門　不知奔走向那辺

忍俊韓獹空上階

狂狗逐塊

【書き下し】

作者《さしゃ》　聊《いささ》か羊《よう》・鹿《ろく》・牛《ご》を列《つら》ね　痴子《ちし》驚喜《きょうき》するも太《はなは》だ端《はし》無《な》し

十方三世《じっぽうさんぜ》は唯《た》だ一門《いちもん》のみ　知《し》らず　奔走《ほんそう》して那辺《なへん》にか向《む》かふ

忍俊《にんしゅん》たる韓獹《かんろ》空《むな》しく階《かい》に上《のぼ》る

狂狗《きょうく》塊《つちくれ》を逐《お》ふ

【現代語訳】

やり手の父親は、仮に羊車《ようしゃ》・鹿車《ろくしゃ》・牛車《ごしゃ》が門外にあるぞと呼びかけ、愚かな子供たちは飛び上がって喜んだが、それは無意味のみっともないことである。十方・三世には、解脱《げだつ》のための門がただ一つのみある。いったい子供たちは、競い走ってどこに向かおうというのか。その唯一の門のありかを知らず、残念である。

（著語）俊敏な名犬が、殿閣に映った月を追いかけて階段を上るが、どうしたって本物の月は得られない。

おかしな犬が土の塊を追いかけるようなものだ。外に向かって真価のないものを追いかけても何にもならない。

【解説】

「譬喩品」のたとえ話は、「三車一車の喩え」として、よく知られている。火事で燃える屋敷の中で遊び呆ける子どもたちに対し、ただ「火事だから逃げよ」といっても、遊びに夢中の子どもらは逃げようともしない。そこで長者の父は、思案をめぐらして、「お前たちが前からそれで遊びたいと言っていた、羊車・鹿車・牛車が門の外の露地にあるぞ」と呼びかけると、子どもたちは現金なもので、たちまち一目散に火事の家を出て露地に殺到したのであった。きわめて適切な方便を案出し実行できる者を作者と言っている。やり手と訳したゆえんである。

ところが、門の外に出てきてみたら、羊車・鹿車・牛車はなかった。そこで子どもらは父親に、その羊車・鹿車・牛車をせがむと、みんなに等しく堂々としたすばらしい飾りの一大白牛車《いちだいびゃくごしゃ》が与えられたのであった。したがって、門の外に出てきたことは、間違いでなかったはずである。すなわち、三乗の法門にしたがって修行すれば、やがてはだれもが一仏乗に到達できるのであって、喜ばしいことのはずである。

しかし、ここで良寛は、外に三車があると聞いて喜び勇むほうがおかしい、間違っている、と言わんばかりである。それは、最後の句の、「知らず　奔走して那辺にか向かふ」に表れている。一体、即今・此処・自己を離れて、どこに救いを求めるのか、というのである。

そこで、「十方三世は唯だ一門のみ」の句は、その立場から解釈すべきであろう。門の語からすれば、出口は一つしかない、というのが本来の意味であろうが、ここでの「一門のみ」は、一つの真理に貫かれている、という意味にも転じていよう。それは、いうまでもなく、諸法実相《しょほうじっそう》のことに違いないが、この諸法実相は、どこであれ、その者がいる即今・此処・自己にこそ見出されるべきなのである。そこが出口の一門であるともいえる。自分の外に、対象的に、救いを求め探しても、一向にらちは明かない。まことに「この生死《しょうじ》はすなわち仏のおんいのちなり」である。どんなに生・老・病・死に苦しんでいようとも、どんなに無明《むみょう》・煩悩に苦しんでいようとも、その自己の脚下に常に常に仏の大悲がはたらいており、常に仏に抱きとられていることを自覚すれば、どこかへ行くまでもなくその場にて救われる。

こうして良寛は、そもそも火宅《かたく》を逃げ出そうとすること自体が間違っているという。『法華経』の、一仏乗を高揚する代表的な譬喩、「三車一車の喩え」に対する、この劇的に優れた、深い解釈は、のちの讃においても重ねて示されて強調されるのである。

譬喩品3

【原文】

昔時三車名空有　今日一乗実也休

尽情斫却月中桂　清光是非等閑秋

放過一着（著）

【書き下し】

昔時《せきじ》　三車《さんしゃ》の名《みょう》空《むな》しく有《あ》り　今日《こんにち》　一乗《いちじょう》の実《じつ》も也《ま》た休《きゅう》す

情《じょう》を尽《つ》くして斫《しゃく》却《きゃく》す　月中《げっちゅう》の桂《かつら》　清光《せいこう》の是非《ぜひ》も　等閑《とうかん》の秋《あき》

一著《いちじゃく》を放過《ほうか》す

【現代語訳】

方便としての三乗《さんじょう》の教えは、一乗《いちじょう》の教えに出会ったら不要となろう。一乗の真実に到達したら、一乗の教えもまた不要のものとなる。全霊を尽して真如《しんにょ》の月を究め体得すれば、その秋の月のさやかな光の是非の分別もやんで、絶学無為の閑の境涯を味わうのみである。

（著語）本来、一乗もないのだが、一乗の教えもまあよしとしよう。

【解説】

昔時というのは、子どもらが門外の露地に出てきた時を指すのか、実際に三乗の修行者がそれぞれの道を行じてそれぞれの悟りに到達した時のことをいうのか、両方あるのかもしれない。子どもたちのことであれば、露地に実際には置かれていなかったことが、「名空しく有り」の内容であり、実際の修行者のことであれば、そのそれぞれの悟りも真実究竟《くきょう》のものではなかったことが、その内容であろう。

こうして、三乗を経てさらに無上の一仏乗の真実に到達するかと思われるのに、良寛は、そこに到達してみれば、「一乗の真実もまた休す」という。一乗の真実は、諸法実相《しょほうじっそう》に帰するのであり、その諸法実相とは、禅的に見れば、柳緑花紅であり眼横鼻直である。道元《どうげん》は、宋にまで渡って、身心脱落《しんじんだつらく》・脱落身心《だつらくしんじん》の悟りを得て、しかし空手《くうしゅ》にして郷《きょう》に還《かえ》ってきたのであった。そこには、一毫《いちごう》も仏法無しと断言するのであった。ただありのままの一真実以外に、何かことさらありがたいようなものがあるわけではないのである。古来、禅宗では、「至り得、還り来たれば別事無し、廬山《ろざん》は煙雨、浙江《せっこう》は潮」という。

情を尽してには、全身全霊で修行しての意と、無明《むみょう》・煩悩の情識を断滅し去っての両方の意味をとることができるように思う。ことさら修行して自己をどうにかしようとするのは、むしろ業《ごう》造りである。分《ふん》別《べつ》・計らいを手放して、即今・此処において本来の自己、仏のおんいのちを生きている自己に出会うのが禅の道であるのは間違いない。しかしその自覚を得るには、やはり体究練磨が必要なのである。道元の『弁道話《べんどうわ》』に、「修《しゅ》せざるにはあらわれず、証《しょう》せざるには得ることなし」とある。

そこで、「斫却す」の語も出てくるのであろう。「斫却す　月中の桂」の句は、月の中にある桂の枝を切り取ったというのが直接の意味であろうが、これはそもそも月そのものを獲得した、真如を体得した、の意にもなるのだと思われる。あるいは、その真如のごときありがたそうなものも取り払った、捨て果てた、の意か。

いずれにせよ、清らかな月光がすばらしいとか、特別な境地を味得しているとかの意識をも離れて、ただ閑のあいた境涯を味わいつくすのみ、という。一仏乗の究極、諸法実相のありかは、そこにあるというのである。壮麗な一大白牛車《いちだいびゃくごしゃ》に眼を奪われてはならない、惑わされてはならない、というのである。

良寛の漢詩に、「夜雨草庵の裏、双脚等閑に伸ばす」とある。

譬喩品4

【原文】

千古与万古　輪転一乗車　看々疾如鳥
去々向誰家

作麼作麼　又曰元来只在這裏

【書き下し】

千古《せんこ》と万古《ばんこ》と　輪転《りんてん》す一乗車《いちじょうしゃ》　看《み》よ看《み》よ　疾《と》きこと鳥《とり》の如《ごと》し

去《ゆ》き去《ゆ》きて　誰《た》が家《いえ》に向《む》かはん

作麼《そも》　作麼《そも》

又曰《またいわ》く　元来只這裏《がんらいただここ》に在《あ》り

【現代語訳】

はるか過去の過去から、人はみな一乗の大白牛車《だいびゃくごしゃ》を運転している。その車がどのようなものか、確かめてみよ。ただしそれはすぐ行き去っていってしまうぞ。その車に乗って、あなたはどこに向かおうとしているのか。

（著語）さて、輪転している一乗車を看よ看よといったが、どうだ、どうだ。

もともとここ（大白牛車の上）にいるのだ。

【解説】

「千古と万古と」というのは、はるか昔から、むしろとにかく無始の過去以来いつもいつも、ということである。書き下し文として、一般にこのように読んでいるが、この意なら、「千古も万古も」、あるいは「千古、いな万古」などとするのがよいのかもしれない。

「一乗車」とは、あの、大白牛車であり、実は一仏乗が明かす究極の真理そのものであろう。繰り返し述べることになってしまうが、それは諸法実相《しょほうじっそう》で、しかもそれは主客未分の一真実であり、自己本来の面目そのものである。そこに「仏のおんいのち」がはたらいている。我々は、どんな時であれ、仏のおんいのちを離れないのである。

ゆえに、外に、対象的に、仏なり神なりを求めて安心を得ようとしても無駄である。脚下照顧《きゃっかしょうこ》ともいうゆえんである。

この一乗車を、「輪転す」とある。自分が、その車を乗り回している、というのはなかなか面白いところである。元来、一乗車に運ばれているのであろうが、単なる受け身のままでは、創造性など、いのちの深みを発揮することはできないであろう。むしろ仏のおんいのちに運ばれながら、そこにかけがえのない個としての主体性を発揮していくとき、自己が真に自己となったといえるであろう。そこが鈴木大拙《すずきだいせつ》のいう、「無分別《むふんべつ》の分別」でもあろうか。西田幾多郎《にしだきたろう》は、自然法爾《じねんほうに》ということについて、「それには事に当って己を尽くすということが含まれていなければならない。そこには無限の努力が包まれていなければならない。唯《ただ》なるがままということではない。しかし自己の努力そのものが自己のものではないと知ることである。自《おのずか》ら然らしめるものがあるということである」等と言っている（『日本文化の問題』『全集』第十二巻、三六九～三七〇頁）。

「看よ看よ」とあるが、いったい何を見よと言っているのか。それは自分が乗っている「一乗車」とはどのようなものか見よということであろう。「疾きこと、鳥の如し」とあるが、それは捕まえようとするとさっさとどこかに飛んでいってしまって、捕まえることはできないものだということである。よってこの句は、速いというより、捕まえられない、対象的には捉えられないという消息を表している。前にも述べた、「向かえば乖く」の消息である。

しかしともあれ大白牛車に乗って日々、生活しているわけであるが、人はそのことを知らず気づかず、了解できずにいる。そこでどこかに自分のめざす悟りの世界があると思って、そちらのほうに自分自身を駆けっていこうとする。すでに大白牛車に乗っているのに、そのことを知らず、どこかに見知らぬ大白牛車があるものと思って、そちらのほうに行こうと焦っている。ちょうど、子どもらが、火事の家を飛び出して、羊車・鹿車・牛車を得ようと門外をめざして、駆け出すようである。だが、たとえ火宅《かたく》のなかであっても、すでに「千古、万古、一乗車を輪転す」なのである。すでに即今・此処において、大白牛車に乗っていることを思うべきなのである。

このように、「三車一車の喩え」に関して、火宅を逃げ出さずとも、そこですでに大白牛車に乗っている、逃げだす必要はまったくない、むしろ外に求めることこそ迷いそのものだ、とする理解は、たとえばすでに最澄《さいちょう》が述べていることである。「法華の意に約せば、而も火宅の内に於いて大白牛車に乗る。家の外に於いて大白牛車に乗らず。……」（『伝述一心戒文《でんじゅついっしんかいもん》』巻上、『大正』七四、六四二頁中）また、道元《どうげん》の『正法眼蔵《しょうぼうげんぞう》』「法華転法華《ほっけてんほっけ》」の中にも説かれることなのである。

「この理を信ずること不肯にして退席すとも、ことにしらず、白牛車に坐しながら、さらに門外にして三車をもとむることを。……誰か知らん火宅の内、元是れ法中の王なることを。」（『正法眼蔵』「法華転法華」）

信《しん》解《げ》品《ほん》

【品の概要】

前の品で、舎利弗《しゃりほつ》が授記《じゅき》を受けたのを見ていた長老の須菩提《しゅぼだい》と摩訶《まか》迦旃延《かせんねん》と摩訶《まか》迦葉《かしょう》と摩訶《まか》目揵連《もっけんれん》（四大声聞《しょうもん》）とは、釈尊に、思いもよらず阿耨多羅三藐三菩提《あのくたらさんみゃくさんぼだい》への道があることを教えていただき、「無量の珍宝は求めざるに自《おの》ら得《ずか》た」ことを喜ぶ。そこで「長者窮子《ちょうじゃぐうじ》の喩え」によって、仏の大悲と教導の姿を明かすのである。

ある者が、年も幼年の時に、父を捨てて逃げ出し、他国に住して、五十年にも至るほどであった。父親は大変な資産家で、使用人を多く使っているような人で、日ごろから絶えず子どものことを心にかけ、自分の財産のすべてを子に相続させたいと思っていた。

「傭賃《やとわれ》つつ展転《てんでん》して」いた窮子は、たまたま父の家にたどり着く。窮子はそこが自分の家だとはわからず、そのあまりにも豪壮な様子に圧倒され、ここは自分の働くべき場所でないと立ち去る。父の方は、すぐ自分の子とわかり、連れ戻そうとしたが、失敗する。そこで「形《ぎょう》色《しき》、憔悴《しょうすい》して、威徳なき者」二人をつかわし、窮子に対し「働き場所がある。便所掃除だ。給料は二倍出す。自分も一緒にはたらく」と言わせて連れ戻すことに成功した。

父は子の様子を窓から見ると、「羸痩《つかれやせ》、憔悴《やつれ》て、糞土・塵坌《ちり》にて汚穢《けが》され不浄なり」というありさまであった。父はあえてその子と同様の身なりをして子に近づき、励ます。さらに、「ずっとここに居よ。生活の心配は一切要らない。今よりは自分の実の子供のように扱おう」という旨のことを言い、子どもとしての名前まで用意した。しかし窮子は、その扱いを悦びつつも、自分は「客作《やとい》」という意識を変えることはなかった。住まいもあいかわらず身分の低い使用人の粗末な小屋であった。

こうして二十年ほど経った時、父は自分の死の近いことを知って、窮子に財産の状況のすべてを教え、その管理を託した。このとき、「今、われと汝とは、便《すなわ》ちこれ異ならざればなり」ともいうのであったが、窮子のほうはこれを自分のものにしようとする意はまったくなく、本の所に住したままであった。

父がもう死ぬというとき、子に命じて「親族・国王・大臣・刹利《せつり》・居士《こじ》」を集めさせ、次のように告げるのであった。「諸君よ、当《まさ》に知るべし、これは、これ、わが子なり。……われは、実にその父なり。今、わが有する所の一切の財物《ざいもつ》は、皆、これ、子の有《う》なり。先に出内《すいぬい》する所は、これ、子の知る所なり。」

これを聞いた窮子は、大いに歓喜し、次のように思うのであった。「われは本《もと》、心に悕《ねが》い求むる所あることなしに、今、この宝蔵は自然《じねん》にして至れり。」

このあと、経典は、この譬喩物語の絵解きを行っている。もちろん父・長者は仏・如来《にょらい》であり、窮子は衆生《しゅじょう》である。便所掃除は、「諸法の戯論《けろん》の糞《あくた》」を除くこととある。宝蔵は、如来の知見である。ここの終わりの句は、「……しかも、仏は、実には大乗をもって教化《きょうけ》したまいしなり。この故に、われ等は、本《もと》、心に悕《ねが》い求むる所有ること無かりしも、今、法王の大宝が自然《じねん》にして至り、仏子の応《まさ》に得べき所の如きものは、皆已《すで》に、これを得たり、と説くなり」である。

その後、以上を重ねて説く偈《げ》が置かれている。

著語

（原文）
乞児打破飯椀
（書き下し）
乞児《こつじ》飯椀《はんわん》を打破《だは》す
（解説）
甘んじて貧に徹したら、思いがけず巨大な富を得た。

信解品1

【原文】

自従一家郷別父　倒指早是五十春
今日相逢不相識　甘作下賤客作人
貧児思旧債

【書き下し】

一《ひと》たび家郷《かきょう》に父《ちち》に別《わか》れて自従《よ》り　指《ゆび》を倒《たお》せば早《はや》是《こ》れ五十《ごじゅう》春《しゅん》
今日《こんにち》相《あい》逢《あ》ふも相《あい》識《し》らず　甘《あま》んじて下《げ》賤《せん》客《かく》作《さ》の人《ひと》と作《な》る
貧《ひん》児《じ》旧債《きゅうさい》を思《おも》ふ

【現代語訳】

かつて故郷の父のもとを飛び出してから、指を倒して数えてみると、早くも五十年が過ぎてしまった。今日、父と互いに会うことになったが、父とはわからず、本来は長者の息子なのに、甘んじて掃除夫として雇われるのであった。

（著語）貧しい者が、それでもなお昔の債務の返済を考えている。立派、立派。

【解説】

この讃は、「信解品」で、長者の貧窮に陥った息子が、職を探しつつ放浪して、たまたま自分の家に来て、いったんは逃げ出したもののいわば便所掃除等の仕事を引き受けたことを、たくみにまとめたものと言えよう。その意味そのものは、わかり易いと思う。

「指を倒せば早是れ五十春」について、経典には、「父を捨てて逃逝《とうせい》し、久しく他国に住して、或は十、二十より五十歳に至る」とあり、さらに偈《げ》にも「父を捨てて逃逝《とうせい》し、遠く他土に到り、諸国に周流《さすろ》うこと、五十余年なり」とある。

「相逢ふも」は、「お互いに会うも」でよく、「相識らず」は、父はその者を一目見て自分の息子であると知っていたのであるから、事実上は息子のみが「識らず」なのである。ある詩に、「明月来って相照らす」とあるも、これは月だけが照らすのであり、相とあるも一方についてのみ言ったものである。

「下賤客作の人」については、のちに父親からの励ましを受けた時に、「その時、窮子《ぐうじ》は、かく遇せらるることを欣《よろこ》ぶと雖も、猶《なお》故、自ら客作《やとい》の賤人《せんにん》なりと謂《おも》えり」とある。その上、「甘んじて」というところには、本来、長者の息子で、堂々と威張ってここは自分の家だと言ってよいのに、という意味合いがこめられていると思われる。その意旨は、本来、仏の子であり、仏性《ぶっしょう》を有していて大乗菩薩道《だいじょうぼさつどう》を進むべき身なのに、下劣な声聞《しょうもん》や縁覚《えんがく》等、小乗の道を行こうとしている、ということである。この表現によって、むしろ一切衆生は悉く仏性を有しているという事実を響かせている。

なお、日本天台宗の最澄《さいちょう》は、十二年間、大乗菩薩の修行をしてのちに、利他のゆえに小乗の者の姿を示して、その道を行きつつある者を救済していくのだと説いた。「甘んじて下賤客作の人と作る」ことには、時に利他の故にということがあることもあるのである。本来、菩薩であるべき者が、甘んじて下賤の者となるとすれば、その場合はその慈悲心こそを尊ぶということにもなるであろう。

良寛は十八歳で光照寺《こうしょうじ》に入り、出家したという。二十二歳の時以来、備中玉島の円通寺《えんつうじ》で十数年修行に励み、その後、全国行脚《あんぎゃ》を経て、故郷の越後に帰ってきたのであった。良寛の父、以南《いなん》が逝去したのは、寛政七年（一七九五）、良寛が行脚中のことであった。「相逢ふも」はかなわなかったことであり、いわば「相識らず」の状況であった。良寛も、粗末な庵に住み、托鉢《たくはつ》して生活して、やはり「下賤客作の人」となったのであった。しかしそれは、力量があるにもかかわらず宗門での出世を拒絶して、一自由人となって、ひそかに化他の行に努めようとしたが故であった。そういう自分自身を、幾分かここに重ねていたことと思われるのである。

信解品2

【原文】

手把白払侍左右　威徳尊厳難正視
是非傭賃得物地　悔当初来至於此
作
作力
以有下劣宝几珍御

【書き下し】

手《て》に白払《びゃくほつ》を把《と》らしめて左右《さう》に侍《はべ》らす　威徳尊厳《いとくそんげん》にして正視《しょうし》し難《がた》し
是《こ》れ傭賃《ようちん》して　物《もの》を得《う》るの地《ち》に非《あら》ず　悔《く》ゆらくは当初《そのかみ》此《ここ》に来至《らいし》せしことを
下劣《げれつ》有《あ》るを以《もっ》て宝几珍御《ほうきちんご》

【現代語訳】

父親は、童子の僕《しもべ》に白い払子《ほっす》を持たせて、自分の左右に侍らせている。その堂々とした様子は尊く威厳に満ちており、窮子《ぐうじ》はまともに見ることもできなかった。窮子は、ここは豪壮すぎて、自分のような者がアルバイトして生活の資具（衣・食）やらを得る所ではないと思うばかりであった。そして、そもそもこのようなところに来てしまったことを後悔するのであった。

（著語）下劣の心があるからこそ、宝石で飾られた机をもちいたり、高貴なものをそろえてならべたりするのだ。これ見よがしに宝物を飾り立てるなどみっともない。

【解説】

この讃は、「信解品」の物語において、前の讃より前の場面、ちょうど窮子が父の邸宅に来た当初のことを述べたものである。実際、経典には、次のようにある。

世尊《せそん》よ。その時、窮子《ぐうじ》は傭賃《やとわれ》つつ展転《てんでん》して、遇《たまたま》、父の舎に到れり。門の側《ほとり》に住立《じゅうりゅう》して、遙かにその父を見れば、師子の牀《こしかけ》に踞《こしか》けて、宝の几《つくえ》にて足を承《う》け、諸《もろもろ》の婆羅門《ばらもん》・刹利《せつり》・居士《こじ》は、皆、恭敬《くぎょう》し囲遶《いにょう》せり。真珠《しんじゅ》の瓔珞《ようらく》の価値《けじき》、千万なるをもって、その身を荘厳《しょうごん》し、吏民、僮僕《どうぼく》は手に払子《ほっす》を執《と》りて、左右に侍立《じりゅう》せり。覆《おお》うに宝帳《たからのとばり》をもってし、諸《もろもろ》の華旛《はなのはた》を垂れ、香水を地に灑《そそ》ぎ、衆《もろもろ》の名華《みょうけ》を散じ、宝物《ほうもつ》を羅列《られつ》して、出《だ》し内《い》れし、取り与う。かくの如き等の種々の厳飾《ごんじき》ありて、威徳は特に尊し。

いかにも豪華でありまた威容を誇っている。父は実は仏のことであり、仏の具有する徳がいかに優れていて無量であるかということを想像させる内容となっていよう。

この様子を見た窮子は、次のような次第となる。

窮子《ぐうじ》は、父に大力勢あるを見て、即ち恐怖を懐《いだ》きて、ここに来至せることを悔いて、竊《ひそ》かに、この念を作《な》せり「これは、或はこれ王か、或はこれ王に等しきものか。わが傭力《ゆうりき》によりて物を得るの処に非ず。貧里《ひんり》に往至《おうし》し、力を肆《つく》すに、地有りて、衣《え》・食《じき》を得ること易きに如《し》かず。若し久しく、ここに住せば、或は逼迫《ひっぱく》せられ、強《し》いて、われをして作《はたら》かしめん」と。この念を作《な》し已《おわ》りて、疾《と》く走りて去れり。

ここには、窮子が自分には十分な「力」がないこと、「得ること易き」の場所のほうが自分に向いていることが述べられている。小乗仏教に趣く者らの実情をこのような形で明かしているといえよう。窮子の思いや性癖は、まことに哀れであり、その哀れさは、父のはるかに強烈な威徳・尊厳に対比されることによって、余計に浮き彫りにされているであろう。

この讃が、今の経典の箇所を巧みにまとめたものであることは、明らかである。

ただし、禅者・良寛は、ここで経典の文言をただまとめただけなのであろうか。興味深いのは、「正視し難し」と言っていることである。この句ばかりは経典に見られず、良寛の挿入である。その背景に、本当の仏は、身を飾って宝物も多く配置し、多くのとりまきをしたがえて威張っているような存在ではない。そんなものは正視するのも恥ずかしい。むしろ仏国土から抜け出て、苦難に満ちた現実世界に降り来って、そこに住む人々とともに生活してこそ、本当の仏だ、という主張が暗に込められているのではなかろうか。したがってその心は、恐ろしく立派で見ることもできない、の意ではなく、妙に誇らしげで見るに堪えない、の意なのであろう。その意味で、実は良寛は貧里に行こうという窮子の心映えをむしろ評価していると見ることができるのである。このことは、ここの著語からも知られることである。

信解品3

【原文】

他時異日於牖看　憔悴汚穢実可悲

脱下瓔珞細輭服　故著麁弊塵垢衣

以有驚異黧奴白牯

【書き下し】

他時異日《たじいじつ》　牖《まど》より看《み》れば　憔悴汚穢実《しょうすいおえじつ》に悲《かな》しむべし

瓔珞細輭《ようらくさいなん》の服《ふく》を脱下《だつあ》して　故《ことさ》らに著《き》る　麁弊塵垢《そへいじんく》の衣《ころも》

驚異有《きょういあ》るを以《もっ》て黧奴白牯《りぬびやっこ》

【現代語訳】

父親は自らの息子（窮子《ぐうじ》）を自分の家の掃除夫として雇うことに成功したのち、その様子を窓から見てみると、やつれはて、汚れにまみれていて、実にかわいそうであった。そこで父親は、自ら高価な装身具をはずし上等のやわらかな衣服を脱ぎ捨て、わざわざ破れかけ汚れている服を着て、窮子に近づこうとするのであった。

（著語）優れた資質があればこそ、卑しい姿にもなるのだ。

【解説】

ここも、経典にあるところを讃にまとめたものである。豪壮な邸宅や主人の威厳に恐れをなして逃げ出した窮子を、使いのものが便所掃除をしないかと誘って何とか家に連れてきて、仕事をさせるのであった。もちろん父親は、いったいどのように仕事しているのか、気が気ではなかったに違いない。そこで父親は、そっと息子の様子をうかがうのである。経典には、次のようにある。

また、他日をもって、窓牖《まど》の中より遙かに子の身を見れば、羸痩《つかれやせ》、憔悴《やつれ》て、糞土・塵坌《ちり》にて汚穢《けが》され不浄なり。即ち瓔珞《ようらく》と細軟《なよらか》なる上服と厳飾《ごんじき》の具とを脱ぎて、更に麁弊《やぶれ》垢膩《あかじみ》たる衣を著《き》、塵土に身を坌《けが》し、右手に除糞の器《うつわ》を執持《しゅうじ》して、畏るる所有るに状《かた》どりて、諸《もろもろ》の作人《さにん》に語る、「汝等よ、勤作《ごんさ》して懈息《けそく》することを得ること勿《なか》れ」と。方便《ほうべん》をもっての故に、その子に近づくことを得たり。

ここには、父親の、子を一筋に思う思いの深さ、涙ぐましい努力の様子が描かれている。仏は、そのままでは、衆生《しゅじょう》に近づくことはできない。しかし方便を用いるがゆえに直に衆生と交流・交渉できる。仏とは、どこまでも方便をめぐらして必ずや衆生を救済する、大悲に満ちた存在なのである。

もちろん、長者窮子の物語はまだまだ続く。父親の温かい見守りのうちに、最後には、窮子が父親の全財産を受け継ぐことになる。そのとき、この「品の概要」にもふれたように、「われは本《もと》、心に悕《ねが》い求むる所あることなしに、今、この宝蔵は自然《じねん》にして至れり」ということになるのであった。まさに親鸞《しんらん》のいう、自然法爾《じねんほうに》、願力自然《がんりきじねん》である。このことこそ、「信解品」の大きな主題であろうから、この父親の様子見の箇所は、まだ物語の途中に過ぎない。しかしこの讃はこの限りにおいて、仏の自己否定までして衆生を救う深い大悲を伝えていて、それなりに完結したものとなっていよう。

この讃は、本来清浄《しょうじょう》なる存在が、ことさらに汚垢にまみれるありようこそに、仏の大悲、仏の本質があることを物語るものとなっている。真の神は、ただ天上高く住まうのみではなく、極悪にまで降り立つような神でなければならない。キリスト教でも、神は一人子イエスを地上に遣わして、十字架上に死ぬことによって人々を救済した。このことは、自己を否定してどこまでもへりくだる存在が神であることを物語っている。これをケノーシスという。

『法華経』を尊ぶ人々は、仏が大悲に満ちた存在であることをよく了解するが、その仏を久遠実成《くおんじつじょう》の釈迦牟尼仏《しゃかむにぶつ》として、とてつもなくすばらしい存在として有り難がるであろう。しかし実は仏は、そうした、ただ清浄・光明等々の相によって語られるべきものではない。仏であればこそ、塵垢のただ中で生きているはずである。仏であればこそ、地獄でも餓鬼《がき》・畜生《ちくしょう》でもどこにでも入っていけるはずである。

信解品4

【原文】

或輭語或苦言　百計千謀漸親比
奈何熟処信難忘　猶自門外止茅茨

幽州猶可

【書き下し】

或《ある》いは輭語《なんご》し　或《ある》いは苦言《くごん》す　百計千謀《ひゃっけいせんぼう》して漸《ようや》く親比《しんぴ》す
奈何《いかん》せん　熟処《じゅくしょ》信《まこと》に忘《ぼう》じ難《がた》く　猶自門外《なおもんげ》にして茅茨《ぼうじ》に止《とど》まるを

幽州猶可《ゆうしゅうなおか》なり

【現代語訳】

父は、時にやさしい言葉をかけ、時にきつい言葉をかけ、さらにさまざまな手だてについての考えをめぐらして、ようやく子に親しくなれたのであった。しかし子にしてみれば、邸宅の門の外の住み慣れた場所がどうしても忘れがたい。そこで依然として、門外の粗末な家にとどまるのであった。

（著語）都を離れた、困苦を背負う地域での生活も、またよいものだ。

【解説】

この讃も、経典の次の一節を下敷きにしている。

窮子《ぐうじ》は、他の使用人とは異なって、まじめに黙々と働いたのであった。この間、父親は、時にやさしく、時に厳しく対しながら、息子の成長を見守るのである。経典の偈《げ》の中には、「かくの如く苦言《くごん》す、「汝は当《まさ》に勤作《ごんさ》すべし」と」とあり、また、「もって軟語《なんご》す、「若《なんじ》を、わが子の如くせん」と」とある。「百計千謀」の語には、父親の息子の成長を一心に願う様子がよく表れている。そうしたなかで、窮子は徐々に父親である長者に心を開いていくのであった。

そこで、父親は、お前はずっとここにいてはたらけ、と言い、必要なものは何でも家のものを使ってよい、補助員を使いたければそれも提供しよう、などと好待遇を示すのであった。そして、次のように言うのである。

「……われは、汝の父の如し、また憂慮《うりょ》すること勿れ。所以《ゆえ》はいかん。われは年、老大なるに、しかも汝は少壮なり。汝は常に作《な》す時、欺怠《ごだい》・瞋恨《しんこん》・怨言《おんごん》有ること無く、都《す》べて汝には、この諸《もろもろ》の悪の、余の作人《さにん》の如くなるもの有るを見ざればなり。今より已《い》後《ご》、生む所の子の如くにせん」と。即時に、長者は更に、ために字《な》を作《つく》り、これを名づけて児となせり。

その時、窮子《ぐうじ》は、かく遇せらるることを欣《よろこ》ぶと雖も、猶《な》故《お》、自ら客作《やとい》の賤人《せんにん》なりと謂《おも》えり。これに由るが故に、二十年の中において、常に糞《あくた》を除《はら》わしむ。これを過ぎて已後《いご》、心に相い体信して、入出《にっしゅつ》に難《はばか》ること無し。しかもその止《とど》まる所は、猶《なお》、本《もと》の処に在り。……

窮子は、父親から自分の息子だと打ち明けられ、そのような待遇を約束されるも、依然として邸宅内に住むことはせず、門外の粗末な家屋に住み続けるのであった。本処について、偈には、「猶、門外に処し、草庵に止宿して」とある。

やがて父から、財産の譲与を言いわたされても、やはり受け取らず、本の処に住むのであった。窮子が確かに邸宅に住み、家督と財産を受け継ぐのは、父親が自分の死期を悟って、周囲の者に親子の関係の真実を明かしたのちである。

前にも言うように、この「信解品」の最大の主題は、「われは本《もと》、心に悕《ねが》い求むる所あることなかりしに、今、この宝蔵は自然《じねん》にして至れり」にあるであろう。そこには、仏の大悲が常にこの私に及んでいることが明かされている。源信《げんしん》が『往生要集《おうじょうようしゅう》』にいう、「我もまたかの摂取の中にあり。煩悩、眼《まなこ》を障《さ》えて見ることあたわずといえども、大悲、倦《う》きことなくして常に我が身を照したもう」そのものである。

このように魅力的な主題があるのに、良寛はなぜこのことを採り上げず、「本の処に在り」のことを採り上げたのであろうか。

ここにも、良寛の隠れたメッセージがあるのであろう。仏になるよ り、生死《しょうじ》の只中にとどまるところにこそ、真の菩薩道《ぼさつどう》があるではないか、尊ぶべきものがあるではないか、というのである。あえて仏にならず、菩薩の身に居続けながら衆生済度に孜々《しし》として励む菩薩を、「大悲闡提《だいひせんだい》」の菩薩という。闡提とは、仏になれない者のことで、無《む》明《みょう》・煩悩が厚すぎる者、成仏の因を持たない者などをいう。その中に、大悲の故に成仏しない者もいるというのである。良寛は窮子の生き方に、このことを読み込んでいると思われる。良寛が重視するのは、きらびやかな姿を示す仏ではなく、人知れず灰頭土面《かいとうどめん》にはたらく者のほうなのである。

薬《やく》草《そう》喩《ゆ》品《ほん》

【品の概要】

この品では、釈尊が摩訶迦葉《まかかしょう》および諸の大弟子《だいでし》に語る形になっている。初めに、摩訶迦葉をほめたたえ、ついで如来の無量の功徳《くどく》を称えて、如来の説法はあらゆる人々に一切智地《ちじ》すなわち仏地《ぶつじ》に到達することを実現させるものだと説く。そのあとすぐ、草木《くさき》・叢林・薬草による喩えに入っていくのである。

その初めに、全世界の山川《せんぜん》・渓谷《けいこく》・土地《どじ》に生ずるところのあらゆる草木は各異なっているが、密雲が遍く全世界を覆い、一時にひとしく雨が注がれると示される。そうして、「一雲の雨《あめふ》らす所は、その種性《しゅしょう》に称《かな》いて、生長《しょうちょう》することを得《え》、華《け》・果《か》は敷《ひら》け実《みの》り、一地《じ》の生ずる所、一雨の潤《うるお》す所なりと雖も、しかも諸《もろもろ》の草木に、各差別有るが如し」と説かれる。

以下、この喩えの絵解きが行われていく。雲は如来、雨は如来の説法を意味し、大小の樹木や諸の薬草は、如来のみもとに集まってくるさまざまな衆生《しゅじょう》を意味する。説法を聞いた衆生は、「現世《げんぜ》には安穏《あんのん》にして、後には善処に生じる」（現世安穏《げんぜあんのん》、後生善処《ごしょうぜんしょ》）等とある。如来の説法については、「一相、一味なり。謂う所は、解脱《げだつ》相・離相・滅相にして、究竟《くきょう》して一切種智《いっさいしゅち》に至るなり」とある。如来についても、究竟《くきょう》の涅槃《ねはん》・常寂《じょうじゃく》の滅相にして、終に空《くう》に帰するなりとある。しかし如来は、衆生の願いを観じて、小欲の者を守るためには、あえて大乗の一切種智《いっさいしゅち》を説かないのであるとも言われている。大乗仏教の教えを必ずしも直ちに説くわけではなく、いろいろと相手に応じて法を説くというのである。ともあれ、如来は深い大悲の心によって、どんな場合でもあくまでも一切種智の実現に向けて説法していることが明かされている。

このあと、以上の内容が偈《げ》によって再説されていくが、それは以上の散文部分よりもきわめて詳しいものとなっている。中に、「その雲より出《い》ずる所の、一味の水に、草木・叢林は、分《ぶ》に随って潤《うるおい》を受く」とあり、如来も同様に、「世間《せけん》に出ずること、猶《なお》、大雲の如くにして、一切の枯槁《かれきのごとき》の衆生を充潤《じゅうにん》して、皆、苦を離れしめ、安穏《あんのん》の楽《らく》と、世間《せけん》の楽《らく》と、及び涅槃《ねはん》の楽《らく》とを得せしむ」とある。その説法は、平等一味のものであり、「一の妙音をもって、この義を演暢《えんちょう》し」て、常に大乗仏教への導きのてがかりとするのだと言っている。

また、如来は説法において、持戒《じかい》・毀戒《きかい》の者、威儀《いいぎ》具足せるとせざる者、正見《しょうけん》・邪見の者、利根・鈍根の者に、等しく説法して、しかも怠けたり倦んだりすることがないともいう。以下、小草・中草・大草・小樹・大樹の言葉が出てくる。小草は人天《にんでん》、中草は声聞《しょうもん》・縁覚《えんがく》、上草は自利の菩薩《ぼさつ》、小樹は利他を自覚した初心の菩薩、大樹は久参《くさん》の菩薩という具合である。ここから、「薬草喩品」の譬えを「三草《さんそう》二《に》木《もく》の喩え」と呼ぶのである。大樹については、「また、禅《ぜん》に住して、神《じん》通力《ずうりき》を得《え》、諸法の空《くう》を聞きて、心、大いに歓喜《かんぎ》し、無数の光を放ちて、諸《もろもろ》の衆生《しゅじょう》を度すること有るは、これを大樹にして、しかも増長《ぞうじょう》することを得と名づく」などと説かれている。偈の最後には、「汝等（声聞衆）の行《ぎょう》ずる所は、これ菩薩道《ぼさつどう》なり、漸漸《ぜんぜん》に修学《しゅがく》して、悉《ことごと》く当《まさ》に成仏《じょうぶつ》すべし」と示されている。

著語

（原文）
子為父証父為子証
（書き下し）
子《こ》は父《ちち》の為《ため》に証《しょう》し　父《ちち》は子《こ》の為《ため》に証《しょう》す
（解説）
衆生は仏の導きによって悟りを証するが、仏は衆生に応じて真実のありかを説く。

薬草喩品1

【原文】

習風昨夜吹烟雨　山河大地共一新
東公無意布恩沢　資始千草万樹春

仏以一音演説法
衆生随類各得解
はるさめのわけてそれとはふらねともうくるくさきのおのかまにく

【書き下し】

習風《しゅうふう》　昨夜《さくや》　煙雨《えんう》を吹《ふ》き　山河大地《せんがだいち》　共《とも》に一新《いっしん》す
東公《とうこう》　意無《いな》く恩沢《おんたく》を布《し》き　資《もたら》し始《そ》む千草万樹《せんそうばんじゅ》の春《はる》

仏《ほとけ》は一音《いっとん》を以《もっ》て法《ほう》を演説《えんぜつ》し
衆生《しゅじょう》は類《るい》に随《したが》って各《おのおの》解《げ》を得《う》
春雨《はるさめ》のわけてそれとは降《ふ》らねども受《う》くる草木《くさき》のおのがまにまに

【現代語訳】

昨夜、春風はけぶるような雨をそよがせ、今朝は山河大地がすべて一新されていた。春をつかさどる神（東公）はその恵みを差別なくすべてのところにゆきわたらせ、ありとあらゆる草木に春の芽生えをもたらすのである。

（著語）仏は一音をもって説法し、衆生はそれぞれの資質に従ってその内容を了解する。

春雨は対象を区別して降るわけではないものの、その恵みを受けた草木はそれぞれの特性にしたがってそれぞれ個々に生長する。

【解説】

「薬草喩品」では、釈尊が法を説く時、それは雨があらゆるものを潤す（一雨普潤）の同一味のものであるにもかかわらず、衆生はその宗教的資質・能力が分かれているがゆえに三乗等の区別を生じる。しかしその各々が、仏の説法に育てられて、生長していく。ということが、三草二木《さんそうにもく》の喩えで説かれるのであった。その一節は、次のようである。

迦葉《かしょう》よ、譬《たと》えば、三千大千世界の山川《せんぜん》・渓谷《けいこく》・土地《どじ》に生ずる所の卉木《くさき》・叢林及び諸《もろもろ》の薬草は、種類若干《にゃっかん》にして、名《みょう》・色《しき》各《おのおの》異り、密雲は弥《あまね》く布《し》きて、遍《あまね》く三千大千世界に覆い、一時に等しく澍《そそ》ぎ、その沢《うるおい》は普《あまね》く卉木《くさき》・叢林及び諸の薬草の小根・小茎《しょうきょう》・小枝・小葉と、中根・中茎・中枝・中葉と、大根・大茎・大枝・大葉とを洽《うるお》し、諸の樹の大小は上中下に随って、各《おのおの》、受くる所有りて、一雲の雨《あめふ》らす所は、その種性《しゅしょう》に称《かな》いて、生長《しょうちょう》することを得《え》、華《け》・果《か》は敷《ひら》け実《みの》り、一地《じ》の生ずる所、一雨の潤《うるお》す所なりと雖も、しかも諸《もろもろ》の草木に、各差別有るが如し。

この讃の、習風とは、春風のこと、東公とは、春の神のことである。春、やわらかな風の中に、一夜、雨が降る。その恵みに潤った自然が、見違えるように生命力をたたえ、至るところで緑の芽をのばす。そんな光景が描かれている。もちろん、東公は仏、千草・万樹は衆生であり、雨は説法である。仏の「意無く恩沢を布き」というのが、有り難い。どんな者にたいしても、自分の一人子のつもりで愛情をそそぎ、仏となるよう導いてやまない。そこに差別はまったくないのが「意無く」の心である。それを「無縁《むえん》の大悲《だいひ》」という。無縁とは、特定の者だけを対象にすることはない、の意であり、無条件に、ということでもある。その故にこそ、また釈尊は相手に最適の説法を用意するのであり、三乗の教えも説かれたのであった。

そこで、経典には、「如来は時に、この衆生《しゅじょう》の諸根の利と鈍、精進《しょうじん》と懈怠《けだい》を観じて、その堪うる所に随って、ために法を説くこと、種々、無量にして、皆を歓喜《かんぎ》せしめ、快《こころよ》く善利を得せしむ。……」とも説かれる。ここに「〜に随って、ために法を説くこと、種々、無量にして」とあるが、そうすると同じ一つの雨ということにはならないとも思われる。しかしどのお教えも、大乗の阿耨多羅三藐三菩提《あのくたらさんみゃくさんぼだい》（無上《むじょう》正等覚《しょうとうがく》）を実現するための教えであり、すべてはそこをめざす教えなのであって、その点において同一味というべきものなのであろう。

授記品《じゅきほん》

【品の概要】

「授記品」では、釈尊が説法の会座に集まる大衆を前に、かの摩訶迦《まかか》葉《しょう》は菩薩《ぼさつ》の修行を経て、遠い未来世において仏となると断言する。その名は光明如来《こうみょうにょらい》であり、その国は光徳というと明かすのである。このように、未来に必ず仏となると予言しかつ保証することを、授記《じゅき》という。その様子は、次のようである。

わが、この弟子《でし》、摩訶迦葉《まかかしょう》は、未来世《みらいせ》において、当《まさ》に三百万億《まんのく》の諸《もろもろ》の仏《ぶつ》・世尊《せそん》を覲《み》奉りて、供養《くよう》し、恭敬《くぎょう》し、尊重《そんじゅう》し、讃歎《さんだん》して、広く諸仏の無量の大法《だいほう》を宣《の》ぶることを得べし。最後身《さいごしん》において、仏に成為《な》ることを得ん。名をば光明如来《こうみょうにょらい》・応供《おうぐ》・正遍知《しょうへんち》・明行足《みょうぎょうそく》・善逝《ぜんぜい》・世間解《せけんげ》・無上士《むじょうし》・調御丈夫《じょうごじょうぶ》・天人師《てんにんし》・仏《ぶつ》・世尊《せそん》と曰《い》わん。国をば光徳と名づけ、劫《こう》をば大荘厳《だいしょうごん》と名づけん。

なお、如来・応供〜仏世尊は、仏の十号といわれるもので、すべて仏の尊称である。ともあれ、このように、声聞《しょうもん》も仏と成り得ることが、ここで具体的に保証されたわけである。

経典の記述は、さらに光明如来の寿命にふれて、「十二小劫」と示している。続いて、光徳浄土の様子が、次のように描かれている。

国界を厳飾《ごんじき》して、諸《もろもろ》の穢悪《えあく》・瓦礫《がりやく》・荊棘《きょうこく》・便利の不浄無く、その土は平正《びょうじょう》にして、高下《こうげ》・坑坎《あな》・堆阜《おか》あることなけん。瑠璃《るり》を地となして、宝樹を行列し、黄金《おうごん》を縄となして、もって道の側を界《さかい》し、諸《もろもろ》の宝華《ほうけ》を散じ、周遍して清浄《しょうじょう》ならん。

なお、この国土の住人についても、無量無数の菩薩と声聞とがいて、「魔事《まじ》あることなく、魔及び魔の民ありと雖も、皆、仏法《ぶっぽう》を護らん」と言われている。

このあと、以上の内容が重ねて偈《げ》によって説かれていく。中に、摩訶迦葉は、「一切の無上の慧《え》を修習《しゅじゅう》し、最後身《さいごしん》において、仏と成為《な》ることを得ん」とある。

釈尊による摩訶迦葉への授記を聞いて、大目揵連《だいもっけんれん》と須菩提《しゅぼだい》と摩訶迦《まか》旃延《せんねん》とらは、深い衝撃を受け、自分たちも仏になれるのか心配し、釈尊に対して一心に合掌し、釈尊を見つめて、自分たちにも授記を与えてほしいと哀願するのであった。すると、釈尊は、須菩提は、名相《みょうそう》如来《にょらい》となり、宝生《ほうしょう》浄土を完成する、大（摩訶）迦旃延は、閻浮那提《えんぶなだい》金光《こんこう》如来となる、大目揵連は多摩羅跋栴檀香《たまらばつせんだんこう》如来となり、意楽《いらく》浄土を完成すると、授記が与えられるのであった。このことが、各々、長《じょう》行《ごう》（散文）と偈（詩）によって説かれていくが、その内容は摩訶迦葉の場合とほぼ同様である。なお、摩訶迦旃延と大目揵連の場合、巨大な仏塔の供養という修行も含まれている。

最後に、「わが諸《もろもろ》の弟子《でし》にして、威徳を具足せるもの、その数五百なるにも、皆、当に記を授くべし」とあり、前の四大声聞のみならず、五百人の声聞にも授記が与えられたのであった。釈尊はそこで、「未《み》来世《らいせ》において、咸《ことごと》く成仏《じょうぶつ》することを得ん。われ及び汝等の、宿世《しゅくせ》の因縁《いんねん》を、吾れ今、当《まさ》に説くべし。汝等よ、善く聴け」と語りかけている。

著語

（原文）
失銭遭罪
（書き下し）
銭《ぜに》を失《うしな》ひ罪《つみ》に遭《あ》ふ
（解説）
もとより仏である自己を見失って、わざわざ余計な授記を与えられている。

授記品1

【原文】

眼華影裏逐眼華　記去記来無了期
叵耐一隊老禿子　終日随他脚根馳
不風流処也風流

【書き下し】

眼華《げんけ》影裏《ようり》に眼華《げんけ》を逐《お》ふ　記《き》し去《さ》り記《き》し来《きた》って　了期《りょうご》無《な》し
叵耐《はたい》たり　一隊《いったい》の老禿子《ろうとくす》　終日《しゅうじつ》　他《た》の脚根《きゃっこん》に随《したが》って馳《は》するとは
風流《ふうりゅう》ならざる処《ところ》也《ま》た風流《ふうりゅう》

【現代語訳】
実在しない眼に浮かぶ華の映像を見て、本当の華かと見まがう。声聞《しょうもん》らはその眼華のようにありもしない（仏になるという）授記《じゅき》を求めるので、釈尊は次から次へと授記を与えて終わる時がない。みっともないことだ、その一群の声聞たちは。どこまでも釈尊という他者からの保証を求めて心焦るとは。

（著語）ありもしない授記を与え続けなければならないという釈尊の苦境も、また風流というべきか。釈尊の慈悲心に頭が下がる。

【現代語訳】
「授記品」は、この品の概要で示したように、釈尊が摩訶迦葉《まかかしょう》らに、仏に成ると予言しかつその保証を与えることを説く。それだけでなく、彼らが仏と成ったときに完成する仏国土の様子も描かれており、それはあたかも阿弥陀仏《あみだぶつ》の仏国土・極楽浄土のようである。
　それを聞いて授記を願い出たのは、大目犍蓮《だいもっけんれん》ら声聞の弟子の方であった。経典に、「……毎《つね》に小乗《しょうじょう》の過《とが》を惟《おも》いて、当《まさ》に如何《いか》にして、仏の無上の慧《え》を得べきかを知らず。仏の音声《おんじょう》の、われ等は、仏と作《な》らん、と言うを聞くと雖も、心に尚、憂懼《うく》を懐《いだ》くこと、未だ敢えて便《すなわ》ち食せざるが如し。若し仏の授記《じゅき》を蒙《こうむ》らば、爾《しこう》して乃《すなわ》ち快《こころよ》く安楽《あんらく》ならん」とある。いわば、一般論として仏になりうると言われても、この私がその確証としての授記をいただかなければ、気が休まらない、というのである。
　それは、いつか未来のあるとき、仏に成るということが実現する、仏、覚者、あるいは覚というものがある、と考えているということである。本当は、即今・此処・自己の端的に、真実の自己は生き生きと働いているのに、それを見失って、自分の外に何か尊いものがあると夢想しているに過ぎない。良寛ははっきり、そのようなもの（仏・覚）は、眼華に過ぎないという。その眼華を追うということは、ありもしないものをあるかのように思ってそれに執《と》らわれていることだ、と指摘したものである。声聞らが、そのような状況なので、釈尊は繰り返し繰り返し授記を与えて終える時を迎えることもできずにいる。まことにおかわいそうに、というところであろう。「一隊の老禿子」とは、その声聞らのことである。

　釈尊の授記を待ち焦がれる心、それは、未来のどこかにある悟りの智慧を追い求めてやまない心でもある。それが、「他《た》の脚根《きゃっこん》に随《したが》って馳《は》する」ということである。その自分の外にある何ものかを追い求めて止まない限り、自己本来の面目には出会えない。すでに自己にはたらいている仏のおんいのちには出会えない。悲しいことである。「尀《は》耐《たい》たり」とは、耐えがたい、我慢がならぬ、の意である。

　本来なら、大乗の菩薩のみならず、小乗の声聞にも授記が与えられた、一仏乗の立場はすばらしい、それを説く『法華経』は最高だ、と考えられていよう。しかし良寛は、無いものをあたかも有るかのように授記を与えるなんて、ばかばかしい、そもそも授記を願い出る心根が問題だと明瞭に示している。即今・此処・自己における一無位《いちむい》の真《しん》人《じん》、不生《ふしょう》の仏心（盤珪《ばんけい》）を証得しなければ、それでは猫の年が来ても成仏できないぞ、というのである。

化《け》城《じょう》喩《ゆ》品《ほん》

【品の概要】

この品の主人公は、大通智勝《だいつうちしょう》仏である。はるか昔、大通智勝仏は、もと道場に坐して、今や阿耨多羅三藐三菩提《あのくたらさんみゃくさんぼだい》を実現しようとするときに、諸仏の法は現前しなかった。その後、さらに長遠の時間、坐禅しても、諸仏の法は、なお現前しなかった。しかしその後、さらに長遠の時間を経て、諸仏の法が現前し、阿耨多羅三藐三菩提を成就したのであった。

大通智勝仏は、元国王であり、十六人の王子がいた。父が成道《じょうどう》を果たしたことを知った王子らは、大通智勝仏に説法して下さるよう、真剣に願い出る。この様子を、十方の多くの仏国土の梵天王《ぼんてんおう》が知って、大通智勝仏のもとに詣で、衆生救済のために説法を願い出る。最後に、上方の五百万億国土の梵天王の要請の様子が、「仏《ほとけ》は世間の眼《まなこ》となりて、久遠《くおん》に時に乃《いま》し出でたもう。諸の衆生を哀愍《あいみん》したもうが故に、世間に現《あら》われ、超出して正覚《しょうがく》を成じたもう」等と述べられている。

そこで大通智勝仏は、四諦《したい》の教えと十二因縁《じゅうにいんねん》の教えとを三たび説き、測り知れないほど多数の人々が、その弟子・声聞《しょうもん》衆となった。しかし十六王子は、さらに阿耨多羅三藐三菩提の法を説いてほしいと願い出る。すると大通智勝仏は、「この大乗経の、妙法蓮華・菩薩に教える法・仏に護念せらるるものと名づくる」を説くのであった。この十六王子は、その説法（経）を信受し、その後、大通智勝仏が禅定に入った間には各々が『法華経』を説いて、無数の衆生に菩提心《ぼだいしん》を起こさせた。大通智勝仏は、八万四千劫《こう》の間、禅定に入っていたが、三昧《さんまい》から起つと、人々に十六王子への信頼を抱き、親近し供養するように説く。これを受けて、釈尊は、自分はもとこの十六王子の第十六番目の王子であったことを明かし、今、声聞であるあなたがたを実はそのような過去から化育してきたのだ、と明かすのであった。

さらに、十六王子は今やすべて仏と成っていて、東方の阿閦《あしゅく》仏、西方の阿弥陀仏、等々にほかならないことが示され、第十六の王子はこの私・釈迦牟尼《しゃかむに》仏であって、娑婆《しゃば》国土において阿耨多羅三藐三菩提を成就したのだと告白する。また、人々を常に阿耨多羅三藐三菩提に導くべく教化してきたが、その一環として声聞や縁覚《えんがく》のための教えも説いたことについて、「化城喩《けじょうゆ》」で説明するのである。

すなわち、五百由旬《ゆじゅん》というような遠い道のりの「険難なる悪道」があり、その道を行けば珍宝のある場所に到達しうる。この道をよく知っている導師が、ある一団の人々をひきいてこの道を行くが、人々は中途でもう嫌気がさし、戻りたいと言い出す。そこで導師は、三百由旬のあたりに城を化作して、そこまで行けば安穏となるから頑張れと励ます。人々はまた元気が出て、ついに化城に達する。人々の疲れが取れた頃合いを計って、導師は「汝等よ、去来《いざ》や、宝処は近きにあり」と語りかけてまた目的地に向けて出立するのであった。

いうまでもなく、導師は釈尊、険難の道は生死輪廻《しょうじりんね》のこと、宝処は一仏乗、化城は声聞・縁覚の涅槃《ねはん》である。このあと、偈《げ》が説かれるが、そこには、「大通智勝仏、十劫坐道場、仏法不現前、不得成仏道」とあり、この句は禅宗『無門関《むもんかん》』第九則に公案《こうあん》として採られている。

著語

（原文）

自愛画龍進愛真龍

（書き下し）

画龍《がりゅう》を愛《あい》する自《よ》りは進《すす》んで真龍《しんりゅう》を愛《あい》せよ

（解説）

贋物よりも本物を、仮城よりも真の城を求めよ。

化城喩品1

【原文】

十劫坐道場　仏法不現前

為報諸方学道客　至此莫作等閑看

せきはてる〳〵

【書き下し】

十劫《じっこう》　道場《どうじょう》に坐《ざ》するも　仏法現前《ぶっぽうげんぜん》せず

為《ため》に報《ほう》ず　諸方学道《しょほうがくどう》の客《かく》　此《ここ》に至《いた》って等閑《とうかん》の看《かん》を作《な》す莫《なか》れ

関《せき》は照《て》る照《て》る

【現代語訳】

大通智勝仏《だいつうちしょうぶつ》は、十劫もの果てしなく長い間、道場に坐するも、仏法は現前せず、成仏できなかったという。諸方の禅道の修行者に告げておく。このことを聞いて、安易な見方をしてはならないぞ。

（著語）関の地は晴れている。それはそれで絶対。不現前は不現前で絶対。

【解説】

「化城喩品」では、大通智勝仏の、未だ出家していないときの十六人の子供が、父の成仏されたのを見て菩提心《ぼだいしん》を起こし、『法華経』を聞いて成仏していくことが説かれる。中に、長い道中の途中で城を化作《けさ》して旅人を休ませ、ついには目的地に連れて行った話（化城喩）が説かれている。この初めに、大通智勝仏のことが説かれるのである。

冒頭に、「仏は諸《もろもろ》の比丘に告げたもう、「乃往《むかし》、過去の無量《むりょう》・無《む》辺《へん》・不可思議《ふかしぎ》の阿僧祇劫《あそうぎこう》に、その時に仏有《いま》せり。大通智勝《だいつうちしょう》如来《にょらい》・応《おう》供《ぐ》・正遍智《しょうへんち》・明行足《みょうぎょうそく》・善逝《ぜんぜい》・世間解《せけんげ》・無上士《むじょうじ》・調御丈夫《じょうごじょうぶ》・天人師《てんにんし》・仏《ぶっ》・世尊《せそん》と名づく」とある。この大通智勝仏について、さらに釈尊は、次のように説法する。

仏は諸の比丘に告げたもう、「大通智勝仏の寿《じゅ》は、五百四十万億那由他劫《なゆたこう》なり。その仏は、もと道場に坐して、魔軍《まぐん》を破《やぶ》りおわり、阿耨多羅三藐三《あのくたらさんみゃくさん》菩提《ぼだい》を得《え》たまわんとするに、しかも諸仏の法は現在前《あらわ》れず。かくの如くして、一小劫《しょうこう》、乃至《ないし》、十小劫《しょうこう》のあいだ結跏趺坐《けっかふざ》して、身心《しんじん》、動じたまわざるに、しかも諸仏の法は、なお在前《あらわ》れざりしなり。……」

「諸仏の法」とは、諸仏が一様に証する真理（真如《しんにょ》）のこととも思われるが、もしも本来、「諸の仏法」であれば、仏において成就する諸の功徳《くどく》の事と見てよい。いずれにせよ、「諸仏の法が現在前する」とは、成仏するの意でよいであろう。

この後、さらに十小劫の後、「諸仏の法がすなわち現在前《あらわ》れて、阿《あ》耨多羅三藐三菩提《のくたらさんみゃくさんぼだい》を成じたまえり」とある故に、大通智勝は仏と言われているのであるが、禅では、それよりも前の仏法不現前のところに眼を著けて、そこに宗旨を味わうのである。

すなわち『無門関《むもんかん》』第九則、「大通智勝」の話《わ》には、次のようにある。

> 興陽の譲和尚、僧の「大通智勝仏、十劫坐道場、仏法不現前、不得成仏道時、如何」と問うに因って、譲曰く、「其の問、甚だ諦当《たいとう》なり」。僧云く、「既に是れ坐道場、甚麼《なん》としてか不得成仏道なる」。譲曰く、「伊《か》れが成仏せざるが為なり」。（秋月龍珉著作集一四、『禅宗語録漢文入門』）

懐譲《えじょう》の最後の言葉、「伊れが成仏せざるが為なり」を、秋月《あきづき》龍珉《りゅうみん》は「それは、あのお方が〔自ら〕成仏しないからだ」と訳している。

十劫、いわば無限ともいえるほどに長遠の間、坐禅したにもかかわらず、成仏し得なかったという、実はここに禅の宗旨が蔵されているのであって、そこで良寛は、禅を学ぶすべての人々よ、このことを簡単に見過ごしてはならぬぞ、と釘を刺している。ここに潜む禅旨を汲むべきである。

ではいったい、大通智勝仏には、どうして仏法が現前しなかったのであろうか。興味深いことに、『臨済録《りんざいろく》』に、その解答が示されている。すなわち、「仏法現前せずとは、仏本《も》と不生、法本と不滅、云何ぞ更に現前すること有らん。不得成仏道とは、仏、応《まさ》に更に仏と作《な》るべからず。古人云く、仏、常に世間に在《いま》して、而も世間の法に染まず、と」とある。すでに仏であるものが、さらに仏に成るなどということがありえようか、というのである。

化城喩品２

【原文】

過於十劫了　仏法現在前
将謂多少奇特事　正眼眼(衍)看来只如然

すゝかはくもる

【書き下し】

十劫《じっこう》を過《す》ぎ了《おわ》って　仏法現在前《ぶっぽうげんざいぜん》す
将《まさ》に謂《おも》へり　多少《たしょう》の奇特《きどく》の事《じ》と　正眼《しょうげん》に看来《みき》たれば只如《ただにょ》然《ぜん》

鈴鹿《すずか》は曇《くも》る

【現代語訳】

さらに十劫の時が過ぎると、仏法が現前したという。大通智勝仏《だいつうちしょうぶつ》は、成仏したら、どれほどすばらしいことがあるだろうか、と思っていたに違いない。しかしその正しい眼で見るならば、何も特別なことはない、ただ「如然」、あるがままのみである。

（著語）鈴鹿は曇っている。それはそれで絶対。現前は現前で絶対。

【解説】

前にも触れたように、「化城喩品」には、さらに十小劫《しょうこう》過ぎると、諸仏法が現在前したとあるのであった。仏に成ったら、何かよいことがあるのではないか、と思うのが自然であろう。大通智勝仏自身、そのように思っていたであろうし、またそのことを聞く我々も、そう思うに違いない。しかしまさに実現した仏智《ぶっち》から見れば、特別なことがあるわけではない。またそれが正しい見方なのであって、あるがまま以外に何もない。前にも言うように、「至り得、帰り来たれば別事なし」である。

『法華転《ほっけてん》』には、「将に謂えり、奇特の事と。元来、只這般《ただしゃはん》」とある、前には不現前に宗旨を見た。ここには現前を許すも、徹底してその非日常性を否定している。「正眼に看来たれば」こそ、その真実が明らかになる。故にここでも、「等閑の看を作す莫れ」なのである。

化城喩品3

【原文】

現前不現前　相去是多少

毘婆尸仏早留心　直至于今不得妙

あひのつちやまあめかふる

【書き下し】

現前《げんぜん》と不現前《ふげんぜん》と　相《あ》い去《さ》ること是《こ》れ多少《たしょう》ぞ

毘婆尸仏《びばしぶつ》　早《つと》に心《こころ》を留《とど》めしも　直《じき》に今《いま》に至《いた》るまで妙《みょう》を得《え》ず

間《あい》の土山雨《つちやまあめ》が降《ふ》る

【現代語訳】

では、仏法の現前と不現前と、どれだけ異なるのであろうか。それがわからなければ、過去七仏《かこしちぶつ》の第一の仏、毘婆尸仏《びばしぶつ》は、早くから仏道修行に留意してきたが、今に至るまでずっと妙を得ずにいるのと、同じことになるぞ。

（著語）関と鈴鹿の間の土山は雨が降っている。晴れ・曇り・雨、それぞれ異なってもどれも味わい深い。仏法の現前、不現前、それぞれがそれぞれ、ともに真実絶対だ。

【解説】

前に、不現前には容易の看をなすなかれといい、現前には只如然《ただにょぜん》といった。現前といってもことさら特別に何かすばらしいものが現れるわけではなく、不現前といっても、実はそこに、もとより仏である一真実が露現している。禅から見れば、そこに違いがあるわけではない。実は同じところを指して言おうとしていたのである。「相い去ること是れ多少ぞ」と、どれだけ異なるのかとは、決して別ではないぞの意味なのである。
毘婆戸仏とは、前にもいうように、過去七仏の最初の仏のことなのであるが、「早《つと》に心を留めしも　直に今に至るまで妙を得ず」とは、中国古代、梁《りょう》の時代の宝誌《ほうし》なる人が、画師の僧繇《そうよう》を叱って、「毘婆戸仏、早に画を学ぶも、直に如今《いま》に至るまで、猶お妙ならず（絵が上達しない）」と言ったものに基づく。この句は、『趙州録《じょうしゅうろく》』に出てくる（秋月龍珉『禅の語録11　趙州録』二九二頁参照）。また、『無門関《むもんかん》』第二十二則、「迦葉刹竿」にも見られる。次のようである。

迦葉《かしょう》、阿難《あなん》の問うて、「世尊、金襴《きんらん》の袈裟《けさ》を伝うる外、別に何物をか伝うる」と云うに因って、葉《しょう》、喚《よ》んで云く、「阿難」。難、応諾す。葉云く、「門前の刹竿《せっかん》を倒却著《とうきゃくじゃく》」。

無門曰く、若し者裏《しゃり》に向って一転語を下し得て親切ならば、便ち霊山《りょうせん》の一会《いちえ》、儼然として未だ散ぜざることを見ん。其れ或いは未だ然らずんば、毘婆戸仏、早くより心を留むるも、直に而今《いま》に至るまで妙を得ず」

こうしてみると、もしも心得違いしていれば、どれだけ修行したってらちは開かないぞ、の意の句と見ることができよう。つまり、現前と不現前との違い、もしくはその同一なることについて、正しく了解出来ていなければ、いつまでたっても成仏は得られないというのである。
もっとも、そう言いつつも、その未来永劫、妙を得られないところに、仏法があることを示しているとも言える。いずれにせよ、即今・此処・自己に眼を著けなければならない。このことを的確に指摘できる良寛の禅者としての力量を思うべきであろう。

化城喩品４

【原文】
大通智勝坐道場　不得成仏于今在
不信君向菜園看　冬瓜大於苦瓜大

古仏猶在

【書き下し】
大通智勝《だいつうちしょう》　道場《どうじょう》に坐《ざ》し　成仏《じょうぶつ》を得《え》ずして今《いま》に在《あ》り
信《しん》ぜずんば君菜園《きみさいえん》に向《む》かって看《み》よ　冬瓜《とうがん》は苦瓜《にがうり》の大《だい》なるより大《だい》なり

古仏猶《こぶつなお》在《あ》り

【現代語訳】
大通智勝仏《だいつうちしょうぶつ》は、長い長い間、道場に坐するも、成仏を得ずして今日に至っている。このことがもし信じられないなら、君よ、畑に行ってその様子を見るがよい。とうがんは、にがうりの大きいものよりもさらに大きいのが、その実際ではないか。

（著語）古来、変わらずに仏としてあり続けている。

【解説】

これまで、大通智勝仏が、十劫《こう》の間、道場に坐して坐禅修行しても、成仏を得なかったこと、しかしその後、同じく十劫の間、兀兀と坐禅して、成仏を得たことを見てきた。経典によれば、大通智勝仏は、今はすでに成仏しているはずである。しかし良寛は、「成仏を得ずして今に在り」という。成仏しないまま今に至っているというのである。『臨済録《りんざいろく》』によれば、「仏本《も》と不生、法本と不滅、云何ぞ更に現前することと有らん。……仏、応に更に仏と作るべからず」なのであった。これによれば、成仏を得ないのは、本来、成仏しているからということである。

このことが信じられないならば、このことを了解・領納しなければなるまい。いったい、本来成仏しているということは、どのように見るべきなのであろうか。

ここで良寛は、菜園に行って見てごらんという。そこでは、冬瓜《とうがん》が なっているとしよう。それはどんなニガウリよりも大きいことが見られる。言うまでもなく、これは、短は短、長は長という、ありのままの事実のことである。眼横鼻直、柳緑花紅の事実そのものとも変わらない。即今・此処・自己における、主客未分の一真実そのもの、そこに仏のおんいのちがはたらいているのである。衆生本来仏なりの父母《ぶも》未生以前《みしょういぜん》本来《ほんらい》の面目《めんもく》が見出される現場である。そこに、天真仏《てんしんぶつ》を見出すべきなのである。

この菜園の語に、私は良寛の「仙桂和尚《せんけいおしょう》」の漢詩を想起せずにはいられない。

仙桂和尚《せんけいおしょう》は真《しん》の道者《どうじゃ》、貌《ぼう》は古《こ》にして言《ごん》は朴《ぼく》なるの客《きゃく》、三十年《さんじゅうねん》、国仙《こくせん》の会《え》に在《あ》りて、禅《ぜん》に参《さん》ぜず、経《きょう》を読《よ》まず、宗文《しゅうもん》の一句《いっく》すら言《い》わず、園蔬《えんそ》を作《つく》って大衆《だいしゅ》に供養《くよう》す、当時《とうじ》、我《わ》れ之《これ》を見《み》れども見《み》ず、之《これ》に遇《あ》い、之に遇えども遇わず、吁嗟《ああ》、今、之《これ》に放《なら》わんとするも得《う》べからず、仙桂和尚《せんけいおしょう》は真《しん》の道者《どうじゃ》。

良寛がここで讃嘆しているのは、自分は済度《さいど》を未だ得ずとも、他の人々の済度を優先する立場で、修行者のより適切な修行の環境を整備・維持するためにはたらいてやまない、その仙桂和尚の慈悲心のことである。大乗の菩薩の中には、あえて成仏せずに、この苦海にとどまって、衆生済度に励む者もいるという。大悲のこころによって、成仏しない者を、大悲闡提《だいひせんだい》という。大通智勝仏の不得成仏道に、そこまで読むことはむずかしいであろうが、良寛がここに菜園を持ち出してきたことによって、単にありのままの世界がそのまま仏だというだけでなく、大悲心のゆえに成仏しないことがあるのだということも、読み込みたくなることである。

化城喩品5

【原文】

二儀光明不到処　万物同時現在前
不知此事如何了　大家来日普請看

放過某甲

【書き下し】

二儀《にぎ》の光明《こうみょう》到《いた》らざる処《ところ》　万物同時《ばんぶつどうじ》に現在前《げんざいぜん》す

知《し》らず此《こ》の事《こと》如何《いかん》が了《りょう》ぜん　大家《たいけ》来日《らいじつ》　普請《ふしん》し看《み》よ

某甲《それがし》は放過《ほうか》せよ

【現代語訳】

日・月両者の光が届かない、暗闇においてこそ、万物は同時にその真実をあらわにするのだ。このことを、どのように了解すべきか、わからなければ、皆さん、いつか一緒に、共同作業してみよ。

（著語）私はもう年なので、普請は御免こうむりたい。

【解説】

二儀すなわち太陽と月の光明の至らないところとは、暗黒の世界である。禅では、時にその世界を無分別《むふんべつ》の象徴として尊ぶことがある。「漆桶不会」とか、「黒漆崑崙夜裏去」とかいった禅語もある。鈴木大拙《すずきだいせつ》は、「神が光あれと言ったとき、誰がそれを見ていたのか」という公案《こうあん》を創出している。神と人、主観と客観、等々の、二に分かれる以前の一をつかむのが東洋の心だと強調した。

この無分別の世界に入ることで、本当の諸法実相《しょほうじっそう》が明らかになる。大死一番《だいしいちばん》、絶後蘇息《ぜつごそそく》である。けっして、ただ鬼窟裡《きくつり》にひそんでいるだけであってはならない。現実世界にでてくるのでなければならない。ただ坐禅して満足というのでは、暗証《あんしょう》の徒というほかないであろう。

この真っ暗闇においてこそ万物が輝くということ、平等即差別・差別即平等を了知したいと思うなら、皆さん、いつか、総出で共同作業してみよ、という。普請とは、こんにちは家を建てることを意味したりするが、元来は、「普ねく請うで、師家も雲水も一山総出で、上下力を合わせて、勤労（作務）すること」である（秋月龍珉『臨済録』）。これは、いわば、現実世界での見たり聞いたりするところのみでなく、主体的にはたらくところにこそ諸法実相＝仏のおんいのちを見出すべきである、というのであろう。ほうきで掃く、雑巾がけをする、草取りをする、その一瞬一瞬に、本来の自己、真実のいのちが輝いているではないか、というのである。

『洞山五位《とうさんごい》』という禅宗の一種の教義がある。その中に「兼中到《けんちゅうとう》」という最高の境涯を表す句がある。その兼中到に対しては、「有無に落ちず、誰か敢《あ》えて和せん。人々尽く常流《じょうる》を出《い》でんと欲す。折合《しゃくごう》して還《ま》た炭裡《たんり》に帰して坐す」とある。日本臨済宗中興の祖と言われる白《はく》隠《いん》は、これを不服として、「徳雲《とくうん》の閑古錐《かんこすい》、幾たびか妙峰頂《みょうぶちょう》を下《くだ》る。他《た》の癡聖人《ちしょうにん》を傭《やと》うて、雪《ゆき》を担《にな》うて共《とも》に井《せい》を填《うず》む」と改めた。「坐す」ではだめだ、はたらきに出てくるのでなければ未だしである、というのである。雪をせっせと井戸の中に放りこんでも、一向に井戸は埋まらないであろう。何にもならないことにせっせと働いて、その働いたことにもとらわれない。そこに禅の味わいがある。真空妙有《しんくうみょうう》をこえて真空妙用《しんくうみょうゆう》である。

この良寛の讃に、そこまでの意が籠められているというのは言いすぎかもしれないが、事柄の本質はそういうことになるであろう。

化城喩品6

【原文】

可怕逈（迥）絶無人地　権立化城休視聴

縦至這裏不肯住　依前猶争半月程
不知何処是宝所

【書き下し】

怕《おそ》るべし迥絶無人《けいぜつむにん》の地《ち》　権《かり》に化城《けじょう》を立《た》てて視聴《しちょう》を休《や》む
縦《たと》い這裏《ここ》に至《いた》るも肯《あ》えて住《じゅう》せず　依前《いぜん》として猶《なお》半月《はんげつ》の程《みち》を争《あらそ》ふ
知《し》らず何《いず》れの処《ところ》か是《こ》れ宝所《ほうしょ》なる

【現代語訳】

皆を連れて旅をして、人里を遠く離れた、誰もいない地に来れば、恐ろしいに違いない。そこでリーダーは、仮に城を化作して（無中に幻として立ち上げて）、皆の感覚等を休ませた。たとえここまで来たとしても、そこにとどまるわけにはいかない。当初の計画通り、またここからさらに半分の道のりを行こうとする。

（著語）どこに宝処があるのかを、わからずにいるわい。どこでも宝所なのに。

【解説】

ようやくここで、品のタイトルにもなっている「化城喩」のことが謳われている。その喩えは、大通智勝仏《だいつうちしょうぶつ》も、そのかつての息子の十六王子も説いたという『法華経』の、やはり三乗方便《さんじょうほうべん》・一乗真実《いちじょうしんじつ》の事情を明かすものである。一人の導師が、多くの人々を、五百由旬《ゆじゅん》という遠い道のりの目的地に、しかも険しい悪路を通って連れていく。その険しい道をはるかに越えてきて、無人の地、むしろ毒獣などが多く住む地まで至って、恐怖にかられ、疲労もつもり、ひきかえしてしまおうとする。そこで導師は、幻の城を現し出して、旅人たちを一時、休ませる。そして疲労がとれたら、また本当の目的地に向かわせるのであった。「汝等よ、去来《いざ》や、宝処は近きにあり。さきの大城は、われの化作せるところにして、止息のためなるのみ」と導師は衆人に呼びかける。「汝は今、勤《ねんごろ》に精進して、当に共に宝所に至るべし」とも告げるのである。そこで旅人らは、さらに当初の目的地に向かって、あと半分の道のりを急ぐのであった。

「化城喩」の喩えは、仏が、大乗の阿耨多羅三藐三菩提《あのくたらさんみゃくさんぼだい》に直ちに邁進しえない者に対して、巧みに方便を設けてうまく導いていく。それほどまでに仏の大悲は深いものがある。一方、声聞《しょうもん》・縁覚《えんがく》も方便に導かれつつやがては必ず大乗の仏智《ぶっち》を得ることができる、ということを語ろうとするものである。導師に案内されながら、究極の目的地まで歩んでいく姿は、あっぱれな修行と讃えられてしかるべきであろう。

ところが良寛はそういう単純な読み方はしていない。「依前として猶、争ふ」という言い方には、まだ何か外に求めてじたばたしているのか、と否定的に見るニュアンスが含まれている。「縦い這裏に至るも肯えて住せず」には、せっかく「ここ」（這裏）に至ったのに、どうして「ここ」に落着けないのかとの意が籠められている。「這裏」にこそ宝所があることをつかめば、一切は片付くのに、なんでそれが解らないのか、というのが良寛の本意であろう。

白隠《はくいん》は、「衆生本来仏なり、水と氷の如くにて、水を離れて氷なく、衆生の外に仏なし、衆生近きを知らずして、遠く求むるはかなさよ、たとえば水のなかにいて、渇を叫ぶが如くなり、長者の家の子となりて、貧里に迷うに異ならず、……」と歌っている。良寛の意も、これと同様であろう。

五百弟子受記品《ごびゃくでしじゅきほん》

【品の概要】

まず初めに、富楼那弥多羅尼子《ふるなみたらにし》が出る。富楼那は、仏が諸の大弟子に授記《じゅき》を与えたこと等を聞いて、釈尊のみもとに進んで、「尊顔を瞻仰《あおぎ》み、目は暫くも捨てず」して、私たち声聞《しょうもん》がはるか宿世《しゅくせ》の過去に抱いた深い願いを釈尊だけは解って下さっていると述べ、自分たちの本当の姿を明かして下さることを期待する。

これに対して釈尊は、富楼那が極めて優れた人物であることを明かし、実は大乗仏教の教えに通達しており、その生涯、常に浄行を修することによって声聞だと思われているが、実は第一の説法者であり、正法《しょうぼう》を護持し、無量の衆生を教化して阿耨多羅三藐三菩提《あのくたらさんみゃくさんぼだい》（を求める心）を起こさせ、自ら住む国土を理想的なものとするために常に精進しているのだ、等と明かす。そのあと、法明如来《ほうみょうにょらい》となる、と授記を与えるのである。

その後、以上の内容が偈《げ》によって述べられるが、その初めには、諸の菩薩《ぼさつ》が、あえて声聞・縁覚《えんがく》となって、無量の衆生を救いとることが述べられている。それは、「内に菩薩の行を秘《かく》し、外にこれ声聞なりと現わして、少欲（涅槃を求めるのみの小乗への欲しかない）にして生《しょう》死《じ》を厭《いと》えども、実には自ら仏土を浄むるなり」の姿だというのである。

これを聞いて、千二百人の阿羅漢《あらかん》も授記を願い、釈尊はまず、憍《きょう》陳如《じんにょ》も普明《ふみょう》如来となると伝え、さらに五百人の阿羅漢に対し、同じく普明如来となると説き、さらに余の声聞衆も同様だと説くのであった。これに対し、五百人の阿羅漢は、歓喜するとともに、釈尊に過《とが》を悔いて如来の智慧を得べき者であったのに、無智であったと反省の言葉を述べる。そして、このこととの関連で、いわゆる「衣裏繋珠《えりけいじゅ》の喩え」が述べられていく。

ある者が親友の家を訪ね、しまいに酔いつぶれてしまう。親友は公務で外に出なければならず、値段もつけられないほどの宝（無価の宝珠）を、その者の衣に繋けて出ていった。ある者は、酔いからさめると事情がわからず、よその国に行って働きに出るが辛くてやめてしまう。その頃、親友がたまたまこの者に出会って、無価の宝珠があるだろ、それで本当に欲しいものと貿易（交換）すればよい、きっと満足するはずだ、と教えるのであった。

親友は、仏がまだ菩薩であった頃の者、無価の宝珠は一切智また阿耨多羅三藐三菩提、酔いつぶれた者は小乗の涅槃《ねはん》に入って満足している者である。釈尊は、菩薩の時代に、声聞たちに一切智を実現したいとの願を失わないよう教化しておいたのである。憍陳如も、自分は実は菩薩であって、授記を得られる者であったことを、この時、初めて知ったのであった。

最後に、この喩の内容が偈で示されるが、その終わりのほうには、「世尊は長夜《じょうや》において、常に愍《あわれ》みて教化せられ、無上の願を種《う》えしめられしに、われ等は無智なりしが故に、覚らず亦、知らずして、少《わずか》なる涅槃の分を得て、自ら足れりとして、余を求めざりしなり」とあり、釈尊が阿羅漢らに次々と授記を与えるのを聞いて、「身心は遍く歓喜せり」と記されている。

著語

（原文）
草賊大敗　賊身已彰
（書き下し）
草賊大敗《そうぞくたいはい》し　賊身已《ぞくしんすで》に彰《あら》はる
（解説）
釈尊の前では負けも同然、本来仏となる身が明らかになった。

五百弟子授記品１

【原文】

鼻孔已在佗（他）手裏　説什麼半千眼睛
科条箇々不及攀　黄面老子一款呈

五百水牯牛向甚麼
処去　蒼天蒼天

【書き下し】

鼻孔已《びくうすで》に他《た》の手裏《しゅり》に在《あ》り　什麼《なに》をか半千《はんせん》の眼睛《がんぜい》と説《と》かん
科条《かじょう》の箇々《ここ》は攀《よ》ずるに及《およ》ばず　黄面《おうめん》の老子《ろうし》一款《いっかん》に呈《てい》す

五百《ごひゃく》の水牯牛《すいこぎゅう》、甚麼《なん》の処《ところ》に向《む》かってか去《さ》る
蒼天《そうてん》　蒼天《そうてん》

【現代語訳】

人々の本来の面目は、授記《じゅき》を与える釈尊の手のうちにあり、よく了解されている。したがって、授記を与えるべきその数は、どうして五百人にとどまるであろうか。もはや個々人それぞれに授記を読み上げるに及ばない。釈尊は全員に一括して、等しく仏に成ると授記を与えたのであった。

（著語）五百人の声聞たちは、授記を受けて、どこへ行こうとするのか。外に仏を求めていってもかなわぬぞ。誤ったら大変だ、大変だ。

【解説】

釈尊が声聞《しょうもん》等に授記を与えるに際しては、その道が、実は大乗につながっているのだ、すなわち声聞・縁覚《えんがく》の教えは方便であって、真実の教えである大乗仏教に入らせていくためのものであって、その立場からの指導なのだと、相手に理解させることが常であった。しかし富楼那《ふるな》への授記のあと、千二百人に授記を与える時の様子を、経典は、次のように説いている。

この千二百の阿羅漢に、われは、今、当に現前に、次第に、阿《あ》耨多羅三藐三菩提《のくたらさんみゃくさんぼだい》の記を与え授くべし。この衆の中において、わが大弟子憍陳如《きょうじんにょ》比丘は、まさに六万二千億の仏を供養し、しかして後《の》ちに、仏と成為《な》ることをうべし。号を《な》ば普明《ふみょう》如来・応供・……仏・世尊といわん。その五百の阿羅漢《あらかん》たる優楼頻螺迦《うるびんらか》葉《しょう》・伽耶迦葉《がやかしょう》・那提迦葉《なだいかしょう》・迦留陀夷《かるだい》・優陀夷《うだい》・阿㝹楼駄《あぬるだ》・離婆《りは》多《た》・劫賓那《こうひんな》・薄拘羅《はくら》・周陀《しゅだ》・莎伽陀《しゃかだら》等は、皆、まさに阿耨多羅三《あのくたらさん》藐三菩提《みゃくさんぼだい》を得べし。尽《ことごと》く同じく一号にして、名づけて普明《ふみょう》といわん。

すなわち、最初は次第に、個々、授記を与えるような含みであったのに、憍陳如以降は、まとめて授記を与えてしまっている。そこを、「科条の箇々は攀ずるに及ばず　黄面の老子一款に呈す」の句で言おうとしているのであろう。黄面の老子とは釈尊のことである。

いったい、なぜ釈尊は個々に授記を与えず、ひとまとめに授記を与えたのであろうか。前半の句は、その理由を説明しようとするものになっている。

鼻孔とは、自己本来の面目を意味し、すなわち仏性《ぶっしょう》そのものということができよう。それが他の手の内にあるということは、釈尊は一《いっ》切《さい》衆生《しゅじょう》悉有《しつう》仏性《ぶっしょう》の事実を、ちゃんと見抜いているということである。大乗仏教に発菩提心《ほつぼだいしん》して修行も深い者だけでなく、初発意《しょほっち》の者も、声聞・縁覚であっても、さらには仏道に趣く以前の一般民衆であっても、誰もがいつかは仏となることを実現するに違いない、と釈尊はすでに洞察しているのである。したがって、主役の富楼那はもちろんのこと、心の自在を得ていた千二百の阿羅漢の中、憍陳如を筆頭に五百の阿羅漢にもためらわれることなく授記が与えられたのであった。おそらく、釈尊がさらに授記を与える対象は、五百人にはとどまらない。人の数だけ、と言ってもよいくらいであろう。

この讃によって良寛は、授記は釈尊在世時代の遠い昔のことでない、今のあなたもその中に含まれているのですよ、と諭しているかのようである。

五百弟子授記品２

【原文】

憶得二十年　資生太艱難　祇為衣食故
貧里空往還　路逢達道人　苦説旧時縁
却見衣内宝　于今現在前　自茲親受用
日夜恣周旋
全得佗（他）力

【書き下し】

憶《おも》ひ得《え》たり二十年《にじゅうねん》　資生《しせい》太《はなは》だ艱難《かんなん》なりき
祇《た》だ衣食《えじき》の為《ため》の故《ゆえ》に　貧里《ひんり》空《むな》しく往還《おうげん》す
路《みち》に達道《たつどう》の人《ひと》に逢《あ》ふに　苦《ねんご》ろに旧時《きゅうじ》の縁《えん》を説《と》く
却《かえ》って衣内《えない》の宝《たから》を見《み》るに　今《いま》に現在前《げんざいぜん》す
茲《これ》自《よ》り親《した》しく受用《じゅゆう》し　日夜《にちや》恣《ほしい》ままに周旋《しゅうせん》す
全《まった》く他《た》の力《ちから》を得《え》たり

【現代語訳】

この二十年間が思い出される。生活はきわめて困難であった。ただ衣料と食糧のために、かせぎも望めない場所で生活するほかなかった。

たまたま道に立派な人に出会うと、その人は詳しく昔のことを話してくれた。そこで衣の内にあるという宝珠を見るに、今なお存在していた。このときより、その宝珠を親しく用いて、日夜思いのままに過ごしている。

（著語）自分が仏性《ぶっしょう》を有していたと知るのも、まったく他力によることである。

【解説】

この讃は、「衣《え》裏《り》繋《けい》珠《じゅ》の喩え」をそのまま表したものである。経典からこの喩えを引いておこう。

　世尊よ、譬えば、人有りて、親友の家に至りて、酒に酔《よ》いて臥せるが如し。この時、親友は官《おおやけ》の事ありて当《まさ》に行くべかりしかば、無価《むげ》の宝珠をもって、その衣《ころも》の裏《うち》に繋《か》け、之を与えて去れり。その人、酔《よ》い臥して、都《すべ》て覚知せず。起き已りて、遊行して他国に到り、衣食《えじき》のための故に、勤力《つとめ》て求索《もとむ》ること、甚だ大いに艱難《かんなん》し、若し少しく得る所有れば、便《すなわ》ちもって足れりとなせり。後において、親友は会遇《たまたまあ》いてこれを見、この言をなす、「咄《つたない》かな、丈夫《おのこ》よ、何んぞ、衣食のために、乃《すなわ》ち、かくの如くなるに至れるや。われ昔、汝をして安楽なることをえて、五欲に自ら恣《ほしいまま》ならしめんと欲して、某《それがし》の年日月《としひつき》において、無価《むげ》の宝珠をもって、汝の衣の裏《うち》に繋《か》けしなり。今、故《なお》、現《げん》に在り。しかるを汝は知らずして、勤苦《ごんく》し憂悩《うのう》し、もって自活することを求む。甚だこれ癡《おろか》なり。汝は今、この宝をもって、須《もとむ》る所に貿易《かえ》るべし。常に意《い》の如くにして、乏しく短《たらざ》る所無からしむべし。

讃では、過去二十年、生活が大変であったと言っている。経典には、二十年の明記はないので、これは良寛自身の苦労を重ね合わせたものであろうか。この譬喩を、その後、重ねて頌《じゅ》（詩）で述べたところには、「資生甚艱難」の句が見える。

　喩えの中の親友を、ここでは「路に逢うた達道の人」としている。これは、『無門関《むもんかん》』第三十六則「路逢達道」によっている。参考までにその公案《こうあん》は、「五祖曰く、路に達道の人に逢わば、語黙を将《も》って対せず。且く道《い》え、甚麼《なに》を将ってか対せん」というものである。

　この讃のもっとも重要な箇所は、やはり結句、「兹《これ》自《よ》り親《した》しく受用《じゅゆう》し　日夜《にちゃ》　恣《ほしい》ままに周旋《しゅうせん》す」にあるであろう。経典では、見つけた無価ともいう宝珠をおそらくは金銭と交換（貿易）して、それでもって意のままの生活を送るように、と言っている。良寛自身の同様の詩、「記得壮年時」で始まる詩でも、結びは「是《こ》れ従《よ》り自《みずか》ら貿易《むやく》して、到《いた》る処《ところ》、恣《ほしいまま》に周旋《しゅうせん》す」とある。しかしこの讃においては、宝珠が「今に現在前し」、これより「親しく受用して、日夜、恣ままに周旋す」とある。交換（貿易）するまでもなく、直にその宝珠のはたらきを親しく受用してやまないのである。一切の生活がそれで調っていくのである。もちろん、この宝珠とは、仏性であり、仏のおんいのちであり、自己本来の面目であり、如是であり、法華であろう。道元《どうげん》には、一《いっ》顆《か》明珠《みょうじゅ》の語も見える。元来、それは他者から与えられるものではありえず、もとより具有せるものに違いない。そこを、この喩え話では、気づかないうちに有しているものの意味で、このような仕方で説かれているということであろう。ただしこのことに眼を開かせていただくのは、すべて仏のはたらきかけによるのである。

【原文】

恒河辺呼渇　飯籮裡乞餐　明々一条路
千古開眼眠　誰先兮誰後　自今休謾論
何得兮何失　元来只如然　雖得非是顕
失時隠誰辺　君看衣裏珠　必定為那色
允即不違

【書き下し】

恒河《ごうが》の辺《ほとり》に渇《かつ》を呼び　飯籮《はんら》の裡《うち》に餐《さん》を乞《こ》ふ
明々《めいめい》たる一条《いちじょう》の路《みち》　千古《せんこ》　眼《め》を開《ひら》いて眠《ねむ》る
誰《たれ》か先《さき》　誰《たれ》か後《あと》なる　今自《いまよ》り謾《みだ》りに論《ろん》ずることを休《や》めよ
何《なに》をか得《え》　何《なに》をか失《うしな》はん　元来《がんらい》　只《た》だ如然《にょぜん》
得《え》たりと雖《いえど》も　是《こ》れ顕《あらわ》るるに非《あら》ず　失《うしな》ふ時《とき》誰《た》が辺《へん》にか隠《かく》れん
君看《きみみ》よ衣裏《えり》の珠《しゅ》　必定《ひつじょう》して那《なん》の色《いろ》か為《な》す
允《まこと》なれば即《すなわ》ち違《たが》はず

【現代語訳】

人々が仏に成ろうと授記《じゅき》を求めるのは、ガンジス河のほとりにあって渇を叫び、めしびつの中にいながら、食物を請《こ》うようなものである。明らかな一本の道を行っているにもかかわらず、多くの者は昔から目を開けたまま眠っている。誰が先に成仏し、誰が後から成仏するか、そのようなことはもはや論じるべきでない。何を得るというのか、何を失うというのか、元来、ただ如然のみである。得たといっても現れるわけでなく、失ったと言ってもどこに隠れたというのであろうか。君よ、衣の内にあるという宝珠を看よ。いったい、どんな色をしていようか。

（著語）自己自身そのものであれば、仏と異なることはない。

【解説】

今に現在前している宝珠は、いったいどんな色をしているのであろうか。良寛は私たちに、それをしかと自覚しなさいと呼びかけている。禅は己事究明《こじきゅうめい》の一道である。自己本来の面目を認得しなければならないに違いない。

その宝珠について、良寛はいろいろと説明している。まず、宝珠を内に有しているとは、実は本来、仏であることを示すものだと説明している。そこを、豊富な水量のガンジス河のそばにいながら喉の渇きを訴えたり、飯櫃の中にいながら腹が減ったと叫ぶかのようだという。

白隠《はくいん》の『坐禅和讃《ざぜんわさん》』に、「たとえば水の中にいて、渇を叫ぶがごとくなり、長者の家の子となりて、貧里に迷うにことならず」とあるのが想起される。この『坐禅和讃』の冒頭は、「衆生本来仏《しゅじょうほんらいほとけ》なり」であった。

「明々たる一条の路　千古　眼を開いて眠る」とは、ただひたすら仏のおんいのちに運ばれているのに、はるか昔からそのことに気づかないままであると指摘したものである。「譬喩品」において、火宅《かたく》にあって、門外に向かうまでもなく、すでに一大白牛車《いちだいびゃくごしゃ》に乗っていることを知らずにいる、と指摘されたことと同意である。

だれもがすでに仏であるなら、誰が早く成仏したとか、誰が遅れて成仏したとかの議論は無意味となろう。ここは次の、「授学無学人記《じゅがくむがくにんき》品《ほん》」ともかかわるところである。そのことは、次の品の解説により、理解されるであろう。

宝珠は実は、あらためて獲得できるようなものではない。かといって、失うこともありえない。その宝珠とは、畢竟《ひっきょう》、何なのか。ここで良寛は、「元来　只だ如然」と示している。この語は、宝珠すなわち本来の自己そのもののありかたがもとより変わらないの意味で、「只如然」と言ったとも解せる。と同時に、本来の自己そのもののありかが、「只如然」にある、と言っているとも受け止められる。それは、十如是《じゅうにょぜ》の如是そのものである。即今・此処・自己の端的そのものである。そこに変わらずに、仏におんいのちがはたらいているのである。

それは、得る・失うを超えた世界なのである。良寛は、その自己本来の面目を、しかと看よと私たちに訴えるのである。

五百弟子授記品4

【原文】

此珠不知何処在　或懸衣内或髻中
然雖光彩透昼夜　不奈作者徒施功
因知卞和涙　非是等閑垂

【書き下し】

此《こ》の珠《しゅ》　何処《いずこ》に在《あ》るかを知《し》らず　或《あ》るいは衣内《えない》に懸《か》け　或《あ》るいは髻中《けいちゅう》
光彩《こうさい》昼夜《ちゅうや》に透《とお》ると然雖《いえど》も　作者《さしゃ》の徒《いたず》らに功《く》を施《ほどこ》すを奈《いか》んともせず
因《よ》って知《し》る卞和《べんか》の涙《なみだ》の　是《こ》れ等閑《とうかん》に垂《た》るるに非《あら》ざるを

【現代語訳】

この宝珠はどこにあるのかわかっていない。衣の中であろうか、髻《もとどり》の中であろうか。その光・輝きは一瞬も途絶えることはないが、それに気づかないとは、やり手の者がわざわざ衣の中に括《くく》り付けて下さった好意を無にしているのみだ。

（著語）人々が自己の仏性《ぶっしょう》に気がつかないのは、本当に悲しい。涙が出る。

【解説】

この讃の主語は、酔いつぶれた者となろうが、実は私たち衆生の一人ひとりのことでもあるに違いない。良寛は私たちの身の上を深く心配されているのである。

この宝珠が、どこにあるのか、酒に酔っている人だけでなく、人はまったく知ることがない。釈尊は『法華経』において、それが自己自身にあることを、いろいろと譬喩によって語った。「衣内に懸け」というのは、この品の「衣裏繋珠《えりけいじゅ》の喩え」のことにほかならない。「髻中」というのは、後の「安楽行品《あんらくぎょうほん》」に出る「髻中《けいちゅう》の明珠《みょうじゅ》の喩え」によるものである。こちらの明珠は、直接的には『法華経』のことではあるが、それは法華そのものと受け止めてよいであろう。ただし、良寛のこの讃の句は、それはいったいどこにあろうか、ということの中で語られているものであり、それぞれの譬喩にそのまま引きずられる必要はない。ではそれはいったい自己のどこにあるのであろうか。自己の中においてか、自己に即してにおいてか、自己を超えてにおいてか。

禅では、脚下照顧《きゃっかしょうこ》という。それは足元に対象的に見いだされるということではない。対象的に自己をみるのではなく、自己そのものになりきってはたらく時、そこに自覚されることをいうものである。その時、実はもとより仏のおんいのちとともに生きていたことが知られるのである。

その宝珠は、日夜、一瞬たりとも絶えることなく光彩を発揮している。常に常に、仏のおんいのちの中に生きているのが実相なのである。西田幾多郎《にしだきたろう》は、「自己は自己の内に自己を越えるものにおいて自己を持つ」という。その超個と個とが即非《そくひ》的に一であるところに、本来の自己の実相《じっそう》がある。その自覚は、くどいようだが、内にであれ外にであれ、対象的に見いだされるべきものではないのである。

最後の、「作者の徒らに功を施すを奈んともせず」とは、酔いつぶれた者が、ひいては私たちが、この事実に気づいていないことが何とももどかしい、といって、私たちへの悲心を表現したものである。作者とは、やり手の者、すなわち親友のこと、功を施すとは、宝珠を酔いつぶれた者の衣の内に縫い付けてあげたこと、しかしその者がそのことに気づくことがなかったので、「徒らに」という。実際は、その者も親友の教示に会って初めて自覚できたわけであるが、良寛は気づかないままにいる者への深い愛情をこうした表現で語っているといえよう。言い換えれば、皆さんもぜひこのこと、自己が具有する宝珠に目覚めてほしいということなのである。

授《じゅ》学《がく》無《む》学《がく》人《にん》記《き》品《ほん》

【品の概要】

まず、釈尊の晩年、二十年間ほど釈尊に随侍した阿難《あなん》と、釈尊の長子・羅睺羅《らごら》が、自分たちにも授記《じゅき》を与えてほしいと願い出る。このとき、学人・無学人の二千人も同様に釈尊の前に進んで、釈尊の説法を待ち続ける。この学人の声聞《しょうもん》とは、まだ修学すべきことが残っている者、無学人の声聞とは、もう修学すべきことが無くなった者のことである。

すると釈尊は、まず阿難に対して、山海慧自在通王如来《さんかいえじざいつうおうにょらい》となり、六十二億の諸仏を供養してのち、阿耨多羅三藐三菩提《あのくたらさんみゃくさんぼだい》を実現する。さらに二十千万億の恒河沙《ごうがしゃ》の諸菩薩らを教化して仏とならしめ、また常立勝幡《じょうりゅうしょうばん》という名の仏国土を完成すると告げる。

この時、初心の菩薩（新発意《しんぼっち》）八千人が、大菩薩さえ授記を得たと聞かないのに、なぜこの声聞らは授記を得るのかと疑問に思う。釈尊はそのことを察知して、実は私と阿難は、遙か過去世の空王仏《くうおうぶつ》のみもとで菩提心《ぼだいしん》を起こしたが、阿難は常に多聞《たもん》を願い、私は常に勤めて精進《しょうじん》したので成仏しえた。阿難は私の正法《しょうぼう》や将来の諸仏の正法の護持を願っている。阿難は声聞のかっこうをしているが、実は心はすべての人の阿耨多羅三藐三菩提の実現にある。故に授記を得たのだと解説する。

これを聞いて、阿難は、釈尊が自分の本願も知っておられると歓び、「われ、今、また疑無くして、仏道に安住するも、方便をもって侍者となりて、諸仏の法を護持せん」と申し上げるのであった。

ついで釈尊は羅睺羅に対し、蹈七宝華如来《とうしっぽうけにょらい》という名の仏になる、十世界の微塵《みじん》に等しい数の諸の仏・如来を供養し、常に諸の仏のために長子となって仏を助け支える修行をしてのち、阿耨多羅三藐三菩提を得るであろうと伝えた。さらにこのことを偈《げ》で説き、「未来世の中において、無量億の仏を見たてまつり、皆、その長子となりて、一心に仏道を求めん」とあり、さらにその羅睺羅の「密行《みつぎょう》」は、私だけが知っていると言っている。

この偈を説いた後、釈尊は学・無学の二千人を見た。二千人の意《こころ》は、「柔軟《やわらか》く、寂然《しずか》に、清浄《きよらか》」で、一心に仏を観ていた。そこで阿難に対し、この二千人も無量の諸仏を供養するなどして、皆、同じ宝相《ほうそう》如来に成ると告げた。すると二千人の声聞は、歓喜・踊躍して、次のように申し上げるのであった。「世尊は慧の灯明なり。われは記を授けらるる音《みこえ》を聞きたてまつりて、心、歓喜に充満すること、甘露を灌《そそ》がるるが如し。」

著語

（原文）
誰在尽（画）楼沽酒処　相邀同
喫趙州茶

（書き下し）
誰《たれ》か画楼沽酒《がろうこしゅ》の処《ところ》に在《あ》る　相邀《あいむか》へて同《おな》じく喫《きっ》せん趙州《じょうしゅう》の茶《ちゃ》

（解説）
誰であれ、いつまでも酔ってばかりいられようか。茶を喫してともに覚めようではないか。

授学無学人記品1

【原文】

空王仏時同発心　或精進或多聞

一声横笛離亭暮　君向瀟湘我向秦

途中善為

【書き下し】

空王仏《くうおうぶつ》の時《とき》　同《おな》じく発心《ほっしん》す　或《あ》るいは精進《しょうじん》し　或《あ》るいは多聞《たもん》す

一声《いっせい》の横笛《おうてき》　離亭《りてい》の暮《くれ》　君《きみ》は瀟《しょう》湘《しょう》に向《むか》ひ　我《われ》は秦《しん》に向《むか》ふ

途中《とちゅうよ》善く為《な》せ

【現代語訳】

はるかはるか過去に空王仏《くうおうぶつ》がいた時、私（釈尊）と阿難《あなん》とは実は同時に発菩提心《ほつぼだいしん》していた。ただその後、私は修行に励み、阿難は多聞《たもん》に生きたのであった。横笛の響きが、暮れ時の別れの時節に奏される。そしてあなたは瀟水・湘水の方に向かい　私は長安に向かったのであった。

（著語）いずれにせよ、道中、十分、気をつけて行かれよ。

【解説】

空王仏とは、はるか過去世の仏である。阿難は、釈尊の従弟にあたる人で、晩年の釈尊（五五～八〇歳）の侍者を務め、多聞第一と言われた。この讃の前半は、経典の次の句に依拠している。

諸の善男子よ、われと阿難とは等しく、空王仏《くうおうぶつ》の所《みもと》において、同時に阿耨多羅三藐三菩提《あのくたらさんみゃくさんぼだい》の心を発《おこ》せり。阿難は常に多聞《たもん》を楽《ねが》い、われは常に勤めて精進《しょうじん》せり。この故に、われは已《すで》に阿耨多羅三藐三菩提を成ずることを得たり。しかるに阿難は、わが法を護持し、また将来の諸仏の法蔵をも護りて、諸の菩薩衆を教化し成就せしめん。その本願は、かくの如し。故にこの記を獲たるなり。

この讃では、釈尊と阿難の二人は、かつて同じ時期に大乗仏教の仏道を歩むべく発菩提心したものの、釈尊は精進の道を行き、阿難は多聞の道あるいは仏法の護持の道すなわち諸の菩薩衆の教化・成熟の道を行くというように、二人は別れ別れになった、ということのみ、淡々と、しかも詩的に表現するにとどまっている。

「離亭」とは、宿を発つことをいう。ただしここに「離亭の暮」とあるのは、明日旅立つ前夜の別れの宴か、悲しい別れの時節を表現するには適切であろう。「瀟湘」とは、瀟川と湘川のことで、洞庭湖《どうていこ》の南にあり、風光明媚の地である。とすれば、瀟川と湘川の方面は、都を離れた地方となろうが、すばらしく美しい地方に行くことでもある。それは、衆生の教化・成熟に努めようという阿難の心映えの美しさを示唆するものであろう。一方、秦とは事実上、首都長安のことを意味することになる。秦に向かうとは、直ちに阿耨多羅三藐三菩提に趣くことを意味しているわけである。

ともあれ、二人の仏道の道程に違いがあったことを、良寛はこのように美しく語るのであった。

授学無学人記品2

【原文】

空王仏時同発心　或多聞或精進
雖然取捨各随意　等閑莫説遅与迅
弄功(巧)為拙

【書き下し】

空王仏《くうおうぶつ》の時《とき》　同《おな》じく発心《ほっしん》す　或《ある》いは多聞《たもん》し　或《ある》いは精進《しょうじん》す
取捨《しゅしゃ》　各《おのおの》　意《い》に随《したが》ふと雖然《いえど》も　等閑《とうかん》に遅《ち》と迅《じん》とを説《と》くこと莫《なか》れ
巧《こう》を弄《ろう》して拙《せつ》と為《な》る

【現代語訳】

はるかはるか過去の空王仏《くうおうぶつ》がいた時、釈尊と阿難《あなん》とは実は同時に発《ほっ》菩提心《ぼだいしん》していた。ただその後、釈尊は修行に励み、阿難は多聞《たもん》に生きたのであった。どちらを取るかはめいめいの意にしたがってのことであるが、ここで単純に釈尊は成仏が早い、すばらしい、阿難は遅い、劣っている、などと評してはならない。

(著語) 急いで仏になろうとして、かえって大乗の仏道の真意を失ってしまった。

【解説】

この讃の前半は、前の讃とまったく同一であり、先に説明したとおりである。

こうして、望むところが異なっていたので、その後の歩みは異なることになった。実際、釈尊はすでに阿耨多羅三藐三菩提《あのくたらさんみゃくさんぼだい》を成就したのであるが、阿難はその釈尊の侍者を務める、いまだ声聞《しょうもん》の者なのであった。はるかはるか過去の空王仏のみもとで、同時期に発菩提心したにもかかわらず、一方は仏と成り、他方はいまだ声聞の修行者であるとなると、釈尊は早く成仏した、阿難はそれに比べて菩薩の修行が遅いままだ、何をしているのだ、ということにならざるをえないであろう。

しかしここで良寛は、深く考えずに、こちらは早い、こちらは遅いなどと言ってはならないという。釈尊は順調に首尾よく成道を果たしてすばらしい、阿難はいまだ声聞にとどまっていて情けない、などと言ってはならないというのである。では、それはどういうわけなのであろうか。

良寛が領解しているそのわけは、次の讃で明らかにされる。ここは、まずは釈尊は偉大だ、阿難は劣っていると単純に見てはならないことだけの指摘にとどまっているが、ここにはいかにも禅的な解釈が現われているであろう。『法華経』についての、ひととおりの解釈をはるかに超えた、良寛「法華讃」の醍醐味である。詳しくは、次の讃にゆずろう。

授学無学人記品3

【原文】

空王仏時早抜本　説甚麼半斤八両

自家不了猶是可　強与佗（他）人作榜様

蕭何売却仮銀城

つちてくかいそへのなみにあふられてひくしほことにとくるとろほう

【書き下し】

空王仏《くうおうぶつ》の時《とき》　早《つと》に本《もと》を抜《ぬ》く　甚麼《なん》の半斤八両《はんきんはちりょう》とか説《と》かん

自家了《じけりょう》せざるは　猶是《なおこ》れ可《か》なり　強《し》いて他人《たにん》の与《ため》に　傍《ぼう》様《よう》を作《な》さんとは

蕭何《しょうか》売却《ばいきゃく》す仮銀城《かぎんじょう》

土木偶《つちでく》が磯辺《いそべ》の波《なみ》にあふられて引《ひ》く潮《しお》ごとに溶《と》くる泥坊《どろぼう》

【現代語訳】

はるかはるか過去の空王仏《くうおうぶつ》がいた時、両者（釈尊も阿難《あなん》も）つとに借りを返してしまっていた。どうして同じ重さを異なって表現する必要があろうか（異なった表現であっても、そもそも同じことなのだ）。そのことを、自分で解っていないだけならまだしも、ことさら輝かしい姿を示して他人のためにお手本となろうとするのは、いかがなものであろうか。

（著語）蕭何は、ないのに銀の城があると言って売り、だましたが、仏に成るというなんてそれと同じだ。

【解説】

釈尊と阿難とは、はるか過去の世において、空王仏のみもとで、すでに借金を返していたという。これは、修行を待つまでもなく、すでに仏となっていた、ということである。すでに仏である者が、この世に姿・形を取って、それぞれの道を歩んでいるにすぎないのが実情なのである。

したがって、釈尊の価値と、阿難の価値とは、何も変わらない。全く同じである。そこを、一方は精進《しょうじん》の道に行った、他方は多聞《たもん》ないし教化の道を行ったと、異なって表現しても、本来、同じ価値なのだから、分けて述べる必要はないのである。逆に言えば、阿難の意義も、釈尊の意義とまったく変わらない、ということである。その根本には、誰もが等しく、本来、仏であるということがある。良寛はそのことを明瞭に洞察していたのである。時に良寛は、天真仏《てんしんぶつ》とも言った。それも、真摯な坐禅修行において開かれた自覚によるものであった。

その自己の真実を自覚できていないとしても、それはまだよいといえよう。しかし、発心《ほっしん》以来、仏道に純一無雑に精進して、その結果早く仏に成れたことを示し、あなたがたも自分と同じように大乗の仏道に精進して早く仏となるように、などというとしたら、そんなことはまったく余計なことだという。経典の釈尊の言葉、「われは常に勤めて精《しょう》進《じん》せり。この故に、われは已《すで》に阿耨多羅三藐三菩提を成ずることを得たり」を、いわばけなしているわけである。大通《だいつう》智勝仏《ちしょうぶつ》ではないが、本来仏なら、なんであらためて仏に成りえようか、ということになる。

このような表現のもとで、良寛は、未来の自己を目標として、それを対象的に追いかける立場では、結局は仏に成りえないことを指摘しているのである。前にも言うように、向かえば乖《そむ》くである。仏になろうとするより、仏でおる方が造作ない、である（盤珪《ばんけい》）。そこを踏み外して、他人に間違った理解をもたらすようなことは、やめてほしいという。『法華経』を読んで、釈尊をくさすようなことを言うことは、法華行者には考えられないことであろう。しかし良寛は自ら法華そのもの、諸法実相《しょほうじっそう》そのものに立つが故に、あらゆる権威からも自由であり、その本質を自在に語りうる。まさに禅家としての面目躍如である。

授学無学人記品4

【原文】

我法従来妙難思　誰開蝦口謾相評

羅睺長子阿難侍　本願力故度衆生

意足不求顔色似　全身相馬九方皐

【書き下し】

我《わ》が法《ほう》は従来《じゅうらい》妙《みょう》にして難思《なんし》なり　誰《たれ》か蝦口《かこう》を開《ひら》いて謾《みだ》りに相評《あいひょう》せん

羅睺《らご》は長子《ちょうし》にして　阿難《あなん》は侍《じ》なり　本願力《ほんがんりき》の故《ゆえ》に衆生《しゅじょう》を度《わた》せり

意足《いた》れば顔色《げんしき》の似《しめ》すを求《もと》めず　全身《ぜんしん》に馬《うま》を相《そう》す九方皐《きゅうほうこう》

【現代語訳】

私の仏法は、もとより妙なるものであって、人の思いもよらぬものである。その仏道を、いったい誰が、ガマがゲロゲロ鳴いて止まないように、みだりに評することができようか。羅睺羅《らごら》は、釈尊の長男として生まれて釈尊を支え、阿難《あなん》は釈尊の晩年二十年間ほど釈尊に随侍して釈尊を助けた。それは、彼らの本願力によって衆生済度に励む道であったのである。それこそが私の仏法なのだ。

（著語）その人に深い願心のあることは、ちょっと見ればすぐわかることだ。

【解説】

「我が法」とは、誰を我としての仏法のことであろうか、あるいはいろいろ議論がありえるかと思われる。しかしここではひとまず、良寛自身が奉じる仏法と押さえておこう。「従来」というのは、ある時節からというより、むしろ本来、もとより、ということであろう。「妙」

というのは甚深《じんじん》微妙《みみょう》の妙である。鈴木大拙《すずきだいせつ》は、この「妙」の語を英語に訳すことは非常にむずかしいことであったと言っている。確かに含蓄の深い言葉である。「難思」というのは、『法華経』の核心・諸法実《しょほうじっ》相《そう》は言語・分別《ふんべつ》を離れているところを示唆しているかもしれないが、ここは後の句との関係から見れば、やはり他人にはなかなかわかりえないものだ、との意であろう。

そういう、表面的な理解ははるかに超える仏道なので、簡単に評することはやめたほうがよいという。ここにカエルが出てくるが、それは思慮もなくただあれこれわめいているあり方を託したものである。

阿難がはるか昔、釈尊と同時に発菩提心《ほつぼだいしん》していたこと等は、すでに見てきた。阿難についてはまた、「方便をもって侍者となりて、諸仏の法を護持せん」ともあった。一方、羅睺羅はどうであったのか。羅睺羅は釈尊の長男として有名である。しかし『法華経』によれば、けっして釈尊の子であるだけでなく、あらゆる諸仏の子となって、仏に仕えるのである。経典は、羅睺羅について次のようにいう。

> 汝は来世において、当に仏と作ることを得べし。蹈七宝華《とうしっぽうけ》如《によ》来《らい》・応供《おうぐ》・正遍知《しょうへんち》・明行足《みょうぎょうそく》・善逝《ぜんぜい》・世間解《せけんげ》・無上士《むじょうし》・調御《じょうご》丈《じょう》夫《ぶ》・天人師《てんにんし》・仏・世尊と号《なづ》け、当に十世界の微塵《みじん》に等しき数の諸《もろもろ》の仏・如来を供養すべし。常に諸の仏のためにすなわち長子と作ること、猶、今の如くならん。この蹈七宝華仏の国土の荘厳と寿命の劫数《こうしゅ》と所化《しょけ》の弟子と正法《しょうぼう》と像法《ぞうぼう》とも、亦、山海慧自在通王《さんかいえじざいつうおう》如来の如くにして、異ること無からん。亦、この仏のためにもすなわち長子と作らん。これを過ぎ已《おわ》りて後《のち》に、当に阿耨多羅三《あのくたらさん》藐三菩提《みゃくさんぼだい》を得べし。

このように、羅睺羅はあらゆる諸仏の長子となって、その仏にお仕えするのである。

良寛からすれば、侍者となったり長子となるのは、その両者の本願の力によってであるという。本願とは、仏道の本初、修行の根本に立てる願であり、両者には自分が仏と成るより、諸仏にお仕えしつつ衆生教化・衆生済度に励みたいとの強い願いがあったということである。果たしてさっさと仏に成るのと、いつまでも衆生教化のために声聞なり菩薩なりにとどまり続けるのと、どちらが本来、仏である身のあるべき生き方なのであろうか。

いうまでもなく、良寛は釈尊よりも阿難と羅睺羅に軍配をあげている。そこが我が法の「妙」たる所以なのである。それは、良寛の法であるとともに、道元《どうげん》の法であり、実は『法華経』の法である、大乗仏教の法である、と良寛は言いたいことであろう。

法師品《ほっしほん》

【品の概要】

釈尊は、薬王菩薩《やくおうぼさつ》に語るという仕方で、八万の菩薩に、どんな者でも、『法華経』の一偈《げ》一句を聞いて、一念でも信解し喜ぶ者には授記《じゅき》するのだと告げる。さらに釈尊は薬王菩薩に対し、『法華経』のたとえわずか一偈でも、受持し、読・誦し、解説し、書写して尊重するなら、その人は実は大菩薩で阿耨多羅三藐三菩提《あのくたらさんみゃくさんぼだい》を成就するも、衆生を哀愍《あいみん》するをもって、願って此《こ》の間《ところ》に生まれ、広く「妙法蓮華経を演《の》べ分別する人なのだ」と説く。またこのような人は、「如来の使にして、如来に遣《つか》わされ、如来の事を行ずるなり」と示されている。

なお、今、見たような、『法華経』の受持・読・誦・解説・書写が、法師の五種の修行である。

釈尊はさらに、『法華経』を読誦する者には最上の供養等を捧げるべきである、なぜなら『法華経』をほんの少しでも聞くなら、すなわち阿耨多羅三藐三菩提を究竟《くきょう》することを得るからであるという。

その後、以上を偈で説いていく。『法華経』を受持する者は、仏の所使《つかい》として、衆生を愍れんでこの悪世に生まれたことが再び強調され、最後には「法華は最も第一なり」とある。

さらに釈尊は、薬王菩薩に対して、この経典は「諸仏の秘要の蔵」であり、みだりに人に授与してはならない、『法華経』を他者のために説く者を護る、その人は如来の手にて頭を撫でられる、等と説く。さらに、経巻を安置した塔を建てて種々、供養すべきである。そうすれば、阿耨多羅三藐三菩提に近づくのだ、とも説く。さらに、在家であれ出家であれ、「この法華経を若しくは見、若しくは聞き、聞き已《おわ》りて信解し、受持せば、当に知るべし、この人は、阿耨多羅三藐三《あのくたらさんみゃくさん》菩提《ぼだい》に近づくことを得たるなり」と重ねて示すのであった。

ここで釈尊は、いわゆる「高原穿鑿《こうげんせんしゃく》の喩え」を説く。ある人が、のどが渇いて仕方なくて、高原を掘っていくが、いつまでも乾いた土ばかりなので、水は簡単には得られないと思う。しかしうまずたゆまず掘っていくと、だんだん湿った土になり、やがて泥になって、必ずや水は近いとわかる。同様に、『法華経』を聞くことがなければ阿耨多羅三藐三菩提は遠いが、この『法華経』を「聞き、解《さと》り、思惟し、修習する」ことを得たなら必ずそれに近づくことが出来ると知るべきだという。なぜかというと、「一切の菩薩の阿耨多羅三藐三菩提《あのくたらさんみゃくさんぼだい》は、皆この経に属すればなり」だからという。また『法華経』は、方便の奥にある真実を明かす経典であり、きわめて幽遠なもので、通達する人は少ない。ただ菩薩を教化し成就せしめんとして、この経典を説くのだとある。

最後に、『法華経』を説く説き方が示される。それは、「如来の室に入り、如来の衣を著《き》、如来の座に坐して」説くべきだという。如来の室とは、大慈悲心である。如来の衣とは、柔和忍辱《にゅうわにんにく》の心である。如来の座とは、一切法空《いっさいほうくう》である。これを「弘教者《ぐきょうしゃ》の三軌《さんき》」という。この品の最後は、「若し法師に親近《しんごん》せば、速やかに菩薩の道を得《え》、この師に随順して学ばば、恒沙の仏を見たてまつることを得ん」と結ばれている。

著語

(原文)
釘双角挿条尾　揚(楊)緑芳草春風裏

(書き下し)
双角《そうかく》を釘《くぎ》づけ条尾《じょうび》を挿《はさ》む　楊緑《ようりょく》芳草《ほうそう》春風《しゅんぷう》の裏《うち》

(解説)
忍辱《にんにく》の心をたもち、大慈悲心をふまえ、空《くう》を体して説法するがよい。柔和な慈悲のうちこそ、最高だ。

法師品1

【原文】

空為座慈為室　等閑披起忍耨(辱)衣
従容吼哮無畏説　栴檀林中獅子児
大野兮凉(涼)颸颯々

【書き下し】

空《くう》を座《ざ》と為《な》し　慈《じ》を室《しつ》と為《な》し　等閑《とうかん》に披起《ひき》す　忍辱《にんにく》の衣《え》
従容《しょうよう》として吼哮《くこう》す　無畏《むい》の説《せつ》　栴檀林《せんだんりん》中《ちゅう》の獅子児《ししじ》なり
大野《おおの》涼《りょう》颸《ひょう》颯々《さつさつ》たり

【現代語訳】

空を座となし、慈悲の心を室となし、おもむろに忍辱《にんにく》の衣を着て、ゆったりとして何物もおそれず説法する。この者こそ釈尊の優れた弟子の中でももっとも優れた者である。

(著語) 広大な野原を、涼しげな風が吹き抜ける。三軌を持《たも》つ人の風光。

【解説】

「法師品《ほっしほん》」には、有名なことであるが、『法華経』を説く時の三つの軌範、「弘教者《ぐきょうしゃ》の三軌《さんき》」が説かれている。次のようである。

薬王よ、若し善男子、善女人ありて、如来の滅後に、四衆《しゅ》のために、この法華経を説かんと欲せば、云何《いか》んが、応に説くべきや。この善男子、善女人は、如来の室に入り、如来の衣を著《き》、如来の座に坐して、しかしてすなわち、応に四衆のために、広くこの経を説くべし。如来の室とは、一切衆生の中の大慈悲心、これなり。如来の衣とは、柔和忍辱《にゅうわにんにく》の心、これなり。如来の座とは、一切法の空、これなり。この中に安住して、然して後に、懈怠《けたい》ならざる心をもって、諸の菩薩及び四衆のために、広くこの法華経を説くべし。

さらにこの重頌《じゅうじゅ》には、「若しこの経を説かん時、人ありて悪口をもって罵《のの》り、刀・杖・瓦・石を加うとも、仏を念ずるが故に応に忍ぶべし」等とも示されている。

この讃の前半は、まさにこの弘教者の三軌のことを述べたものである。如来の衣を「等閑に」身につけるというところには、前のめりになることのない、自然体の姿がうかがわれる。

元来、釈尊の説法を獅子吼《しく》といった。「吼哮す」は、そのことを引いている。仏には他にはありえない独自の功徳として四無畏《しむい》がある。この四無畏は、何物も恐れることなく説法できる能力をいう。したがって、ここの「無畏の説」とは、「無畏」ということを説く、ということではなく、「無畏」のうちに説く説法ということであろう。ただし、あるいは観世音《かんぜおん》菩薩の「施無畏《せむい》」のことと関係しているのかもしれない。「従容として」は、そのおのずからのありさまを物語っている。

栴檀《せんだん》は、香り高い木である。その林は、釈尊の弟子たちの修行共同体（サンガ）を意味する。といっても、ここで声聞《しょうもん》の集まりを意味しているわけではないこと、言うまでもない。この栴檀林は、菩薩を含めて、仏道の学人たちのすべて、ということになろう。獅子児の児は、子どもという意味ではなく、その者の意味である。獅子児とは、要はもっとも優れた者ということである。

こうして、一切法空をふまえ、一切衆生に対し大慈悲心をもって、さらには柔和・忍辱の心でもって、まさに『法華経』を、絶大の自信をもって堂々と説くならば、その者は釈尊のお弟子さんである仏道の学人の中でも、もっとも優れた者と言えるという。なお、『証道歌《しょうどうか》』には、「栴檀林に雑樹なし、鬱密深沈《うつみつしんじん》として獅子のみ住す」とある。したがって、「栴檀林中の獅子児」とは、獅子の中の獅子ということになる。

法師品2

【原文】

荊棘室蒺藜座　拖泥滞水以為衣

半口纔出野干鳴　無端堕落一双眉

長天兮疎雨濛々

【書き下し】

荊棘《けいきょく》の室《しつ》　蒺藜《しつれい》の座《ざ》　拖泥滞水《だでいたいすい》　以《もっ》て衣《え》と為《な》す

半口《はんく》　纔《わず》かに出《い》だすや野干鳴《やかんみょう》　端無《はしな》く堕落《だらく》す　一双《いちそう》の眉《び》

長天《ちょうてん》疎雨濛々《そうもうもう》たり

【現代語訳】

大菩薩らは、いばらの茂みを室となし、とげのある実をつけるまびしの中を座となし、泥水にまみれるを衣となして、『法華経』を説くが、狐の鳴き声にも似た説法で、ほんの少しでも言葉を出せば、とたんに眉毛が落ちてしまうのであった。

（著語）世界中、雨がしとしとふりっぱなし。難儀なことだ。

【解説】

前の弘教者《ぐきょうしゃ》の三軌《さんき》をそのまま守っての説法と異なって、いばらを室とし、まびしを座とし、泥水を衣とするという。はたして、空《くう》の智慧、慈悲の心や忍辱《にんにく》の覚悟があるのかどうか、その心はよく知られない。しかしながら、後半の句と合わせて考える時、これらの室・座・衣の背景には、困難な状況をも厭わない、切々たる大慈悲心が横たわっていることは十分推察できるところである。

それにしても、なぜ良寛はこのような三つのあり方を提示したのであろうか。経典には、たとえば「……当に知るべし、この人は、これ大菩薩《ぼさつ》にして、阿耨多羅三藐三菩提《あのくたらさんみゃくさんぼだい》を成就するも、衆生を哀愍《あいみん》するをもって、願って、此の間《ところ》に生れ、広く妙法華経を演《の》べ分別するなり。何《いか》に況や、尽くして能く受持し、種種に供養する者をや。薬王よ、当に知るべし、この人は自ら清浄なる業《ごう》の報を捨てて、わが滅度の後において、衆生を愍《あわれ》むが故に、悪世に生れて、広く、この経を演ぶるなり」とある。おそらく、前半の句は、わざわざこの悪世に生まれて、それでも『法華経』を説こうとする大菩薩の状況を描いたものであろう。

その説法は、かならずしも獅子吼でなく、野干鳴と見たのは、『法華経』を聞こうともしない聴衆の相手に応じての説法をせざるをえないからであろう。古来、菩薩は善巧方便《ぜんぎょうほうべん》と言って、方便に巧みである。相手に受け取ってもらうための方術を尽すのが菩薩である。故にその方便こそ重要といえるであろう。

真実は、唯仏与仏乃能究尽《ゆいぶつよぶつないのうぐうじん》の諸法実相《しょほうじっそう》そのものであって、それは本来、言語・分別の届くものではありえない。故に禅ではしばしば「不《ふ》立文字《りゅうもんじ》、教外別伝《きょうげべつでん》」という。本来、けっして説けないところを説いたならば、眉毛が落ちてしまう、との言い伝えが禅宗にはある。しかし何とか真実のありかを示そうとして、眉毛相《あい》惜しまず説示するのが禅者である。この讃の結句は、双方の眉毛が落ちてしまった、とあるが、それは、眉毛相《あい》惜しまず説いたということ、やむにやまれぬ慈悲心がそこにあることを物語っている。

実は、拖泥帯水も、言葉で表しえないものを語ってしまったときに用いる語である。『碧巌録《へきがんろく》』第二則「趙州至道無難」の「垂示」に、「箇の仏の字を道えば、拖泥帯水」とある。『禅林句集《ぜんりんくしゅう》』には、「泥まみれ水にしたる義。余りにも丁寧すぎて見苦しい」とある。

いずれにせよ、この讃は、「この人は自ら清浄なる業《ごう》の報を捨てて、わが滅度の後において、衆生を愍《あわれ》むが故に、悪世に生れて、広く、この経を演ぶるなり」を描いたものであろう。

法師品3

【原文】

栴檀林下獅子吼　荊棘叢裏野干鳴

且道那箇堪作師　両彩一賽金玉声

更有一人為什麼不露顔

西天　肯

【書き下し】

栴檀林下《せんだんりんげ》の獅子吼《ししく》と　荊棘叢裏《けいきょくそうり》の野干鳴《やかんみょう》と

且《しばら》く道《い》へ　那箇《なこ》か師《し》と作《な》すに堪《た》へたる　両彩一賽《りょうさいいっさい》　金玉《こんぎょく》の声《こえ》

更《さら》に一人有《いちにんあ》り　什麼《なんす》為れぞ顔《かお》を露《あらわ》さざる

【現代語訳】

栴檀林の中の獅子吼の説法と、荊棘の茂みの中の野干鳴の説法と、いったいどちらが師とするにふさわしい者か、言ってみよ。私に言わせれば、一つのサイコロの異なる目のようなもので、どちらもすばらしい声（説法）にほかならない。

（著語）如来の使いは、相手に応じて現れて、如来そのものは自分を明かさないのだな。

【解説】

獅子吼《しく》と野干鳴《やかんみょう》とを比べたら、当然、獅子吼は立派で、野干鳴はそれに比べたらどうも心もとないと見られよう。獅子吼は仏とも変わらない優れた者の何ものも恐れない説法、野干鳴は菩薩による、相手に応じてかみ砕いて説く方便の説法と見ることが出来る。一般に、真実と方便とを対比すれば、真実が上、方便が下と考えられていよう。

しかし野干鳴の主体は、本来仏となるべき身が、あえて衆生救済のために、如来滅後の悪世に生まれて、苦労を厭わず活動している者である。経典には、「若しまた人ありて、法華経の、乃至一偈を受持し、読・誦し、解説し、書写して、この経巻を敬《うやま》い視ること仏の如くにして、……乃至、合掌し恭敬せば、薬王よ、当に知るべし、この諸人等《もろびとら》は、已《すで》に曽《むかし》、十万億の仏を供養し、諸の仏の所《みもと》において、大願を成就せるも、衆生を愍むが故に、この人間に生れたるなり」とある。この者は、大菩薩でもあるのである。

参考までに、さらに次の句もある。

若しこの善男子、善女人にして、わが滅後の後に能く竊《ひそか》に、一人のためにも、法華経の、乃至、一句を説かば、当に知るべし、この人は則ち如来の使にして、如来に遣《つかわ》され、如来の事を行ずるなり。何《いか》に況んや、大衆の中において、広く人のために説かんをや。

ここに、「如来使」の言葉も出てくるのである。

なお、同じく経典に、「この経は、方便の門を開きて、真実の相を示すなり。この法華経の蔵《くら》は、深《はなはだ》固くして幽遠《おくふか》ければ、人の能く到るものなし。今、仏は菩薩を教化し成就せしめんとして、ために開示したもうなり」ともある。方便即真実・真実即方便というべきか。

さて、仏と、仏から菩薩に下った者と、どちらを師とすべきであろうか。良寛は「両彩一賽」であって、ともに金玉の声だという。賽とは、さいころのことで、両彩は、その二つの目のことと思われる。一つのサイコロの二つの目、異なっていても一つのものに属するもの、の意かと思われるが、『禅林句集《ぜんりんくしゅう》』はこの語について「二つの骰子（サイコロ）を投げて目の斉しいこと」と言っている。いずれにしても、双方ともにすばらしい金玉の説法なのであって、差異があるわけではないとのことであろう。ただし、推察するに、良寛は、野干鳴の説法の方を、より高く評価しようとしていたのではなかろうか。これまでのいくつもの讃からは、そう思われずにはいられないのである。

見《けん》宝《ほう》塔《とう》品《ほん》

【品の概要】

この品の冒頭には、「その時、仏の前《みまえ》に、七宝《ぽう》の塔あり、高さ五百由旬《ゆじゅん》、縦広《たてよこ》二百五十由旬にして、地より涌出《ゆじゅつ》し、空中に住在せり。種種の宝物をもって之を荘校《かざ》り、……」とある。実に豪壮な宝塔が出現し、神々や人・非人等の千万億の衆も一切の華・香や伎楽をもってこの宝塔を供養し、恭敬し、尊重し、讃歎する。中から、釈尊の『法華経』の説法を讃嘆する声がするのであった。

釈尊の説法の会座《えざ》にいた大衆の心中を思って、大楽説《だいぎょうせつ》という名の菩薩がこの宝塔出現の因縁（わけ）を質問する。これに対し釈尊は、この宝塔の中には、多宝仏《たほうぶつ》の全身がある。多宝仏は、自分が滅度したのち、十方の国土で『法華経』を説く者がいれば、自分の塔廟をその前に涌出させて、その説法の真実なることを証明し、ほめたたえようとの誓願をたてて修行し、成道《じょうどう》した。今、私の前に現れたのも、そういうわけだからである、と説明した。

すると大楽説菩薩は、その仏身を見たいと申し出る。そこで釈尊は、白毫《びゃくごう》より光を放って、十方世界の測り知れない数の仏国土の諸仏（実は釈尊の分身）を現し出し、また十方の諸仏はひとりの大菩薩を侍者として、ここ娑婆《しゃば》世界にやってきて、数ある壮麗な宝樹の下の師子《しし》座《ざ》に結跏趺坐《けっかふざ》する。それが三千大千世界では納まりきれず、結局、他に多くの世界を現出してすべての分身を集めたのであった。この分身の諸仏は、ことごとく、かの宝塔を開く（つまり多宝仏の全身を拝す）ことを希望する。そこで、釈尊は座より起《た》って虚空《こくう》に住し、宝塔の戸を開く。すると一切の人々は、多宝如来がその中で、「師子の座に坐し、全身は散ぜずして禅定《ぜんじょう》に入れるが如くなる」を見、また『法華経』の説法を讃嘆する声を聞くのであった。

さらに多宝仏は、宝塔の中において半座を分かち、釈尊に与えてこの座に就くよう語りかける。釈尊は即時に宝塔の中に入り、その半座に結跏趺坐する。こうして人々は、二の如来が宝塔の中で結跏趺坐するのを見た。ただし遠くてよく見えないので、虚空に置いてくださるよう要請し、釈尊は神通力《じんずうりき》により人々を虚空に置く。そのとき、「誰か能くこの娑婆国土において、広く妙法華経を説かん。今、正しくこれ時なり。如来は久しからずして、当に涅槃に入るべし。仏は、この妙法華経をもって付嘱《ふしょく》して、在《とどま》ることあらしめんと欲するなり」と告げるのであった。

このあと、やはり偈《げ》でもって上述のことを重ねて説いている。「諸の大衆に告ぐ、わが滅度の後に、誰か能く、この経を護持し読誦するや。今、仏の前《みまえ》において、自ら誓《ちかい》の言《ことば》を説け」というような句も見られる。またこの経を「若し能く持《たも》つこと有らば、則ち仏身を持つなり」ともある。最後にはもう一度、釈尊滅後の弘通《ぐずう》の誓いの言葉を説けとあり、「この経は持《たも》つこと難し、若し暫らくも持《たも》つ者あらば、われ、即ち歓喜せん、諸仏も亦、然《し》かならん。かくの如き人は、諸仏の歎《ほ》めたもう所なり。これ則ち勇猛《ゆみょう》なり、これ則ち精進《しょうじん》なり。これ戒を持ち、頭陀《ずだ》を行ずる者と名づく。則ち為《こ》れ、疾《と》く、無上の仏道を得たるなり」等と述べられるのである。

著語

（原文）
東家人死西家助哀
（書き下し）
東家《とうけ》の人死《ひとし》して西家《せいけ》哀《あわれ》みを助《たす》く
（解説）
釈尊のおかくれの後は、『法華経』を弘通し、この世にとどめることを誓いましょう。

見宝塔品1

【原文】

十方化仏聚会時　宝樹荘厳列殊妙
人天被《波》暫移他土　至今斫額新羅鷂

蒼天蒼天

【書き下し】

十方《じっぽう》の化仏聚会《けぶつじゅえ》の時《とき》　宝樹荘厳《ほうじゅしょうごん》し殊妙《しゅみょう》を列《つら》ぬ
人天《にんでん》暫《しばら》く他土《たど》に移《うつ》され　今《いま》に至《いた》って斫額《しゃくがく》す　新羅《しんら》の鷂《よう》

蒼天《そうてん》　蒼天《そうてん》

【現代語訳】

多宝仏《たほうぶつ》の全身を拝するために、釈尊の分身を集めた時、宝石で出来た樹が立ち並ぶなど、娑婆《しゃば》世界はすばらしい浄土に変貌した。この時、釈尊は説法の会座《えざ》にいた人々のみここに残して、他の娑婆世界の天・人等を他の国土に移してしまうのであった。その者たちは今に至って、鳥ははるか遠くに過ぎ去ってしまった（手遅れだ）と、呆然と眺めるのみであった。

（著語）大変だ、大変だ。失敗だった。

【解説】

釈尊のみ前に、七宝の大塔が出現し、『法華経』の説法の真実なることを証明する。それは、多宝如来の大誓願によってのことである。これに対し、釈尊のまわりの大衆は、その多宝如来の仏身を見たいという。多宝如来は、仏身を示すに、釈尊の十方世界の分身の諸仏を集めたなら、その後に自分の仏身を示すという。そこで釈尊は現に十方世界で説法している分身を集めることになるが、このとき、「時に、娑婆世界は、則ち変じて清浄となり、瑠璃を地となし、宝樹にて荘厳し、……」というように、浄土に変じるのである。

さらにこの時、「唯、此の会《え》の衆のみを留めて、諸の天・人を移して他土に置けり」という。こうすると、各地の諸仏が、一人の大菩薩を侍者となし、娑婆世界に来る。こうして、その十方諸仏の来るに足るだけの広大な地域を浄土のようにしたのであった。

そして、釈尊の分身の諸仏の悉く集まった時に、宝塔の扉を開いて、禅定に入った多宝如来の姿を見せ、さらには釈尊自身、そのかたわら、半座に結跏趺坐《けっかふざ》したのであった。

この讃の初句より第三句までは、経典が説く以上の情景の中、「唯、此の会《え》の衆のみを留めて、諸の天・人を移して他土に置けり」までを忠実に描いたものである。問題は、結句の意味であろう。

鷂《よう》は、鷹、隼、はしたか、のことで、要はきわめて早く飛ぶ鳥のことである。『碧巌録《へきがんろく》』第一則、「武帝問達磨」の頌《じゅ》の評唱《ひょうしょう》に、「鷂子過新羅」の語が出る。この同じ語に対し、『禅林句集《ぜんりんくしゅう》』は出典に『雲門《うんもん》広録《こうろく》』をあげ、「もう遅い。鷂は遠くに行っちまった」と説明している。もはや遠い彼方に飛び去って行ってしまった、遅すぎる、というのが「新羅鷂」である。

その前、「斫額す」の意は、額に手をかざしてはるか彼方を望む様子のこと。釈尊の在世時、その会座に連なることがなかった者たち、つまり仏道を志さなかった者たちは、他土に移されてしまい、千載一遇の多宝如来の仏身を拝する機会を失ってしまった。他土に移されたことから、実はそういう機会があったことも知ったのである。そこで、多宝如来の大塔が浮かぶ遠い空を望んだとしても、それは遅八刻《ちはっこく》だ、というのであろう。言い換えれば、だから早く仏道に発心すべきであるぞ、ということである。

見宝塔品2

【原文】

無中有路出塵埃　同道唱和幾箇知

宝塔涌出千由旬　周帀欄楯有光輝

尽地変作一仏土　遼空仰見二如来

汝等諸人能信受　欲付法華今其時

竿頭糸線任君弄　不犯清波意自殊

【書き下し】

無中《むちゅう》路《みち》有《あ》り　塵埃《じんあい》を出《い》づ　同道《どうどう》唱和《しょうわ》するも幾箇《いくこ》か知《し》る

宝塔《ほうとう》涌出《ゆじゅつ》す　千由旬《せんゆじゅん》　周帀《しゅうそう》せる欄楯《らんじゅん》に光輝《こうき》有《あ》り

尽地《じんち》変《へん》じて一仏土《いちぶつど》と作《な》り　遼空《りょうくう》仰《あお》ぎ見《み》る二《に》の如来《にょらい》

汝等《なんじら》諸人《しょにん》　能《よ》く信受《しんじゅ》せよ　法華《ほっけ》を付《ふ》さんと欲《ほっ》す　今《いま》其《そ》の時《とき》なり

竿頭《かんとう》の糸線《しせん》君《きみ》が弄《ろう》するに任《まか》す　清波《せいは》を犯《おか》さざるの意《い》自《おのず》から殊《しゅ》なり

【現代語訳】

無《む》一物《いちもつ》の中に道があり、それは世俗の塵埃を超出している。これを釈尊も多宝如来も同じく讃えているのだが、このことを何人が知っていようか。空中に宝塔が湧き出たが、その大きさは四方をあわせて一千由旬《ゆじゅん》であり、まわりにめぐらされた欄楯はさまざまな宝物で飾られ、光輝いていた。この娑婆《しゃば》世界の国土はすべて浄土の仏国土になり、虚《こ》空《くう》には釈尊と多宝如来とが結跏趺坐《けっかふざ》されて、地上の人々はこの二人の如来をはるかかなたの空に仰ぎ見た。皆さん、よく信受しなさい。今、まさに『法華経』が付嘱《ふしょく》されたのです。

（著語）深く釣り糸を垂れて、静かに『法華経』を付嘱すべき大物をねらっているようだ。

【解説】

「無中路有り　塵埃を出づ」とは、言語・分別《ふんべつ》を超越した世界に真実の自己すなわち諸法の実相《じっそう》があり、それは無明《むみょう》・煩悩の関わらない世界である、ということか。それが『法華経』の説く核心なのであり、多宝如来も釈尊も同じくそれを唱えているのであるが、そのことをいったい何人が知っていようか、と良寛はまず問題提起している。参考までに、『洞山五位《とうさんごい》』の「正中来《しょうちゅうらい》」に、「無中有路出塵埃」の句が見える。

空中に涌出した宝塔について、経典はこの品冒頭に、「その時、仏の前《みまえ》に、七宝の塔《ぼう》あり、高さ五百由旬《ゆじゅん》、縦広《たてよこ》二百五十由旬にして、地より涌出《ゆじゅつ》し、空中に住在せり。種種の宝物をもって之を荘校《かざ》り、五千の欄楯《てすり》ありて、龕室《へや》は千万なり。……」と述べている。ゆえに、この讃の千由旬とは、縦横二百五十由旬の四辺を合わせて言ったものであろう。種種の宝物で飾られているので、「欄楯に光輝有」ることになる。

釈尊が十方の分身を集める時に、娑婆世界が変じて浄土となったことは、前に記した。二の如来の、空中の大塔内にいるのを見ることについても、すでに多少、述べた。空中の宝塔の扉を開くべく、釈尊も虚空《こくう》に住する。そして扉が開くと、多宝如来の禅定に入れるが如くなるを見、さらに多宝仏は、宝塔の中において半座を開けて、「釈迦牟尼仏よ、この座に就きたもうべし」と呼びかける。こうして、二の如来が空中の七宝の大塔の中に結跏趺坐するのを、大衆は仰ぎ見るのであった。

このとき、大衆もまた、釈尊の神通力《じんずうりき》をもって、空中に置かれるのであった。そして、大音声《だいおんじょう》をもって、「誰か能くこの娑婆国土において、広く妙法華経を説かん。今、正しくこれ時なり。如来は久しからずして、当に涅槃に入るべし。仏は、この妙法華経をもって付嘱《ふしょく》して、在《とどま》ることあらしめんと欲するなり」と告げるのである。重頌《じゅうじゅ》にも、「諸の大衆に告ぐ、我が滅度の後に、誰か能く、この経を護持し読誦するや。今、仏の前《みまえ》において、自ら誓《ちかい》の言《ことば》を説け……」とある。この讃の最後の、「汝等諸人　能く信受せよ　法華を付さんと欲す　今其の時なり」とは、今の告知を受けたものである。

したがってこの讃は、経典の大体を描いたものと見ることが出来る。ただし、広めるべき『法華経』について、まず最初に、「無中路有り　塵埃を出づ」と示したところは、良寛の禅者としての見識そのものにほかならないであろう。

提婆達多品《だいばだったほん》

【品の概要】

説法の会座《えざ》は虚空《こくう》中であり、ここで釈尊は過去世より、常に国王になるも、願を起こし、無上菩提を求めて心が退転することはなかった等と語る。国王であっても、自分のために大乗の教えを説いて下さる方には、終身、供給《くきゅう》し、走使《はしりつかい》するとも広く伝えるのであった。あるとき、『妙法蓮華経』という大乗経典を持っているという仙人がやってくる。そこで王は「歓喜《かんぎ》し、踊躍《ゆやく》し、即ち仙人に随って、須《もと》むる所を供給《くきゅう》して、菓《このみ》を採り、水を汲み、薪《たきぎ》を拾い、食《じき》を設け、乃至、身をもって牀座《じょうざ》となせしに、身心は倦《ものうき》ことなかりしなり」となった。のち、王は自分、仙人は提婆達多《だいばだった》であると明かし、釈尊はこの提婆達多は無量劫《こう》を過ぎて、天王如来《てんのうにょらい》という名の仏になると告げるのであった。

その後、多宝仏《たほうぶつ》に従う智積《ちしゃく》菩薩が、二尊のもとにやってきて、多宝仏に自分の国土に帰ろうと思うと申し上げる。釈尊はこの智積菩薩に、文殊《もんじゅ》菩薩と会ってから帰るようにいう。すると文殊菩薩が大海の沙竭羅《しゃから》龍宮《りゅうぐう》より現れ、智積菩薩とあいさつをかわす。智積は、文殊に対し、龍宮ではどのくらいの人々を教化したのかと問い、文殊は無量の人々であると明かす。文殊は、「われは海中において、唯、常に妙法華経のみを宣説せり」と言っている。

智積は、『法華経』の教えを修行すれば、速やかに仏となりうるのかと聞く。これに対し文殊は、沙竭羅龍王の八歳の童女が、きわめて優れており、「刹那《せつな》の頃《あいだ》に、菩提心を発《おこ》して、不退転を得たり。弁才《べんざい》は無礙《むげ》にして、衆生を慈念すること、猶、赤子《しゃくし》の如し。功徳を具足して、心に念じ、口に演ぶることは、微妙・広大にして慈悲・仁譲《なさけ》あり。志意《こころね》は和雅《わげ》にして、能く菩提に至れり」と、速やかに成仏したことを説く。智積は、信じられないと言うと、その龍女が釈尊の前に忽然として現れ、文殊の説く『法華経』を聞いて菩提を成ずることは、釈尊のみが証知される等と、釈尊を讃える偈《げ》を語る。

これに対し、舎利弗《しゃりほつ》が出てきて、女人には五障があるので、龍女が速やかに成仏することは信じられないという。このとき、龍女は、釈尊にすばらしい珠を渡し、この珠の授受よりも私の成仏は速いので見ておくようにと言う。このとき皆、「龍女の、忽然《こつねん》の間に変じて男子《なんし》と成り、菩薩の行を具して、すなわち、南方の無垢《むく》世界に往き、宝蓮華に坐して、等正覚を成じ、三十二相・八十種好ありて、普《あまね》く十方の一切衆生のために、妙法を演説するを見」たのであった。

こうして、龍の童女が成仏して説法する姿を、娑婆世界の人々は大いに歓喜し、みな遙かに敬礼した。無垢世界でその仏の説法を聞いた無量の衆生は、授記《じゅき》を受けるに至った。娑婆世界の三千の人々も、不退の位に住し、さらに三千の人々が発菩提心《ほつぼだいしん》して授記を受けることができた。この光景を目の当たりにして、「智積菩薩と及び舎利弗と一切の衆会《しゅえ》とは、黙然《もくねん》として信受せり」とある。

著語

(原文)

有条攀条無条攀例

(書き下し)

条有《じょうあ》れば条《じょう》に攀《よ》り　条無《じょうな》ければ例《れい》に攀《よ》る

(解説)

条文の明記があればそれによるが、条項がないなら実例によるべし。八歳の童女が即座に成仏したことは、疑いようもない事実である。

提婆達多品1

【原文】

捐捨国位委太子　撃鼓四方求其人
丈夫志気古如是　我兮何人謾逡巡
千歳下起清風

【書き下し】

国位《こくい》を捐捨《えんしゃ》して太子《たいし》に委《まか》せ　鼓《く》を撃《う》って四方《しほう》に其《そ》の人《ひと》を求《もと》む
丈夫《じょうぶ》の志気《しいき》　古《いにしえ》より是《か》くの如《ごと》し　我何人《われなんぴと》ぞ　謾《みだ》りに逡《しゅん》巡《じゅん》せんや
千歳《せんざい》の下《もと》清風《せいふう》起《た》つ

【現代語訳】

王位は長男にまかせて国を捨て、太鼓を打ちながら天下に大乗仏教を教えてくださる師を求めて歩いた。古来、丈夫の志気はこのようだったのだ。私もその人と同じ人間、どうしていたずらに逡巡していられようか。

(著語)法のために国王の位を捨てて道を求めたさわやかさは、今に伝わっている。

【解説】

「提婆達多品《だいばだったほん》」の冒頭は、次のように始まる。

その時、仏は、諸《もろもろ》の菩薩《ぼさつ》と及び天《てん》・人《にん》と四衆《しゅ》とに告げたもう。吾《わ》れ過去、無量劫の中において、法華経を求めしに、懈倦《ものうき》ことあることなかりしなり。多劫《たこう》の中において、常に国王となりて、願を発《おこ》して、無上菩提《むじょうぼだい》を求めしに、心、退転せず。六波羅蜜《はらみつ》を満足せんと欲するがために、布施《ふせ》を勤行《ごんぎょう》せしに、心に象馬《ぞうめ》・七珍・国城・妻子・奴婢《ぬび》・僕従・頭目《ずもく》・髄脳・身肉・手足を悋惜《りんじゃく》することなく、軀命《くみょう》をも惜《お》しまざりしなり。時に世の人民《にんみん》の寿命は無量なり。法のための故に、国位を捐捨《す》て、政《まつりごと》を太子に委《まか》せ、鼓を撃って四方に宣令《せんりょう》して、法を求めたり、「誰か能く、わがために大乗を説かんものなる。吾《わ》れは当に身を終るまで、供給《くきゅう》し走使《はしりつかい》すべし」と。

この讃の前半は、明らかに今の箇所をまとめたものである。

後半は、「我何人ぞ」とあることから、良寛が自分に対して問うたもののように見えるが、良寛はすでに十数年の参禅修行により印可《いんか》を受けていたのであり、その後の行脚《あんぎゃ》におけるさらなる悟後の修行や聖胎長養《しょうたいちょうよう》（悟った境地を長い時間をかけて円熟させること）も果たしていたので、自分だけに言ったものとは解しにくい。むしろ同時代の禅院の修行者らを中心として、広く人々に呼びかけたものであろう。その場合は、「我何人ぞ」の語は、それらの人々に「自分も同じ人間ではないか」と思い直して勇んで法を求めてほしい、と伝えるものと理解すべきであろう。

あるいは、良寛が自分自身に言い聞かせていることをもって、他者にも奮起を促したとみることもよいであろう。

重要なことは、国を捨て王位すらも捨てて、大乗の仏道を歩もうという覚悟である。家族や人間関係も捨てて、すべてをなげうって、ひたすら仏法を求める覚悟である。古来、大丈夫の志気は、そのようなものなのであった。

唯識《ゆいしき》思想の重要な論書の一つである『摂大乗論《しょうだいじょうろん》』には、仏道修行の初心に退屈の心が起きるのを対治するため、三種の錬磨心ということが説かれている。その一つは、かつてあの人も修行して仏に成った、自分も同じ人間だ、どうして修行をまっとうできないことがあろうか、と思い直して、修行に邁進するというものである。ここにある良寛のお諭しも、それに等しいものである。

提婆達多品2

【原文】

昔日阿私今提婆　一回拈起一回新
天王十号縦有敕(勅)　佗(他)是奈利苦聚人

生薑不改辛

【書き下し】

昔日《せきじつ》の阿私《あし》　今《いま》の提婆《だいば》　一回拈起《いっかいねんき》すれば一回新《いっかいあら》たなり
天王《てんのう》の十号《じゅうごう》縦《たと》い勅《ちょく》有《あ》るも　他《かれ》は是《こ》れ奈利苦聚《なりくじゅ》の人《ひと》

生薑《しょうきょう》辛《から》きを改《あらた》めず

【現代語訳】

かつての阿私仙《あしせん》は、いまの提婆《だいば》である。一回、採り上げれば、そのたびに新たな面目がある。提婆は天王仏《てんのうぶつ》になるとの釈尊の授記《じゅき》があったとしても、彼はやはり地獄の苦しみばかりの中にいる人なのだ。

（著語）悪人は悪人、変わりようはない。やはり地獄に生きるのだ。

（この品に出る提婆はむしろ善人のようだが）

【解説】

前の讃の解説で最初に引用したように、釈尊は過去、無量劫《こう》において『法華経』を求め、常に国王となるもついに王位を捨ててしまい、大乗を説いて下さる者に対しては、生涯、「供給し走使す」ると言って、ついに阿私仙に出会うのであった。以来、この阿私仙に仕えることによって、やがて成仏を果たす。そのときの王は釈尊であり、「時の仙人とは、今の提婆達多《だいばだった》これなり」と明かされる。最初の句は、そこを述べたものである。

次の「一回拈起すれば一回新たなり」は、よく意味が取れないが、そのつどそのつど新しい、というようなことで、昔は大乗仏教を指導する者であったが、今は悪人提婆となっている、ということであろうか。

釈尊は阿私仙すなわち提婆にお仕えし、提婆は、釈尊に『法華経』を説くなどしたことによって、次のように授記を受ける。「提婆達多は、却後《そののち》、無量劫を過ぎて、当に仏と成ることを得べし。号《な》をば天王《てんのう》如来《にょらい》・応供《おうぐ》・正遍知《しょうへんち》・明行足《みょうぎょうそく》・善逝《ぜんぜい》・世間解《げ》・無上士《じ》・調御《じょうご》丈《じょう》夫《ぶ》・天人師《てんにんし》・仏《ぶつ》・世尊《せそん》と曰《い》い、世界をば、天道《てんどう》と名づけん。」第三句「天王の十号縦い勅有るも」とは、このことを指す。十号とは、仏の十の尊称のことである。確かに釈尊は、提婆に天王如来になると、成仏することを宣言している。しかし一般に、提婆は釈尊を害そうとした極悪人として語り継がれている人である。『法華経』はこの提婆さえ成仏すると説くわけで、これが有名な悪人成仏の説である。もっとも、ここに出て来る提婆すなわち阿私仙は、まったく悪人のかけらもなく、善人そのものである。一方、今の提婆の様子は、全然ふれられてなく、悪人なのかどうかは知られない。むしろすなおに授記が与えられているのであるから、悪人の要素はない者としか思えない。

問題は第四句、「他は是れ奈利苦聚の人」である。「奈利」とはサンスクリット niraya《ニラヤ》 の音写で、地獄のことである。いったい良寛は、何を意味して提婆は地獄の苦しみの中にいる人と言ったのであろうか。こう言うことによって、提婆はやはり悪人なのであり、ゆえにまさに悪人成仏が言える、という意図によるものであろうか。

あるいは、提婆は実は自ら地獄に趣く慈悲の者であり、かつて国王がその者に出会えたのも、願って悪趣に生まれる提婆のお蔭だと言いたかったのであろうか。

余談ながら、世界の禅者・鈴木大拙《だいせつ》には、次の言葉がある。

「趙州《じょうしゅう》従諗《じゅうしん》はまた唐代の禅者であるが、その人に左の如き問答がある。崔郎中という高官の人が尋ねた、「あなたのような大善知識で地獄へ堕ちるようなことがありましょうか」。「それはある、自分はまっさきに這入る」と、趙州は答えた。「どうしてそういうことがありましょうか」。「自分が這入らなかったら、あなたにお目にかかるわけには行かないのだ」。またある時老婆が尋ねた、「女人は五障の身だと申しますが、それはどうして免れられましょうか」。「誰もかれも皆極楽へ行ってくれ、わしだけはいつまでも苦海にいたいものです」。これが趙州の答えであった。禅者の大悲心にはまた独特の風調があるといってよいと思います。」(『仏教の大意』結びの文)

提婆達多品3

【原文】

曽以阿難伝消息　去々来々無了期

当時若有飜身勢　令両老無地挿嘴

賊過後張弓

【書き下し】

曾《かつ》て阿難《あなん》を以《もっ》て消息《しょうそこ》を伝《つた》ふ　去々来々《きょきょらいらい》　了期《りょうご》無《な》し
当時《とうじ》若《も》し翻身《ほんしん》の勢《いきおい》有《あ》りせば　両老《りょうろう》をして嘴《くちばし》を挿《はさ》む地《ち》無《な》からしめしものを

賊《ぞく》過《す》ぎて後弓《のちゆみ》を張《は》る

【現代語訳】

かつて、阿難《あなん》によって、その消息（釈尊の法を護持し、諸仏の法を護り、諸の菩薩を教化すること）を伝えた。以来、その活動は生死《しょうじ》を超えて、終わることがない。当時、もし悟りを得ていたならば、両老（智積《ちしゃく》と舎利弗《しゃりほつ》）に、あれこれくちばしをはさませることはしなかったのに。

（著語）成仏したのを見てのち、文句を言っても仕方ない。あとの祭り。

【解説】

この讃は、女人成仏を明かす段を主題にしている。それは、文殊《もんじゅ》菩薩が、八歳の女が速やかに菩提《ぼだい》を成就したことを披露することから始まる。これに対し、智積菩薩は、釈尊だって無量劫《こう》において修行して、その上で成仏したのに、そんなことはあるものか、と言い、舎利弗も同じことを言い、さらに五障《ごしょう》がある女人にそのようなことが可能か、と言う。これが、「両老」の「嘴」であり、このとき、もし悟りを得ていれば、そんなことはさせなかった、というのが、後半の句である。

ではいったい、その嘴をはさませなかったという者は、誰のことなのであろうか。その問答の様子を見ていた周りの人のことか、むしろ良寛自身のことか。

誰にせよ、明らかな眼があれば、女人が成仏しえないことはありえないことが自明であることを、こうした形ではっきり述べている。ただしその理由は単純ではない。女人も成仏しうる要因を有しているからというよりも、すでに成仏しているのであるから、成仏できる・できないはもとより問題ではない、との意であろう。

翻って、前半の句は何を意味していようか。かつて「授学無学人記《じゅがくむがくにんき》品《ほん》」に、「しかるに阿難は、わが法を護持し、また将来の諸仏の法蔵をも護りて、諸の菩薩衆を教化し成就せしめん。その本願は、かくの如し」とあった。自ら仏になろうとするより、世間にとどまって他者のためにはたらいてやまない、そこに大乗の仏道の核心がある。この活動は、生死輪廻《りんね》を通じて、未来永劫、続いていく。大悲のゆえに仏にならず菩薩にとどまって衆生済度に励むところに、「妙」にして難思なる世界がある。阿難はそのことを伝えていた。

とすれば、この讃の全体の意味としては、問題は仏に成れるか成れないかではなく、むしろすでに仏である者が、いかにこの世に現れて、他者のために働くかなのだ、そのことが、智積菩薩も舎利弗もわかっていない、ということであろう。このとき、前の讃の心とも通じるように思われる。

どうも難解ではあるが、今は以上のように解しておく。

提婆達多品4

【原文】

牛頭南馬頭北　中有龍宮像氷壺
風吹行樹枝葉撃　直至如今道胡盧(廬)

也被風吹別調中

【書き下し】

牛頭《ごず》は南《みなみ》　馬頭《めず》は北《きた》　中《なか》に龍宮《りゅうぐう》有《あ》り　氷壺《ひょうこ》に像《に》たり
風《かぜ》　行樹《こうじゅ》を吹《ふ》いて枝葉《しよう》撃《う》ち　直《じき》に如今《いま》に至《いた》るまで胡盧《ころ》と道《な》る

也《ま》た風《かぜ》に別調《べっちょう》の中《なか》に吹《ふ》かる

【現代語訳】

地獄の獄卒として、牛頭《ごず》は南に、馬頭《めず》は北にいる。しかしその地獄の中に龍宮があり、そこはあたかも氷壺のように清浄無垢である。風が吹いて、並ぶ樹々の枝葉をそよがすと、今に至るまで、ころころと心地よい響きを挙げている。

（著語）娑婆《しゃば》の中にも、その只中に、心地よい世界がある。

【解説】

牛頭・馬頭は、地獄の獄卒のことで、牛や馬の頭と人間の身体とを持つという。要は地獄の世界ということであるが、それは実はまさにこの娑婆世界そのもののことでもあろう。

中に龍宮があるという。経典では海中であった。いずれにしても、地の底と言えるのかもしれない。氷壺とは、清浄無垢のものという意味であろう。

その龍宮においては、並び植わる樹木の枝葉を心地よい風が吹いて、今に至るまでずうっところころと快い響きをあげている、という。

そうすると、火宅《かたく》においてすでに大白牛車《だいびゃくごしゃ》に乗っているというのと同じで、地獄の中にも、娑婆世界の中にも、自性清浄《じしょうしょうじょう》の涅槃《ねはん》の世界がある、ということになろう。文殊《もんじゅ》菩薩が海中で『法華経』を説法したという龍宮は、何も遠い世界のことではない、即今・此処のことなのだ、この娑婆世界の中に、涅槃が実現しているのだ、龍女が成仏を果たしたという南方無垢世界は、ここを離れるものではない、まさに当処においてのことなのだ、というお示しであろう。

結局、本来、仏である者が、この世に住して、さまざまに苦しみを受ける。しかし、苦しみを受ける中に、実はさわやかな風がそよいでいて、そこに妙境が存在している。誓願に生きる菩薩らは、そのことを知っている。「風流ならざる処、也《ま》た風流」である。

なお、『碧巌録《へきがんろく》』第五則の頌《じゅ》の中に、「牛頭没、馬頭回、曹渓鑑裏絶塵埃」とある。無垢清浄の世界の中に、種種の現象が去来することを言ったものか。また、同じ『碧巌録』第十八則の本則の評唱《ひょうしょう》に、「被風吹著、道胡盧胡盧」（風に吹著《ふか》れて、胡盧《ころ》胡盧と道《な》る）とある。ここでは、旛子《はた》がころころとなるのである。いずれにしても、良寛が『碧巌録』をもよく読み込んでいたことは、間違いないことである。

【原文】

尽恒河沙世界聚　無道非牟尼遺身
好箇風流々布処　莫教六耳等閑聞
知音更有青山外

【書き下し】

尽恒河沙《じんごうがしゃ》の世界《せかい》の聚《あつま》り　道《い》ふ無《な》かれ　牟尼《むに》の遺身《ゆいしん》に非《あら》ずと
好箇《こうこ》の風流《ふうりゅう》　流布《るふ》の処《ところ》　六耳《ろくじ》をして等閑《とうかん》に聞《き》かしむる莫《なか》れ
知音《ちいん》更《さら》に青山《せいざん》の外《そと》に有《あ》り

【現代語訳】

ガンジス河のすべての砂の数ほどの世界の集まり全体が、釈尊の遺身でないというべきではない。あらゆるところに佳き風流が流布しているのだ。このことを、三人（六つの耳）に、安直に聞かせてはならないぞ。

（著語）お互いわかりあえている者は、この近くにはなかなかいない。

【解説】

恒河沙《ごうがしゃ》は、ガンジス河の砂の数、尽恒河沙はそのすべてで、莫大な数となる。その数ほどもある世界の集まりのすべてにおいて、釈尊の遺身でないものはないという。釈尊の遺身とは何のことであろうか。舎利《しゃり》であると見るのがよいであろうか。舎利は、骨のことであり、釈尊の真髄、本質を意味することになる。では、それは何であろうか。釈尊の真髄すなわち『法華経』の眼目とは、一言で言えば、諸法実相《しょほうじっそう》のことであろう。

とすれば、見るもの、聞くもの、すべてが諸法実相以外の何物でもない、ということになる。やはり、海中の龍宮でもなければ、南方無垢の世界でもない、即今・此処に諸法実相が露現しているのであって、それがわからなければ『法華経』を読んだことにはならないということである。

あるいは遺にとらわれず、釈尊の身体であると受け止めてもよいかもしれない。世界のすべては仏身そのものだと。

であるから、この娑婆《しゃば》世界そのものに、私がいる即今・此処に、佳き風流が流布しているのである。「清風匝地《せいふうそうち》、何の極まりかあらん」である。要は、この世のどこを取っても、仏世界そのものである、浄土そのものである、というのである。ということは、この私も、本来、仏であるということである。

六耳は、当然、三人のことになる。経典に即して言えば、智積《ちしゃく》菩薩と、舎利弗《しゃりほつ》と、文殊《もんじゅ》菩薩になろうか。解らない者にはこのことを不注意に聞かせてはならないという。三人のうち、二人は智積菩薩と舎利弗とで、解らない者の代表であろう。もう一人いるわけで、これを文殊菩薩と見るのには抵抗感もあるかもしれない。しかし、どれだけ早いにせよ、成仏するという視点のみしか持ち合わせておらず、本来、仏であるという子細を語り得ていないとすれば、智積菩薩らとほぼ同罪というほかないであろう。

もちろん、自己即仏、娑婆即浄土の秘密をわかっていない者は、ただ三人に限られるわけではない。多くの声聞《しょうもん》・縁覚《えんがく》のみならず、菩薩ですら、そこがはっきりしていない者もいよう。三人と言ったのは、それらの者の象徴というように見るべきなのかもしれない。

あるいは、この段の結びに、「智積菩薩と及び舎利弗と一切の衆会《しゅえ》とは、黙然《もくねん》として信受せり」とあるので、その一切衆会をある一人に代表させたと見ることもできるのかもしれない。

提婆達多品6

【原文】

劫説刹説衆生説　海中唯説妙法華
了(丫)角女子頓成仏　白《龐》眉老僧頻歎嗟
せたをまはるもやはせをのるも
おもひ〳〵のはるのそら
白雲深処金龍躍　碧波心裏玉兎驚

【書き下し】

劫説《こうせつ》　刹説《せつせつ》　衆生説《しゅじょうせつ》　海中《かいちゅう》唯《た》だ説《と》く　妙法華《みょうほっけ》
丫角《あかく》の女子《にょし》　頓《とん》に成仏《じょうぶつ》し　白眉《はくび》の老僧《ろうそう》　頻《しき》りに歎嗟《たんさ》す
瀬田《せた》を回《まわ》るも矢橋《やばせ》を乗《の》るも
思《おも》ひ思《おも》ひの春《はる》の空《そら》
白雲深《はくうんふか》き処《ところ》金龍躍《こんりゅうおど》り　碧波心裏《へきはしんり》に玉兎驚《ぎょくとおどろ》く

【現代語訳】

劫《こう》も説き、国土も説き、衆生も説いている。文殊《もんじゅ》菩薩は海中において、ただ『妙法華経』のみを説いた。その教化によって、あげまきの髪をした龍の童女が頓に成仏したというが、このことを眉毛も白くなった老僧は、しきりに嘆くのみだ。

(著語) 早く成仏しようが、回り道しようが、それぞれの自由だ。思いがけず八歳の童女が即座に成仏して、びっくりした。

【解説】

最初の句、「劫説　刹説　衆生説」は、「劫の間、説き、刹においても説き、衆生に対して説く」というのか、むしろ「劫も説き、刹も説き、衆生も説く」というのか、おそらく後者の意なのであろう。時空のすべても、環境のすべても、人々のすべても、実は「法華」を説いている、というのであろうと思われる。

経典には、文殊菩薩が、自ら「われは海中において、唯、常に法華経のみを宣説せり」とある。智積《ちしゃく》が文殊菩薩の教化活動を讃えた偈《げ》においては、文殊菩薩が「実相の義を演暢《えんちょう》し、一乗の法を開闡《かいせん》して」

とある。第二句「海中唯だ説く　妙法華」は、良寛がどういう意味でこれを語っているか、精査が必要である。すでに真実が説き表わされているのに、そのうえ屋上、屋を重ねるのか、と批判的に言ったとも解しうる。あるいは、前の句をも受けて、すべての説法は、妙法華を説くのみ、すなわち諸法実相《しょほうじっそう》を明かしているのみ、とも解せる。一方、特に文殊は『法華経』のみを説いたところが評価できると言っているのかもしれない。さらには、「唯だ説く」がすなわち妙法華そのものだ、とも見るべきものがある。

　ともあれ、その文殊菩薩に対し、智積菩薩が、『法華経』の教えを一所懸命修行すれば、速やかに成仏しうるのかと質問する。そうすると、わずか八歳という娑竭羅《しゃから》龍の女《むすめ》が、「諸仏の説きし所の甚深の秘蔵を悉く能く受持」するなどして、速やかに菩提に至ったのであった。

　第三句、「丫角の女子　頓に成仏し」とはそのことを言う。「丫角《あかく》」とは、あげまきの髪のこと、少女の髪型のことである。

　このように、頓に成仏したことは、めでたい限りと思えるが、良寛は最後に、「白眉の老僧　頻りに歎嗟す」と言っている。この「歎嗟」を、感嘆したの意にとれば、智積や舎利弗《しゃりほつ》を白眉の老僧で表現して、この者らが頻りに感嘆したの意になる。それはそれで、この讃の意味も一貫していよう。一方、「歎嗟」が嘆いたの意だとすると、智積や舎利弗が自分たちの思っていたことに異なって事が進んだことに、自責や後悔の念も含めてしきりに嘆いたの意となると思われる。

　私はさらに、白眉の老僧とは、実は良寛のことで、そもそも仏である者が成仏などするものかと心底から嘆いているとの意に取りたいと思う。すでに仏であることを知ることもなく、何を馬鹿なことを見せているのか、はなはだ嘆かわしいと。これもまた一興であろう。

提婆達品7

【原文】

一果明珠価大千　直呈仏陀詎真率
師資妙契奉与納　誰能至此著手脚
外方不敢論

【書き下し】

一果《いっか》の明珠《みょうじゅ》　価大千《あたいだいせん》　直《じき》に仏陀《ぶつだ》に呈《てい》す　詎《なん》ぞ真率《しんそつ》なる
師資《しし》妙契《みょうかい》す　奉《ほう》と納《のう》と　誰《たれ》か能《よ》く此《ここ》に至《いた》って手脚《しゅきゃく》を著《つ》けん
外方《げほう》は敢《あえ》て論《ろん》ぜず

【現代語訳】

一箇の透き通った珠は、三千大千《さんぜんだいせん》世界にも匹敵するほどの値のものである。それを童女が仏にさっと捧げたのは、実に純粋・至心のはたらきであった。弟子と師とが、その珠玉を捧げ、受け取る中で、ぴたりと一つになっている。ここに対して、いったい誰が手足をつけることができようか（余計なことを言えようか）。

（著語）妙契した、即成仏した、ということ以外のその他のことは、わざわざ論じる必要がない。

【解説】

八歳の童女は、これから成仏しようというとき、釈尊に宝珠を捧げることをする。そこを経典は、次のように説いている。

　その時、龍女に、一つの宝珠あり、価値《あたい》は三千大千世界なり。持って以って仏に上《たてま》つるに、仏は則ちこれを受けたもう。龍女は、智積菩薩と尊者舎利弗《そんじゃしゃりほつ》に謂《い》いて言わく、「われ、宝珠を献《たてま》つるに、世尊は納受したもう。この事、疾《すみやか》なるや、不《いな》や」と。答えて言わく、「甚だ疾《すみやか》なり」と。女の言わく、「汝の神力をもって、わが成仏を観よ。またこれよりも速《すみやか》ならん」と。

この讃は、今の経典の箇所を謳ったものである。

　経典には宝珠とあったが、良寛はこれを「一果の明珠」とした。道《どう》元《げん》『正法眼蔵《しょうぼうげんぞう》』の「一顆明珠《いっかみょうじゅ》」の巻に由来するであろう。宝珠は、「一顆明珠」となったことによって、より明らかに、仏心、仏性《ぶっしょう》、あるいは諸法実相《しょほうじっそう》そのものを意味することが示唆されている。その価値は、三千大千世界に匹敵するのであった。もっとも価値が三千大千世界に同等というのは必ずしも了解しやすいものではないが、それを買おうとしたときの値段に相当するということであろうから、要は測り知れないほどの値だということである。

　これを童女は釈尊に差し上げ、釈尊はこれを受納された。そこは、第三句「師資妙契す　奉と納と」がそのまま表している。その前、第二句の「詎ぞ真率なる」がややわかりにくいが、真摯の思いでさしあげたことを言うのであろう。

　さらに問題となるのは、最後の「誰か能く此に至って手脚を著けん」である。童女と釈尊がぴたり一体になっているところ、そこに対し、あれこれそれこそ嘴を入れる余地はないということらしい。ひいては、童女即仏、仏即童女で、寸分の開きもないということであろう。良寛は、宝珠の授受という、能・所の差異をふまえて語られている箇所に、むしろ「妙契」を見、成・不成以前、疾・不疾以前の、天真仏《てんしんぶつ》そのものを見ているのである。

提婆達多品8

【原文】

相好誰人独不有　休以男女軽商《(商)》量

唯能随分消日子　当処南方無垢郷

すむ《(ん)》てみよこゝも盧山（の）夜の雨

象王行処絶狐蹤

【書き下し】

相好《そうごう》誰《たれ》人か独《ひと》り有《あ》らざらん　男女《なんにょ》を以《もっ》て軽々《かるがる》しく商量《しょうりょう》することを休《や》めよ

唯《た》だ能《よ》く分《ぶ》に随《したが》って日子《にっすけ》を消せば　当処《とうしょ》は南方無垢《なんぽうむく》の郷《きょう》

住《す》んでみよここも盧山《ろざん》の夜《よる》の雨《あめ》

象王《ぞうおう》の行《い》く処《ところ》　狐蹤《こしょう》を絶《ぜっ》す

【現代語訳】

仏の三十二相・八十種好《しゅごう》を具えていない者は、誰一人もいない。男は成仏できるが女は成仏できない等、軽々しく男女差をあげつらうべきではない。ただ分に随って日々を送れば、そこが成仏すべき南方無垢の郷そのものである。

（著語）南方にわざわざ行かなくても、ここが妙境そのものだ。
童女の成仏によって、みんな黙ってしまった。

【解説】

この讃には、良寛の主張が、はっきり示されている。分別《ふんべつ》・はからいを放下して、日々、いのちのはたらきのままに生きるとき、そこに仏としての境涯がある。未来に仏と成るのではなく、今・ここで仏なのだというのである。

相好《そうごう》は、仏の身体的特徴である、三十二相・八十種好のことである。たとえば、額の毛の生え際までなめられるという大きな舌《べろ》（広長舌《こうちょうぜつ》）とか、長い長い耳たぶとか、あるいは偏平足《へんぺいそく》とか、である。これらの相・好を有していない者はいないということは、誰もが仏になりうるのだ、否、だれもがもはや仏なのだ、ということである。

したがって、男性は成仏できるが、女性は成仏できない、などの議論はすべきでないという。ここには、二重の意味が隠されていよう。一つは、男女差でもって成仏いかんの議論をすることの間違い、もう一つはそもそも成仏するという見方そのものの問題である。その二重の意味で、そうした議論はすべきでないというのである。

それはどうしてなのであろうか。「唯だ能く分に随って日子を消せば」と良寛はいう。この「唯だ」は重い。他の何物も要らない、他の何事も必要でない、という強い主張がここに示されている。「日子を消せば」とは、日常の生活を送ることにほかならない。禅家がよく言う、平常底《びょうじょうてい》の世界である。重要なのは、「分に随って」である。ここは、その人の分相応に、という意味にもとれる。ありのままの自分にしたがって、でよいであろう。このとき、分は自分の分際のことである。

実はそれとも重なるのであるが、この分は、本分の分とも見ることができる。本分に随っての意の時、本来仏であるそのあり方にしたがってという意味になる。いずれにせよ、分別・はからいを放下しての意になるであろう。

この時、当処、つまりその人のいるところがそのまま南方無垢の世界、仏のいます国そのものになるという。経典には、「竜女の、忽然《こつねん》の間に変じて男子《なんし》と成り、菩薩の行を具して、すなわち、南方の無垢《むく》世界に往き、宝蓮華に坐して等正覚を成じ、三十二相・八十種好ありて、普《あまね》く十方の一切衆生のために、妙法を演説するを見たり」とある。しかしわざわざ南方に移動する必要もなく、わざわざ男子に変じる必要もない、当処がそのまま仏国土ではないかというのである。

このように、経典の文句をも批判的に拈弄《ねんろう》できる良寛の、悟りの眼の確かさに驚嘆させられる。良寛の『法華経』の読み方は、終始、「衆生本来仏なり」で一貫していることが知られよう。

提婆達多品9

【原文】

樵子活計在林間　漁父生涯水是程

暫時相逢閙市裏　話尽山雲海月情

摘楊花摘楊花

【書き下し】

樵子《しょうし》の活計《かっけい》は林間《りんかん》に在《あ》り　漁夫《ぎょふ》の生涯《しょうがい》は水《みず》是《こ》れ程《みち》

暫時《ざんじ》相逢《あいあ》ふ　閙市《にょうし》の裏《うち》　語《かた》り尽《つ》くす　山雲海月《さんうんかいげつ》の情《じょう》

摘楊花《てきようか》　摘楊花《てきようか》

【現代語訳】

きこりの暮らしは森林の中に有り、漁師の暮らしは水を場としている。この二人が、たまたましばらくの間、にぎわう街中で出会ったが、そこで話し合ったのは、山雲・海月の自然の情景のすばらしさであった。

（著語）大いに無邪気に遊ぶがよい。

【解説】

樵《きこり》の生活は山林の中であり、漁師の生活は海（もしくは湖や川など）を場としている。ある意味で、世間世俗を離れた、風光明媚の世界で日常を過ごしているといえよう。言うまでもなく、本地の風光を味わっている者ということになる。

それらの者が、騒がしい街なかに出てきて互いに出会い、しばし交流したという。その際は、山雲・海月の風光をありったけ語りあったという。それは、諸法実相《しょほうじっそう》の味わいをお互いに確かめ合ったということである。

この讃の意味はそのようなことであるが、これがどのように「提婆達多品」と関係するのかが問題である。さしあたり、樵は誰か、漁師は誰か、が問題となろう。おそらく、宝珠の授受において妙契したという、釈尊と童女と見るのが自然であろうと思われる。実際、童女は、龍王の女で、海中に関係していた。一方、釈尊はかつて阿私仙《あしせん》のもとで、水を汲み薪を取っていたのであるから、樵と関連がある。樵と漁師とは、その両者を象徴させたものと言えるであろう。

お互いに語り尽くしたとあるが、実際はそのときの一瞬の宝珠の授受においてそのことは実現していたであろう。興味深いのは、閙市に出てきたとあることである。本来、世俗を超えた世界に住む者が、わざわざ騒がしい十字街頭に出てきたのは、なぜであったろうか。もちろん、世間になずむ者たちに救いのありかを指し示すためであったろう。経典に即して言えば、文殊《もんじゅ》菩薩、智積《ちしゃく》菩薩、舎利弗《しゃりほつ》らがあれこれ議論する中にあって、ということでもよいであろう。

参考までに、『禅林句集《ぜんりんくしゅう》』には、「樵夫入深山、碧潭漁史釣」の句が見える。その解説には、「各々その途に安んず。また現成底の妙趣」とある。深山、碧潭に変に引きずられることなく、世間と対立的に捉えるのでなく、それぞれ現成底《げんじょうてい》だとしている。ただし良寛の讃では、やはり閙市との対比において語られていよう。

一方、同じ『禅林句集』に、『碧巌録《へきがんろく》』第五十三則の句として、「語り尽くす山雲海月の情」が挙げられている。その解説に、「知音同士、胸中の風光のありったけを語り合う」とある。ちなみに、同則の頌《じゅ》には「話尽……」とあり、その評唱《ひょうしょう》には「語尽……」とある。

提婆達多品10

【原文】

千里同風　万方一規
寒潭月落　長天雁啼
龍女将欲呈無珠《喪忘》　鶖子欲弁喪辞
霊鷲山上休登陟　大千界人帰去来
拈了也

【書き下し】

千里同風《せんりどうふう》　万方一規《ばんぽういっき》　寒潭《かんたん》　月落《つきお》ち　長天《ちょうてん》　雁啼《かりな》く
龍女将《りゅうにょまさ》に呈《てい》せんと欲《ほっ》するに珠《たま》無《な》く　鶖子弁《しゅうしべん》ぜんと欲《ほっ》する
も辞《じ》を喪《うしな》ふ
霊鷲山上《りょうじゅせんじょう》　登陟《のぼる》を休《や》めよ　大千界《だいせんかい》の人《ひと》　帰去来《かえりなんいざ》
拈《ねん》じ了《おわ》れり

【現代語訳】

全世界に同じ風が吹き、あらゆるものが一つの規範（真理）に貫かれている。晩秋の夜の冷え切った池に月が映り、澄み渡った空のはるかかなたを雁が鳴きながら飛んでいく。龍の童女が珠をさしあげたわけではなく、舎利弗《しゃりほつ》は何か言おうとしてその言葉を失った。『法華経』が説法されているという霊鷲山《りょうじゅせん》に登ろうとするのはやめよ。三千大千世界の人よ、もう自分の居場所のもとに帰ろうではないか。

（著語）以上、このように、拈弄《ねんろう》し終えた。

【解説】

「千里同風、万方一規」とは、世界中のどこも同じということで、どこもかしこも諸法実相《しょほうじっそう》以外ではないということである。たとえば先の讃に、「尽恒河沙の世界の聚り　道ふ無かれ　牟尼の遺身に非ずと」とあったのと同じである。

同風・一規というと、ただ平等無差別の面のみいうものと思われやすい。だがこれを法性《ほっしょう》・真如《しんにょ》のことのみをいうものと解しては、やや不足がある。諸法実相は、「色即是空《しきそくぜくう》・空即是色《くうそくぜしき》」の端的にある。それが世界のあらゆる時・処を貫いているわけで、このことを、「寒潭　月落ち　長天　雁啼く」と示した。この句は、やや寂しい雰囲気であるが、情識を滅し尽くしたところを表している。しかも寒潭は平等、月落ちは差別、長天は平等、雁啼くは差別であって、まさに平等即差別・差別即平等の諸法実相、如是《にょぜ》の端的を示している。

童女が釈尊に宝珠を呈したとは経典の説くところであるが、良寛はそんな特別に有難そうなものはないのだと言いたいようである。宝珠を呈するはたらきが無心のそれで、宝珠を意識してなく、そこに宝珠はないも同然であったという解釈もありえるかもしれないが、そんな特別なものはないと言っていると見たいところである。なぜなら、日常底のいずれもが、一顆明珠《いっかみょうじゅ》だからである。

一方、鶖子《じゅし》とは舎利弗のことで、そんなにすぐに成仏できるわけがない等と、何かと議論をふっかけたのが、「弁ぜんと欲するも」である。しかし結局、童女が速やかに成仏を果たしたことにより、結局、黙然として信受したわけで、そこが「辞を喪ふ」である。その言語・分別を超えたところに諸法実相が露堂々であり、その、黙然・信受を逆手にとって、かえってよしよしと褒めているというべきか。

霊鷲山とは、釈尊が『法華経』を説法している場所である。すなわち、そこに釈尊がおられると思われる場所である。仏に出会い、『法華経』の説法を聞く機会に恵まれたら、これほど幸いなことはないであろう。しかし良寛は、そんなところに行く必要はないという。ありとあらゆる国の人々よ、さあ帰ろうという。これは、霊鷲山に向かってもう歩み出した人々に向けて、もうめざすのはやめて元のところに帰ろうというのである。それはなぜかというと、仏は外に、対象的にあるわけではない、自己の脚下にあるのだ、ということである。臨済《りんざい》は、「仏に逢うては仏を殺し、祖に逢うては祖を殺す」と言った。帰るべきは、地理的に元いた場所ということでもない。自己そのものに帰るべきなのである。即今目前聴法底こそが仏なのである。

勧持品《かんじほん》

【品の概要】

前の品を受けて、法師品《ほっしほん》に出た薬王《やくおう》菩薩と見宝塔品《けんほうとうほん》に出た大楽説《だいぎょうせつ》菩薩は、釈尊の御前で、釈尊の滅後、人々がどんなに教化しがたくても、大忍力《だいにんりき》を発して『法華経』を「読誦し、持《たも》ち、説き、書写して、種種に供養し、身命《しんみょう》をも惜《お》しま」ず弘通するので、心配されないようにと誓いを捧げる。すると会座《えざ》にいたすでに授記《じゅき》を受けていた阿羅《あら》漢《かん》五百人も、他の国土で『法華経』を弘通《ぐずう》することを誓う。

このとき、釈尊のおばの摩訶波闍波提比丘尼《まかはじゃはだいびくに》と学・無学の比丘尼六千人が、座より起ち、「一心に合掌し、尊顔《そんげん》を瞻仰《みまもりあお》いで、目は暫らくも捨て」ない状態になる。釈尊は憍曇弥《きょうどんみ》すなわち摩訶波闍波提に、どうして「憂いの色にて」私を見るのかと語りかけ、私は先に一切の声聞《しょうもん》に、「皆、已に記を授く」と説いたではないかと言い、あなたも六千の比丘尼も必ず仏となる、あなたは一切衆生喜見《きけん》如来という名の仏になると告げるのであった。

このとき、さらに釈尊の夫人の耶輸陀羅《やしゅだら》比丘尼は、授記された者の中に自分は入っていないと悲観している風情であった。そこで釈尊は、あなたも具足千万光相《ぐそくせんまんこうそう》如来という名の仏になると告げた。

この言葉に、摩訶波闍波提・耶輸陀羅その他の比丘尼らはみな大いに歓喜して「本当に安心した」という心を表わす偈《げ》を唱え、自分たちも他方の仏国土で『法華経』を弘めることを誓った。

このとき、釈尊は、八十万億の那由他《なゆた》の諸の菩薩らをご覧になった。菩薩らは、師子吼《ししく》して次の誓いの言葉を発表した。「世尊よ、われ等は、如来の滅後において、十方世界に周《あまね》く旋《めぐ》り往返して、能く衆生をして、この経を書写し、受持し、読誦し、その義を解説《げせつ》し、法の如くに修行し、正しく憶念せしめん。皆、これ仏の威力《いりき》ならん。唯、願わくは、世尊よ、他方に在《ましま》すとも、遙かに守護せられんことを。」

さらにこの意思を偈によって申し上げるが、釈尊入滅後の悪世の様子がいろいろと描かれ、それでもこれを耐え忍んで『法華経』を説いていくということをつづっている。悪世の比丘らは、自分は仏道を修する特に偉い者だと思ったり、種々のよき待遇を得ようと在家に対して説法して尊敬を得ようとする。さらに大乗仏教徒に対して、勝手に経典を作って人々をたぶらかしている、ただ名声を求めてそうした経典を説くのだと非難する、といったことが説かれるのである。

しかしながら、そのような多大のはずかしめを受けても仏を敬信するが故に、忍び難きを忍ぶのだという。ここに、「この経を説かんがための故に、この諸の難事をも忍ばん。われは、身命を愛せずして、但、無上道のみを惜むなり」の言葉が出る。また、「われは、これ世尊の使なれば、衆《もろびと》に処して畏るる所なし」ともある。こうして、菩薩らは、釈尊の御前に、滅後の悪世に『法華経』を説き弘めますよと、衷心より誓うのであった。

著語

（原文）前者揺頭

（書き下し）前《さき》なる者《もの》は頭《こうべ》を揺《うご》かす

（解説）次の「安楽行品」の前に、菩薩として『法華経』を広める誓願をなした。

勧持品1

【原文】

出屈（窟）獅子纔一吼　虚空脳裂山河紅

珍重世尊自安意　只因烏藤善流通

不干某甲事

【書き下し】

窟《くつ》を出《い》づる獅子《しし》纔《わずか》に一吼《いっく》すれば　虚空《こくう》脳裂《のうれつ》し山河《せんが》紅《くれない》なり

珍重《ちんちょう》す世尊《せそん》自《みずか》ら安《あん》ぜし意《い》　只《た》だ烏藤《うとう》に因《よ》って善《よ》く流通《るずう》せん

某甲《それがし》が事《じ》に干《かかわ》らず

【現代語訳】

岩窟を出る獅子がひとたび吠えるやいなや、虚空《こくう》に響き渡り、百獣の脳も裂けて山河は紅に染まる。世尊が自らおかれた『法華経』弘通への意を尊重し、山から切り出した枝の杖をたよりに行脚《あんぎゃ》してそれを広めよう。

（著語）私は『法華経』をふりかざして弘教はしないよ。しかし私なりの仕方はあるのじゃ。

【解説】

獅子吼《しく》とは、釈尊の説法にほかならない。いうまでもなく、ここでは『法華経』の説法のことを言っているのである。「窟を出る」とは、無量義処三昧《むりょうぎしょさんまい》から起《た》ってということであろう。釈尊は、無量義処三昧から起って、説法されたのであった。

脳裂ということについて、『証道歌《しょうどうか》』には、「獅子吼、無畏の説、百獣、皆な之を聞いて脳裂す」とある。『碧巌録《へきがんろく》』第五十八則「趙州時人窠窟」の頌《じゅ》の、「象王嚬呻、獅子哮吼」の下の著語《じゃくご》にも、「百獣脳裂」とある。したがって、基本的に、ライオンが吠えれば、他のあらゆるけものの脳が破裂してしまう、ということである。ゆえに、「山河紅なり」とはあらゆる獣から血が流れて、世界が紅に染まるということであろうか。

もちろんこれは譬喩であって、釈尊が『法華経』を説けば、それ以外を奉じる外道《げどう》や声聞《しょうもん》・縁覚《えんがく》、あるいは法華仏教以外の道を行く大乗菩薩たちでさえ、圧倒されざるをえないということである。ただし、ここに、「虚空」とあるのが、必ずしも定かでない。おそらく、虚空ほど広大な世界にいるすべての者の、というのが順当な解釈だと思われる。あるいは脳裂とは分別が止み、山河紅とはその面目を一新することであろうか。

釈尊が自ら置いた意とは、何のことであろうか。説法された『法華経』の心そのものとも言えようが、さらに直接的には、たとえば前の「見宝塔品《けんほうとうほん》」の「誰か能くこの娑婆国土において、広く妙法華経を説かん。今、正しくこれ時なり。如来は久しからずして、当に涅槃に入るべし。仏は、この妙法華経をもって付嘱《ふしょく》して、在《とどま》ることあらしめんと欲するなり」との句がふさわしいであろう。というのも、この「勧持品」では前の釈尊の意に対し、「唯、願わくは、世尊よ、もって慮《うらおもい》したもう為《べか》らず。われ等は仏の滅後において、当にこの経典を奉持《たも》ち、読誦《どくじゅ》し、説きたてまつるべし」等と菩薩らが誓うからである。

あるいはまた、摩訶波闍波提《まかはじゃはだい》や耶輸陀羅《やしゅだら》の比丘尼《びくに》らが、「世尊は導師として、天・人を安穏《あんのん》ならしめたもう。われ等は記を聞き、心安んじて具せり」との偈《げ》を説き、「世尊よ、我等も亦、能く他方の国土において広くこの経を宣べん」と申し上げる。このことからすれば、釈尊自ら、我々が授記《じゅき》にふさわしいことを示して下さり、安心させて下さった。その心を大切にし『法華経』を広めようということも考えられよう。

ただし、最後の句において、『法華経』を弘めるにはただ「烏藤」の杖によるべし、という。「烏藤」とは、山から切り出したままの藤のつるを杖に用いたものである。要は杖のことなのであるが、実はこれは印可《いんか》のしるしであり、事実上、悟りの眼を意味している。『法華経』を広めるとは、その言葉を押しつけることではない。諸法実相《しょほうじっそう》のありかを伝えていくことなのであり、それにはしっかりとした禅の修証がなければならないぞ、というのである。

勧持品2

【原文】

一切衆生類　如来記既已　回耐憍曇弥

徒懸双眼涙

傍人有眼

【書き下し】

一切衆《いっさいしゅ》生《じょう》の類《たぐい》に　如来《にょらい》の記《き》　既《すで》に已《おわ》りぬ

回耐《はたい》たり憍曇弥《きょうどんみ》　徒《いたず》らに双眼《そうげん》に涙《なみだ》を懸《か》くることを

傍人《ぼうにん》に眼有《まなこあ》り

【現代語訳】

一切衆生に対して、釈尊の授記《じゅき》はもうなされ終わっている。憍曇弥《きょうどんみ》（釈尊のおばの摩訶波闍波提《まかはじゃはだい》）よ、みっともないぞ、いたずらに両方の眼から涙を流すとは。

（著語）隣の人がみているぞ、涙を流すなんてみっともないぞ。

【解説】

すでにこの品までの間において、一切衆生に授記がなされ終わっていた。「勧持品」では、薬王《やくおう》菩薩、大楽説《だいぎょうせつ》菩薩、および二万の菩薩と、五百の阿羅漢《あらかん》と、学・無学の八千人とが、釈尊に対し、弘経《ぐきょう》を誓う。これらの者はもちろん、すべて授記を与えられている者たちである。このとき、「仏の姨母《おば》、摩訶波闍波提比丘尼《まかはじゃはだいびくに》と学・無学の比丘尼六千人とは、倶《とも》に座より起ちて、一心に合掌し、尊顔《そんげん》を瞻仰《みまもりあお》いで、目は暫らくも捨てざるなり」ということになる。

ここで釈尊は次のように説くのである。

時に、世尊は、憍曇弥《きょうどんみ》に告げたもう、「何が故に、憂いの色にて如来を視るや。汝が心に、将《ある》いは、われ汝の名を説いて阿耨多《あのくた》羅三藐三菩提《らさんみゃくさんぼだい》の記を授けず、と謂《おも》うことなしや。憍曇弥《きょうどんみ》よ、われは、先に総じて一切の声聞に皆、已に記を授くと説けり。……」

このように、釈尊は実は一切の声聞《しょうもん》にも、授記し了っていたのである。したがって、第一句のようにも言われたのであった。

こうして、自分だけかやの外かと思い込み、憂いの色を見せていた憍曇弥に対し、良寛は、流さなくてもよい涙を流すなんてみっともないぞ、というのである。叵耐《はたい》とは、耐えがたいの意、我慢ならない、の意である。それは、釈尊に代わっての言といってもよいであろう。

もちろん、この讃を通して、一切衆生悉有仏性《いっさいしゅじょうしつうぶっしょう》の事実を、否、一切衆生本来成仏《ほんらいじょうぶつ》の事実を自覚せよと訴えているのである。

参考までに、良寛の書の代表作に、「君、看ずや、双眼の色、語らざれば憂い無きに似たり」というものがあった。これは『槐安国語《かいあんこくご》』巻五、第八則「盤山三界」の頌《じゅ》の著語《じゃくご》に見える。この句の意味は、「何も話さないので、心配していないように見えるかもしれないが、私の眼を見てごらん、本当はあなたを思って心配でならないのだよ」というところであろうか。釈尊は心配のあまり憍曇弥に語りかけたが、良寛は子供らや農民らに、説法のようなことは一切しなかったものの、心からその行く末を心配していたのであった。あるいは、仏の衆生に対する悲心のありようを示唆したものというべきであろう。

安楽行品《あんらくぎょうほん》

【品の概要】
文殊《もんじゅ》菩薩は、釈尊に、菩薩らが後の悪世において、どのようにして『法華経』を説くべきかを尋ね、釈尊は四法に安住して説くべきだと説明する。その四法とは、一般に、身《しん》・口《く》・意《い》・誓願《せいがん》の四安楽行と言われるものである。

第一の身安楽行とは、菩薩の行処《ぎょうしょ》と親近《しんごん》処とに安住して説くことである。行処とは、忍辱《にんにく》と般若《はんにゃ》の智慧に住することである。親近処とは、第一に、権力者や外道《げどう》の者等に近づかないことである。その最後には、「常に坐禅を好み、閑《しず》かなる処に在りて、その心を摂《おさ》むることを修《なら》え」とある。第二に、一切法は空《くう》であり、一切の語言《ごごん》の道《どう》断え、名《みょう》無く、相《そう》無く、実に所有《しょう》無く等と観ぜよ、とある。但《ただ》、因縁をもって有るのみ、顚倒《てんどう》より生ずるが故に、常・楽と説くのである、とある。以下、偈《げ》によって、このことが再説される。

第二の口安楽行とは、他人の過失を説いたり、好・悪、長・短を説いたりしてはならないということが中心である。さらに相手の意に逆らうなとあり、一方、「難問する所有らば、小乗の法をもって、答えざれ、但、大乗のみをもって、ために解説《げせつ》して、一切種智を得せしめよ」とある。このあと、偈によって詳しく説かれる。

第三の意安楽行とは、まず正法《しょうぼう》の滅する時に『法華経』を受持・読誦するものは、「嫉妬《しっと》・諂《へつらい》誑《あざむき》の心を懐《いだ》くことなかれ」とある。また、仏道を学ぶ者に対し長・短を言ってはならず、声聞《しょうもん》・縁覚《えんがく》・菩薩に対して、あなたは怠け者だから、悟りなど得られないぞと言ってはならず、論争してもいけないという。「当に一切衆生において、大悲の想《おもい》を起し」、誰にでも差別なく平等に教えを説くべきだという。以下、偈によって再説される。

第四の誓願安楽行とは、大慈・大悲の心を生じて、たとえ『法華経』ないし大乗仏教を行じない人々に対しても、「われは阿耨多羅三《あのくたらさん》藐三《みゃくさん》菩提《ぼだい》を得ん時、随って何《いず》れの地に在りとも、神通力と智慧力とをもって、これを引きて、この法の中に住することを得せしめん」と覚悟を定めることである。

以上の四安楽行の教えの後、『法華経』は無量の国の中においてなかなか出会えないものなのだといい、このことを「髻中《けいちゅう》の明珠《みょうじゅ》の喩え」で説明する。強国の王様は、兵の功に対して種々恩賞を与えるが、髻《もとどり》の中にある明珠のみは与えない。しかし大功ある者にはそれを与えることもある。そのように、種々の経典を説くも、なかなか『法華経』は簡単には説かないが、十分に成熟した人にのみ、これを説くのである。すなわち、「文殊師利よ、この法華経は、諸の仏・如来の秘密の蔵なれば、諸の経の中において、最もその上に在りて、長夜《じょうや》に守護して、妄りに宣説《せんぜつ》せざりしを、始めて今日において、すなわち、汝等の与《ため》に、しかもこれを敷演《ふえん》するなり」というのである。以下、この意義を重ねて偈で述べているが、後の悪世の中で、この第一の法、『法華経』を説けば、夢に見仏を得るなど、大きな利益を得るだろうというのである。

著語

(原文)
後者揺尾
(書き下し)
後《あと》なる者《もの》は尾《お》を揺《うご》かす
(解説)
前の「勧持品」に続いて、誓願を実践する段。

安楽行品1

【原文】

文章筆硯已抛来　麻衣草座慕諸聖奉
諸方同
報恩一句如何陳　片時莫措願与行

可以続慧命　因行掉臂
実出於痛腸

【書き下し】

文章筆硯《もんじょうひっけん》　已《すで》に抛《なげう》ち来《きた》り　麻衣草座《まえそうざ》　諸聖《しょしょう》を慕《した》ふ
報恩《ほうおん》の一句《いっく》　如何《いか》んが陳《の》べん　片時《かたとき》も願《がん》と行《ぎょう》とを措《お》く莫《なか》れ

以《もっ》て慧命《えみょう》を続《つ》ぐべし　行《ぎょう》に因《よ》って臂《ひじ》を掉《ふる》ふ
実《じつ》に痛腸《つうちょう》より出《い》づ

【現代語訳】

漢籍の学問等の道はすでに捨て去り、雲水《うんすい》として禅堂で修行して、諸仏諸祖らを慕ってきた。仏さまに導かれたご恩に報いるにはどうすべきか。片時も、自らの誓願とその実践とを忘れるべきでない。
(著語)四安楽行《しあんらくぎょう》をもって、法灯を継いでいくべきである。実際に行えばこそ、腕を振ることにもなる。
こう申し上げるのは、実に切実な思いから出たものである。

【解説】

この讃は、自らの来し方を振り返り、今の境遇に甘んじることなく僧としての務めを果たさなければならないと自戒し、その事を以て他の雲水ら修行僧に呼びかけている趣のものである。それも、四安楽行の勧めに対応したものであろう。
「文章筆硯」をなげうったというのは、詩文などの文芸や書道の学芸を捨てて、の意味にも取れる。ただし良寛の場合を言えば、結局は詩、歌、書の道の学芸は捨てるどころか、ますます深めたのが実情であろう。もっともそれは、仏道と一体のものとして精進錬磨されたのであり、それらもけっして仏道以外ではなかった。また、仏道に入る以前ということであれば、むしろ漢籍の学問の道等を捨ててということになるであろう。いずれにしても、「文章筆硯」をなげうったとは、世間世俗の道を捨てて、出家の道に入ってということである。
真に仏道修行しようという志の下では、粗末な衣を身にまとい、質素な禅堂で坐禅して、一心に修行に邁進すべきである。いわゆる十二頭陀《ずだ》行の実践の下に只管打坐《しかんたざ》に専念してこそ、諸仏諸祖に近づくこともできる。特に禅の道に入るなら、教学の修習はひとまず措いて、参禅弁道にいそしむべきであろう。ひるがえって、初句はそのことも言える。

良寛はそうして、厳しい修行を経て、翻身の機を得たのであった。それは、諸仏諸尊のお導きのお蔭であり、道元《どうげん》禅師のご教示のお蔭であり、国仙《こくせん》老師のご指導のお蔭である。その根本に、『法華経』の教えがある。この事に対する報恩の一句を言うということは、実際に報恩の行動を実践するということである。では、それはどのようになすべきであろうか。

出家者としての、最初の誓願と無窮に続く仏道修行を、一瞬たりともおろそかにしてはならない、と良寛は自分に言い聞かせている。この品に寄せて言えば、四安楽行の実践に努めるべきだというわけである。

良寛の歌に、「何故に家を出でしと折りふしは心に愧《は》ぢよ墨染《すみぞめ》の袖」、「身をすてて世をすくふ人も在《ま》すものを草の庵《いおり》にひまもとむとは」という歌がある。良寛はいつも自らの生き方に反省の念を有していたのであった。と同時に、当時の雲水らの実情に苦言を呈している側面も否定できない。

もっとも、『法華経』に即して言えば、『法華経』を広めるという誓願とその実践のことを忘れてはならないということである。しかし『法華経』を広めるということは、『法華経』に説かれたメッセージを伝えていくことである。良寛の日常は、実はその実践であった。

安楽行品2

【原文】

霊山仏勅此土伝　日夜守護不空過（参客）

若人要知端的意　時々摩頭看奈何

可以荘厳仏土　(脱)構席打令

賊不打慎家門　見兎放鷂

【書き下し】

霊山《りょうぜん》の仏勅《ぶっちょく》　此土《しど》に伝《つた》ふ　日夜守護《にちやしゅご》して空《むな》しく過《す》ごさざれ

若《も》し人《ひと》　端的《たんてき》の意《い》を知《し》らんと要《ほっ》せば　時々《じじ》に頭《こうべ》を摩《ま》して奈何《いかん》と看《み》よ

以《もっ》て仏土《ぶつど》を荘厳《しょうごん》すべし　席《せき》を構《かま》へて令《りょう》を打《た》す

賊《ぞく》　慎家《しんけ》の門《もん》を打《た》さず　兎《と》を見《み》て鷂《よう》を放《はな》つ

【現代語訳】

釈尊が霊鷲山《りょうじゅせん》で説かれた教勅は、この日本にも伝わってきている。この命を日夜守って、けっして空しく過ごしてはならない。こう私がいうその本意を知りたければ、時々に、自分の剃髪《ていはつ》した頭を撫でて、自分はどのように過ごしているか、考えてみるがよい。

（著語）四安楽行をもってこの世を佳きものとすべきである。あえて僧のあるべきありかたに立って、すべきことを伝えよう。

盗人は、きちんとした家には押し入らない。きちんとしていれば、文句は言わないよ。えものを見つけたら、それを獲る鳥を放つであろう。つけ入る余地があるから、文句も言うのだ。

【解説】

霊鷲山は、『法華経』が説法された場所である。そこで発せられた勅命とは、この品によれば、四安楽行《しあんらくぎょう》に住して、『法華経』を説き、人々を教化しなさい、というものである。『法華経』は、中国から日本に伝わり、聖徳太子《しょうとくたいし》から始まって、最澄《さいちょう》、日蓮《にちれん》、道元《どうげん》等々が奉じてきた。道元は、『法華経』を諸経の王として最大限、尊重し、臨終のときには「如来神力品《にょらいじんりきほん》」の一節を唱え、柱に書きつけて遷化《せんげ》されたという。良寛の禅は、この『法華経』尊重の立場を受け継ぐものである。

ただし、道元にとっての『法華経』とは、たとえば「渓声山色」であった。「法華経を詠める」という詞書《ことばがき》のもとに、「峯の色渓《たに》の響《ひびき》もみなながら我《わが》釈迦牟尼の声と姿と」等と歌っている。『正法眼蔵《しょうぼうげんぞう》』には、「渓声山色」の巻、「山水経《さんすいきょう》」の巻がある。「山水経」の冒頭には、「而今《にこん》の山水は古仏の道現成《どうげんじょう》なり」と示されている。一言で言えば、道元にとっての『法華経』は、「諸法実相《しょほうじっそう》」そのものである。

ともあれ、釈尊の勅命が下った以上、日本に住む我々としても、仏教徒であるなら、その命を日夜守って、いたずらに空しく過ごしてはならないという。この切なる言葉は、良寛にとっては未来の時代の我々にも向けられていると受け止めるべきではあるが、とりわけ同時代の修行僧らに向けて言われたことであろう。良寛にしてみれば、同時代の僧侶らは、仏教徒としての務めを果たさず、いい加減に生きているとしか思えなかったのである。実際、幕府による本末制度、寺請《てらうけ》制度（寺檀《じだん》制度）の体制の下で、宗教心の内実も持たないまま僧職にある者も少なくなかったのであろう。別のテキストの讃には、「魔党、衣を着けて法座に昇る、嘆ずべし、而今、澆末《ぎょうまつ》の辰《とき》」ともある。

良寛がこのように呼びかけても、何のことかと、まじめに受け止める者はほとんどいなかったのかもしれない。そこで良寛は、修行僧らよ、髪を降ろした自分の頭をなでて、自分は僧の身となったが、本当に仏教徒の生き方を実践しているか、よくよく反省してみよ、という。そうすれば、私（良寛）が、そのように「日夜、仏勅を護って、空しく過ごすなかれ」という意味が、解るであろう、というのである。

良寛は、曹洞宗門《そうとうしゅうもん》ないし仏教界のあり方を、心底から憂えていたのであった。

安楽行品3

【原文】

誰道人身良難得　況値遺法未全萎

任重路遠通塞際　勉哉四安楽行師

実出於痛腸

嘱

建法幢立宗旨　明々仏敕(勅)漕(曹)渓是

【書き下し】

誰《たれ》か道《い》ふ　人身《にんしん》良《まこと》に得難《えがた》しと　況《いわ》んや遺法《ゆいほう》の未《いま》だ全《すべ》て萎《な》えざるに値《あ》ふをや

任重《にんおも》く路遠《みちとお》し　通塞《つうそく》の際《きわ》　勉《つと》めよや　四安楽行《しあんらくぎょう》の師《し》

実《じつ》に痛腸《つうちょう》より出《い》づ

嘱《しょく》

法幢《ほうどう》を建《た》て宗旨《しゅうし》を立《りっ》す　明々《めいめい》たる仏勅《ぶっちょく》　曹渓是《そうけいこ》れなり

【現代語訳】

人間に生まれるのは大変むずかしいと、一体だれが言っていたのだったか。まして釈尊の教えがまだ完全に滅尽してはいない時期に会えたのは本当に僥倖《ぎょうこう》である。『法華経』を弘通《ぐずう》するという任務は重く、『法華経』が浸透するかどうか、その達成は困難である。だから四安《しあん》楽行《らくぎょう》を実践する方々よ、ぜひ努力精進して下されたい。

(著語)『法華経』の弘通を願うのは、実に切なる思いからだ。

頼んだぞ。

『法華経』をもとにその趣旨を掲げて、宗旨を立てよ。明らかなる仏の命令を奉じているのが、我が禅宗であるぞよ。

【解説】

古来、生死輪廻《しょうじりんね》の中で、人間に生まれて仏に出会えることは、「優《う》曇波羅《どんばら》の華《はな》の如く、又、一眼《いちげん》の亀《かめ》の、浮木《うきぎ》の孔《あな》に値《あ》うが如く」（「妙《みょう》荘厳王本事品《しょうごんおうほんじほん》」）ほどむずかしいことだと言われている。生死輪廻を考えずとも、確かに、この私が人間としてこの世に生まれる確率は、限りなく小さなものであったに違いない。

人類がこの世に現れて以来、どれほどの長い歴史があるのか、その中で、釈尊が生まれて以来、二千五百年ほどの歴史は、ごくわずかというべきであろう。我々は、まさにその釈尊の教えがまだ伝えられている時代に生まれ得たのである。仏教寺院等の法要等で経典を読誦する最初に、「開経偈《かいきょうげ》」なる詩を唱えるのが通例であるが、そこには、「無上甚深微妙《むじょうじんじんみみょう》の法、百千万劫《ごう》にも相《あ》い遇《あ》うこと難し。我、今、見聞《けんもん》し、受持することを得たり、願わくは、如来真実の義を解《げ》せん」とある。劫という一つの時間の単位が長遠の時間なのに、それを百千万も重ねた時間の中でも、出会うことは本当に難しいことなのだという。それほど、仏教に出会えたことは貴重この上ないことなのである。より具体的に言えば、『法華経』に出会えたことが、どれだけ貴重なことかわからないということである。

そして『法華経』を学べば、諸法実相《しょほうじっそう》のありかを教わるとともに、その教えを広めるようにとの菩薩の使命が説かれていることにも出会うのであった。とすれば、こうして『法華経』に出会った者は、四安楽行を実践しながら、『法華経』を説き、人々を教化して、菩薩の使命を果たすべきである。

その任務には重要なものがある。そしてこの事業はすぐに達成されるものではありえない。苦しんでいる衆生がいる限り、任務はなくならない。したがって、どこまでも精進して励むべきである。「通塞の際」というのは、「通るかふさがるかの際」ということで、『法華経』

が人々に広まるかどうかは、皆の者の努力次第にかかっている、というわけである。

この讃も、同道の士への檄《げき》というべきであろう。

安楽行品4

【原文】

霜夜朗月印清池至　天心**春来百花上枝端**

輪王不有髻中珠　唯是人天謾相伝

大功不宰千古榜様

【書き下し】

霜夜朗月《そうやろうげつ》　清池《せいち》に印《いん》す　春来《はるきた》って百花《ひゃっか》　枝端《したん》に上《のぼ》る

輪王《りんおう》は有《も》たず　髻中《けいちゅう》の珠《しゅ》　唯《た》だ是《こ》れ人天《にんでん》謾《みだ》りに相伝《あいつた》ふ

大功宰《だいこうおご》らざるは千古《せんこ》の榜様《ぼうよう》なり

【現代語訳】

晩秋、冷え切った夜、美しい月が清らかな池の水面に映る。春が来ると、梅、桃、桜、その他あらゆる花が樹々の枝に咲きみだれる。それ以外に、何が要るであろうか。転輪聖王《てんりんじょうおう》は髻《もとどり》の中に特別な明珠《みょうじゅ》など持ち合わせてはいない。それは、人々がただ勝手にそう言って伝えているに過ぎない。

（著語）大きな功績を挙げた者は、むしろそれを吹聴するようなことがないのが、古来変わらない本来のあり方である。特別、尊ぶべきものは何もない。

【解説】

第一句と第二句とは、いわば現成底《げんじょうてい》の妙境というほかないであろう。前の「提婆達多品《だいばだったほん》」の讃（一〇九頁）にも、「寒潭月落《かんたんげつらく》」とあった。『碧巌録《へきがんろく》』第百則「巴陵吹毛剣」の頌《じゅ》の著語《じゃくご》に、「三更月落、影照寒潭」とある。ここの第一句は、同趣である。この第一句と第二句とは、晩秋ないし冬季から春へ、ということで、この二句の中に大死一番《だいしいちばん》・絶後蘇息《ぜつごそそく》の趣もないではないが、第一句の中にも、現成底はある。いずれも諸法実相《しょほうじっそう》以外の何ものでもないであろう。道元《どうげん》は「本来の面目」と題して、「春は花夏ほととぎす秋は月冬雪さえて涼しかりけり」と歌っている。

後半は、この品に出る、「髻中《けいちゅう》の明珠《みょうじゅ》の喩え」に基づいての説示である。経典には、「……時に転輪王は、種種の兵を起して、往いて討罰するが如し。王は兵衆《つわもの》の、戦いに功ある者を見れば、即ち大いに歓喜して、功に随って賞を賜うに、或は田宅・聚落《じゅらく》・城邑《じょうおう》を与え、或は衣服《えぶく》・厳身《ごんしん》の具を与え、或は種種の珍宝・金・銀・琉璃《るり》・硨磲《しゃこ》・瑪瑙《めのう》・珊瑚《さんご》・琥珀《こはく》、象・馬の車乗《のりもの》、奴婢《しもべ》・人民《にんみん》を与うるも、唯、髻《もとどり》の中の明珠《みょうじゅ》のみは、もってこれを与えざるなり。所以《ゆえ》は何《いか》ん。独《ひとり》、王のみの頂上《いただき》に、この一《ひとつ》の珠あり。若しもってこれを与えなば、王の諸の眷属《けんぞく》は必ず大いに驚き怪しめばなり。……文殊師利よ、転輪王が、諸の兵衆《つわもの》の大功ある者を見ては、心、甚だ歓喜して、この信じ難きの珠の、……久しく護れる明珠《みょうじゅ》を、今、すなわち、これを与うるが如し」とある。甚深《じんじん》第一の『法華経』は、みだりに与えず、これを受け入れるに可能な者を見きわめて与えるのだということである。明珠は『法華経』のことなのであるが、その核心は諸法実相なのであった。

では、その諸法実相はどこにあるのか。それはけっして仏が隠し持っているようなものではない。また、何か仏法という特別に尊いものがあるわけでもない。ただ、日常そのつどそのつど見たり聞いたりしているそのただ中にこそ、諸法実相はある。「髻中の明珠」という、とてつもなく価値あるものが何かあると思うのは、みんなが勝手にそう言っているだけで、本当はそういうものはないのである。このように、良寛が経典に説かれているところをはっきり否定するのは、見事である。道元なら、「花は愛惜に散り、草は棄嫌に生《お》うるのみ」（『正《しょう》法眼蔵《ぼうげんぞう》』「現成公案《げんじょうこうあん》」）というところとなろうか。

従地涌出品《じゅうじゆじゅつほん》

【品の概要】

これより、本門である。この品は、他方の国土よりきた八恒河沙《ごうがしゃ》の数以上の菩薩が、釈尊に、仏の滅後、この娑婆《しゃば》世界での『法華経』の弘通《ぐずう》を申し出るところから始まる。釈尊はこれを制して、わが娑婆世界には、六万の恒河の沙に等しい菩薩がいて、その一一の菩薩に各々、六万の恒河沙の眷属がいて、これらの者がわが滅後に『法華経』を説く、と告げる。

すると、三千大千の国土のすべてが、「地、皆、震裂《しんれつ》して、その中より、無量千万億の菩薩・摩訶薩ありて、同時に涌出《ゆじゅつ》せり」ということになる。すべて金色に輝き、無量の光明を放ち、ともかく数えきれないほどの眷属をしたがえた者ばかりであった。

これら地より涌出した菩薩らは、虚空《こくう》の多宝塔の多宝如来《たほうにょらい》と釈迦《しゃか》如来のもとに詣で、礼拝し讃歎する。このとき、人々（四衆）は、仏の神力によって、無量百千万億の国土の虚空に、諸の菩薩が遍満しているのを見る。その菩薩衆の中に、上行《じょうぎょう》菩薩・無辺行《むへんぎょう》菩薩・浄行《じょうぎょう》菩薩・安立行《あんりゅうぎょう》菩薩という、「最も為《こ》れ上首の唱導の師」がいた。これらの菩薩は、釈尊とあいさつをかわすのであった。

このとき、弥勒《みろく》菩薩と八千の恒河沙の諸の菩薩は、地涌の菩薩らを不思議に思い、弥勒が代表して、それらの優れた菩薩らは、どこから来たのか、誰に従って発心《ほっしん》し、修行したのか、等と質問する。これに対し、釈尊は、「阿逸多《あいった》よ、この諸の大菩薩・摩訶薩の無量・無数の阿僧祇にして地より涌出せるは、汝等が昔より未だ見ざりし所の者なり。われは、この娑婆世界において、阿耨多羅三藐三菩提《あのくたらさんみゃくさんぼだい》を得《え》おわりて、この諸の菩薩を教化し、示導し、その心を調伏《じょうぶく》して、道《どう》の意《こころ》を発《おこ》さしめたり」等と説明する。

これによれば、釈尊はこの地上で成道《じょうどう》して以来、教化してきたようであるが、このあと、今の内容が、偈《げ》によって重ねて説かれるにあたって、実はその最初に、「阿逸《あいっ》よ、汝、当に知るべし、この諸の大菩薩は、無数劫《むしゅこう》より来《このかた》、仏の智慧を修習《しゅしゅう》せり」とあり、その最後には「われは今、実語《じつご》を説かん。汝等よ、一心に信ぜよ。われは久遠《くおん》より来《このかた》、これ等の衆を教化せしなり」ともあるのである。

この釈尊の説明を聞いた弥勒菩薩および無数の菩薩らは、しかしこの説明が理解できず、ついこの前、四十余年前に、釈尊は成道されたのに、どうしてこの短い間にこのように無数の諸の大菩薩を教化したのか疑問に思う。この菩薩らは、「已に無量千万億劫において、仏道のための故に、勤行《ごんぎょう》し、精進《しょうじん》して、善く無量百千万億の三昧《まい》に入《にゅう》・出《しゅっ》・住し、大神通を得《え》、久しく梵行を修し、善能《よ》く次第に諸の善法《ぜんぼう》を習い、問答に巧《たくみ》にして、人中《にんちゅう》の宝として、一切世間に甚だ希有《けう》なりと為《せ》ら」れたのであるから、この短い間に教化したとはとうてい考えられない、この疑問を解いてくださいというのである。このことを、弥勒は重ねて偈で述べる。中に、「善く菩薩の道を学びて、世間の法に染まらざること、蓮華の水に在るが如し」との句がある。

何とこの品は、この弥勒の質問で終わっている。その答えは、次の「如来寿量品《にょらいじゅりょうほん》」で明かされるのである。

著語

（原文）

打草驚蛇

自家鼻孔自家穿

未了　又

自売自買

（書き下し）

草《くさ》を打《う》てば蛇《へび》を驚《おどろ》かす

自家《じけ》の鼻孔《びくう》自家《じけ》穿《うが》つも

未《いま》だ了《りょう》せず

又《また》自《みずか》ら売《う》って自《みずか》ら買《か》ふ

（解説）

他方仏土の菩薩らが何かと言うので、おびただしい菩薩が地中から現われた。

弥勒《みろく》の問いも、釈尊の一人芝居のみ。

従地涌出品1

【原文】

好箇大衆唱導首　従地涌出幾千々

欲示如来寿量永　故教逸多致問端

独掌不浪鳴

自家縄索自家牽

【書き下し】

好箇《こうこ》の大衆《だいしゅ》唱導《しょうどう》の首《しゅ》　地《ち》より涌出《ゆじゅつ》す　幾千々《いくせんせん》

如来寿《にょらいじゅ》量《りょう》の永《なが》きを示《しめ》さんと欲《ほっ》して　故《ゆえ》に逸多《いった》をして問端《もんたん》を致《いた》さしむ

独掌《どくしょう》浪《みだ》りに鳴《な》らず

自家《じけ》の縄索《じょうさく》自家《じけ》牽《ひ》く

【現代語訳】

すばらしい、大衆を導いていくかしらの者が、地より幾千万と涌出した。ここで、如来の寿命が実は無量であることを明かそうとして、わざと弥勒《みろく》菩薩に質問させるのであった。

（著語）相手がいなければ、一人では何もできない。自分の綱を自分で引く。質問も、さくらによる。

【解説】

「大衆唱導の首」の語は、経典に出ている。他方国より来ている無量の菩薩らが、仏の滅後、娑婆《しゃば》世界に『法華経』を広く説こうというと、釈尊はこれを抑えて、この娑婆世界に、無量の菩薩らがいて、『法華経』を説いてくれるのだ、と告げる。このとき、国土が震裂《しんれつ》して、無量の千万億の菩薩が涌出《ゆじゅつ》する。その菩薩について、経典は、「この諸の菩薩は、釈迦牟尼仏《しゃかむにぶつ》の所説の音声《おんじょう》を聞きて、下より発《あらわ》れ来れり。一一の菩薩は、皆、これ大衆の唱導《しょうどう》の首《はじめ》にして、各《おのおの》六万の恒河沙等の眷属を将《ひき》いたり。況《いわ》んや、五万・四万・三万・二万・一万の恒河の沙に等しき眷属を将《ひき》いたるものをや。……かくの如き等《ら》の比《たぐい》は、無量・無辺にして、算数《さんじゅ》も譬喩《ひゆ》も知ること能わざる所なり」とある。ゆえに「大衆唱導の首」とは、地涌の菩薩の一人ひとりである。

このとき、弥勒菩薩と八千の恒河沙の諸の菩薩たちが、「これは何の所より来れるや、何の因縁《いんねん》をもって集まれるや」との疑問を起こす。実は、これらの「大衆唱導の首」は、はるか昔から釈尊の教化を受けていた者なのであり、言い換えれば、釈尊は本当ははるか昔から教化活動を行ってきた仏であって、寿命無量の存在なのである。そのことを明かす伏線として、地涌の菩薩の出現がある。

弥勒菩薩は、疑問を持った諸菩薩衆を代表して、質問をするのであった。すなわち、大勢の眷属をひきいた、「巨身《こしん》にして大神通《だいじんずう》あり、智慧は思議し叵《かた》く、その志念は堅固にして、大忍辱《だいにんにく》の力あ」るような、無量千万億の諸の菩薩は、「何れの所より来れるや」とある。また、「この諸の大威徳あり、精進ある菩薩衆は、誰が、其のために法を説き、教化して成就せるや。誰に従って初めて発心し、何れの仏法を称揚し、誰《いず》れの経を受持し行じ、何れの仏道を修習せるや」等とある。これに対する回答によって、真の釈尊が明かされるのである。

「逸多《いった》」とは、阿逸多すなわち弥勒菩薩である。経典に説かれているところは、弥勒菩薩が他の菩薩衆の心を汲んで質問したという形であるが、良寛はこの讃で、釈尊が弥勒菩薩に質問をさせたと言っている。実際、弥勒菩薩はその役回りを知って引き受けているわけである。結局、釈尊の自作自演ということになるが、それも衆生に真実に目覚めさせたい一心からのことであり、深い大悲に基づくものである。その大悲の深さを、良寛はここで拝しているのである。

従地涌出品2

【原文】

乃往曽経游世界　不見一人似這回
所従国土与名号　為我一一説将来

適来呈了

【書き下し】

乃往《むかし》曽経《かつ》て世界《せかい》に游《あそ》ぶも　一人《いちにん》も這回《このたび》に似《に》たるを見《み》ず
従《よ》りきたれる所《ところ》の国土《こくど》と名号《みょうごう》と　我《わ》が為《ため》に一一《いちいち》説《と》き将《も》ち来《きた》れ

適来呈《せきらいてい》し了《おわ》れり

【現代語訳】

かつて世界をまわったが、一人も今回のようなすばらしい方に出会うことはなかった。それらの方が、どの仏国土からきて、どういうお名前の方か、一人ひとりについて、私に教えてほしい。

（著語）その者がどこから来たかは、前に提示し終わっている。

【解説】

この讃の内容は、弥勒《みろく》菩薩が釈尊に対して、合掌して、偈《げ》によって質問した、その偈の中の一節とほぼ見合ったものである。その偈には、次のようにある。

かくの如き諸の菩薩は、神通《じんずう》と大智力《だいちりき》とありて、四方の地は震裂して、皆、中より涌出せり。世尊よ、われは昔より来《このかた》、未だ曽《かつ》てこの事《じ》を見ず。願わくは、その従う所の、国土の名号《みょうごう》を説きたまえ。われは、常に諸国に遊べども、未だ曽てこの事を見ざりしなり。

この讃の最初の句、「乃往曽経て世界に游ぶも」も、このように弥勒菩薩の従来の「常に諸国に遊べども」の修行の跡から言われていることである。なお、経典には「国土之名号」とあるのであるが、良寛は「国土与名号」と変えている。この場合の名号も、その国土の主の仏の名号ということである。要は、もともとは、どんな仏から教化を受けた者なのか、という質問である。

人が、どこから来て、どこへ行くのかは、人生の大問題である。大衆唱導の首のような者がどこから来てどこへ行くのかも問題ではあるが、禅は即今・此処・自己をのみ問題とする。他について回るようなことであっては、自己自身の問題に関して、いつまでたってもらちが明かないであろう。良寛は、この讃を語りつつも、ほかならぬお前さん自身は、どこから来たのか、どこへ行くのか、そこを問うているというべきかもしれない。わざわざ多くの菩薩衆の、一一について、その従り来たった国土と名前とを教えてほしいとは、実はお前さん一人ひとり、どこから来てどこへ行くのか、言ってみよ、ということではなかろうか。そのことについては、良寛はこれまで十分、示してきていたことであった（適来呈了）。すなわち、ここからここへ以外ないのである。

如来寿量品《にょらいじゅりょうほん》

【品の概要】

前の「従地涌出品《じゅうじゆじゅっぽん》」の最後、弥勒《みろく》菩薩らの質問を受けて、釈尊は三たび、如来のまことの言葉を信じるべきであると呼びかけ、大衆はそのたびに信受すると答え、このことをもう一度くりかえして、釈尊は自分の秘密を説き明かしていく。

すなわち、自分はこの前、阿耨多羅三藐三菩提《あのくたらさんみゃくさんぼだい》を得たのではなく、実は成仏して以来、無量無辺百千万億那由他劫《なゆたこう》なのであると明かすのである。以来、常にこの娑婆《しゃば》世界にあって説法し教化してきたのであり、他の無数の国土でも衆生を導いたのだという。この間、燃灯仏《ねんとうぶつ》であったとか、涅槃《ねはん》に入ったとかいうのは、すべて方便《ほうべん》であり、相手に応じて教化してきた。「然るに、われは実に成仏してより已来《このかた》、久遠《くおん》なること斯《か》くの若《ごと》し。但、方便をもって衆生を教化《きょうけ》して、仏道に入らしめんがためにのみ、かくの如き説を作すなり」と、再三、説明している。

さらに如来の説くところは、どんなことであれ、「実にして虚《むな》しからざる」ものであるという。その理由が、次のように示されている。

如来は如実に三界の相は、生まれること死すること、若しくは退すること若しくは出ずること有ることなく、（あたかも八不のように世界を見て）、……錯謬《あやまり》あることなし。諸《もろもろ》の衆生には、種種の性、種種の欲、種種の行、種種の憶想《おもい》・分別あるをもっての故に、諸の善根を生ぜしめんと欲して、若干《そこばく》の因縁《いんねん》・譬喩《ひゆ》・言辞《ごんじ》をもって、種種に法を説きて、作すべき所の仏事を未だ曽て暫らくも廃せざるなり。

こうして、実の釈尊は「成仏してより已来《このかた》、甚《はなはだ》大久遠なり。寿命は無量阿僧祇劫にして、常に住して滅せざるなり」なのであるが、ではなぜ涅槃にはいるのかというと、方便によるものである。衆生は、仏が常住であると知るとおごり心を起こして怠けてしまうが、会うことがむずかしいとなれば「心に恋慕《れんぼ》を懐《いだ》き、仏を渇仰《かつごう》して、便ち善根を種《う》」えるにちがいない。故に「実には滅せずと雖も、しかも滅度す」るのであるという。

このあと、この事情を明かす「良医の喩え」が説かれる。ある名医が留守の間に、子供たちが毒を飲んでしまい、七転八倒の苦しみを受ける。名医の父は帰ってきて薬を処方するが、一部の子供たちは、気にいらず、拒否する。父は、私はもう死が近い、薬を置いておくといって、他国に行ってしまう。一部の子供たちは、父の（虚偽の）死の報に、ついに心が目覚め、薬を服用すると毒の病が治ってしまう。すべての子供が治ったのを聞いて、父は帰ってきて子供たちと再びまみえるのであった。そのように、涅槃に入るのは、方便なのだというのである。

以上を釈尊は偈《げ》によって重ねて説く。中に、「衆生を度《すく》わんがための故に、方便して涅槃を現わすも、しかも実には滅度せずして、常にここに住して法を説くなり」等とある。さらに、無量の慧光、無数劫の寿命の仏であることを明かし、良医のように方便を用い、常に「どのようにして衆生を仏にするか」を考えているのだと結ぶのである。

著語

（原文）
大海若知足百川応倒流
（書き下し）
大海《たいかい》若《も》し足《た》ることを知《し》らば百川《ひゃくせん》応《まさ》に倒流《とうりゅう》すべし
（解説）
仏の大悲に限界のありようもない。

如来寿量品1

【原文】
此去
伽耶城中殊不遠　苦行六年証菩提
若人問我那時節　五百塵点過於其
うたかふな潮の花も
うらの春
自家忽爾都忘却

【書き下し】
伽耶城《がやじょう》中《ちゅう》殊《こと》に遠《とお》からず　苦行《くぎょう》六年《ろくねん》菩提《ぼだい》を証《しょう》す
若《も》し人《ひと》我《われ》に那《なん》の時節《じせつ》ぞと問《と》はば　五百《ごひゃく》の塵点《じんてん》其《そ》れより過《す》ぐと
疑《うたが》ふな潮《うしお》の花《はな》も
浦《うら》の春《はる》
自家忽爾《じけこつじ》として都《すべ》て忘却《ぼうきゃく》す

【現代語訳】

釈尊が悟りを完成したという菩提樹下の地は、ガヤの市街からそれほど遠いわけではない。釈尊はそこで、苦行六年を経て、菩提を証したのであった。もし人が私に、それはいつの時であったのか、と問うなら、その時から五百塵点劫《こう》という、気の遠くなるような長い時間が経っている、と答えよう。


（著語）変わらない春として、永劫の時間が経っていることを疑うでない。

いつ成道したのか、昔の時間のことは、忘れた。（過去のことなのではない、今・此処のことなのだ。）


【解説】

「如来寿量品」では、久遠実成《くおんじつじょう》の釈迦牟尼仏《しゃかむにぶつ》が明かされる。久遠実成というのは、久遠の昔に実際に成仏した仏のこと、すでに智身を完成して以来、ほとんど無限の時間が経っている仏のことである。それは歴史上、紀元前四、五世紀に、インドに現われた釈尊とは異なる。前者は、仏智そのものを内容としていて姿・形の見えない仏、後者は、姿・形の見える仏、と言いうる。歴史上の釈尊は、久遠実成の仏の化《け》身《しん》なのである。

経典には、この久遠実成の釈迦牟尼仏に関して、次のように言っている。

……一切世間の天《てん》・人《にん》及び阿修羅《あしゅら》は、皆、今の釈迦牟尼仏《しゃかむにぶつ》は、釈氏《しゃくし》の宮を出でて、伽耶城《がやじょう》を去ること遠からず、道場に坐して、阿耨多羅三藐三菩提《あのくたらさんみゃくさんぼだい》を得たりと謂《おも》えり。然るに善男子よ、われは実に成仏してより已来《このかた》、無量無辺百千万億那由他劫《なゆたこう》なり。……われ成仏してより已来《このかた》、またこれに過ぎたること、百千万億那由他阿僧祇劫なり。……

一切世間の天・人・阿修羅、また我々は、釈尊が出家の後、苦行六年を経て、「伽耶城を去ること遠」くない、尼蓮禅河《にれんぜんが》のほとり、ウルヴェーラーの森の中のある樹の下に坐禅して、悟りを成就したと考えている。しかし実はそうではない。本当の釈尊は、すでに百千万億那《まんのくな》由他阿僧祇劫《ゆたあそうぎこう》という、ほとんど無限の時間前に、菩提を成就していたのである。単なる劫と、阿僧祇劫とは、同じ長遠の時間の単位でも、さらにはるかに長短の差がある。もちろん、阿僧祇劫の方がはるかに測り知れない時間である。釈尊は、自分は成仏してから、すでにそれだけの時間が過ぎているのだと、自身で今の引用のように明らかにされている。

この讃は、経典の今の引用箇所の内容をまとめたものである。人は、この前、成道を果たしたとおもっているかもしれない。しかし、いつ悟りを成就したのかと質問するなら、もはや五百塵点劫も前だと答えようという。この「若人問我」の我は、経典において自ら無量無辺百千万億那由他阿僧祇劫とも自ら語っている釈尊自身を念頭においたものであろう。

ただし、この我を、良寛と取ることも不可能ではない。その場合は、釈尊に代わって、遙か昔のことだと説明したことになる。いずれにせよ、ここに、歴史上の釈尊ではない、久遠実成の釈迦牟尼仏の存在が明示されたのである。

如来寿量品2

【原文】

日可涼(涼)月可暖　如来神通不可議
常在於此度衆生　不令我輩敢容易視

彼復是一上神通
一笛清風送楚天

【書き下し】

日《ひ》は涼《すず》しかるべく　月《つき》は暖《あたた》かなるべし　如来《にょらい》の神通《じんずう》は議《ぎ》すべからず
常《つね》に此《ここ》に在《あ》りて衆生《しゅじょう》を度《ど》す　我輩《わがはい》をして敢《あえ》て容易《ようい》に視《み》せしめず

彼《かれ》復《ま》た是《こ》れ一上《いちじょう》の神通《じんずう》
一笛《いってき》の清風《せいふう》楚天《そてん》に送《おく》る

【現代語訳】

太陽は涼しく、月は暖かいとしよう。それはありえないことではあるが、それ以上に、如来の仏事をなす神通《じんずう》は不可思議のことである。如来はいつもここにあって、人々を救済されているのだ。だが、私をしてその本姿を簡単には見せないでいる。

（著語）この世を去ったと見せるのも、最高の神通だ。

衆生のために身を隠すなど一心にはたらく姿は、清風そのものだ。

【解説】

『証道歌《しょうどうか》』に、「日可冷、月可熱、衆魔不能壊真説」（日は冷ややかなるべく月は熱かるべくとも、衆魔は真説を壊《え》すること能《あた》わず）とある。良寛はこれを取って、たとえ太陽は涼しく、月は暖かいという考えられないことがあったとしても、如来の神通はそれ以上に不可思議なことだという。では、いったい如来の神通とは、どのようなことなのであろうか。

経典には、次のような文言がある。いわゆる「自我偈《じがげ》」の中の一節である。

われ、仏を得てより来《このかた》、経《へ》たる所の諸の劫数は、無量百千万、億載《おくさい》阿僧祇なり。常に法を説きて、無数億の衆生を教化して、仏道に入らしむ。爾《それ》より来《このかた》無量劫なり。衆生を度《すく》わんがための故に、方便して涅槃を現わすも、しかも実には滅度せずして、常にここに住して法を説くなり。われは常にここに住すれども、諸の神通力をもって、顚倒《てんどう》の衆生をして、近しと雖もしかも見ざらしむ。衆《もろびと》はわが滅度を見て、広く舎利《しゃり》を供養し、咸《ことごと》く皆、恋慕《れんぼ》を懐《いだ》いて、渇仰《かつごう》の心を生ず。……

この讃は、ほぼこの箇所を謳ったものであろう。そうすると、不可思議なる神通とは、この世から去った（滅度した）と見せかけて、実は去ることなく、常にここにいることであろう。このことを、顚倒の衆生は見ることができないという。これまた、神通力によって、近いところにいるのに、あえて見せないのである。それは、衆生に恋慕、渇仰のこころを起こさせるためであった。そのために、容易には見せないのである。ここには、釈尊の衆生への深い愛情、大悲のこころがある。

「われは常にここに住すれども」とあった、その「ここ」とはいったいどこであろうか。もちろん、経典に即していえば、霊鷲山《りょうじゅせん》である。経典の別の箇所に、「衆生、……一心に仏を見たてまつらんと欲して、自ら身命《しんみょう》を惜しまざれば、時にわれ及び衆僧《しゅそう》は、倶に霊鷲山《りょうじゅせん》に出ずるなり。われは時に衆生に語る、常にここに在りて滅せざるも、方便力をもっての故に、滅・不滅ありと現わすなり。……」等とある。しかし、「近し」という「ここ」とは、畢竟《ひっきょう》、どこか。良寛にしてみれば、まさに今、自己がいる「ここ」なのだ、容易の観をなすなかれ、と言いたいところであろう。

如来寿量品3

【原文】

或己身或他身　亦示滅度亦常在
己身々々他身々々
霊山説法若有尽　無限百川不朝海
滅度無尽常在無尽
霊山無尽説法無尽
尽与無尽亦無尽
無尽任無尽
且道呼甚麼作無尽

某甲従来不弄鬼眼睛

【書き下し】

或《ある》いは己身《こしん》　或《ある》いは他身《たしん》　亦《ま》た滅度《めつど》を示《しめ》し亦《ま》た常在《じょうざい》
霊山《りょうぜん》の説法《せっぽう》若《も》し尽《つ》くること有《あ》らば　限《かぎ》り無《な》き百川《ひゃくせん》も海《うみ》に
朝《ちょう》せざらん

滅度《めつど》無尽《むじん》　常在《じょうざい》無尽《むじん》
霊山《りょうぜん》無尽《むじん》　説法《せっぽう》無尽《むじん》
尽《じん》と無尽《むじん》と亦《ま》た無尽《むじん》
無尽《むじん》無尽《むじん》に任《まか》す
且《しば》らく道《い》へ甚麼《なに》を呼《よ》んでか無尽《むじん》と作《な》す
某甲《それがし》従来《じゅうらい》鬼《き》眼睛《がんぜい》を弄《ろう》せず

【解説】

あるいは自分の姿を示し、あるいは他人の姿を示す。死んで涅槃《ねはん》に入ると示したり、常住といったりする。霊鷲山《りょうじゅせん》の説法がもし尽きてしまうなら、数限りない川が海に集まることはないであろう。

（著語）無尽ということは、頭で考えて解ることではない。いったい、どういうことが無尽なのか、言ってみよ。

私はもとより節穴の眼で見たためしがない。無尽もしっかり把握しているわい。今・ここの自己のいのちこそ無尽なのである。

【解説】

この讃の第一句・第二句は、やはり経典に依拠している。経典には、「諸の善男子よ、如来の演《の》ぶる所の経典は、皆、衆生を度脱《すくわ》んがためなり。或《ある》いは己が身を説き、或《ある》いは他の身を示し、或《ある》いは己が事を示し、或《ある》いは他の事を示せども、諸の言説《ごんせつ》する所は、皆、実にして虚《むな》しからざるなり」とあり、また、「……かくの如く、われは、成仏してより已来《このかた》、甚大《はなはだ》久遠なり。寿命は無量阿僧祇劫にして、常に住して滅せざるなり。……然るに、今、実の涅槃に非ざれども、しかも便ち唱えて、当に滅度を取るべしという。……」とある。また、前に見た、「……方便して涅槃を現わすも、しかも実には滅度せずして、常にここに住して法を説くなり」も、第二句と相応し、その他、「常にここに在りて滅せざるも、方便力をもっての故に、滅・不滅ありと現わすなり……」なども同様であろう。

釈尊は寿命無量であり、実は霊鷲山、否、ここにおいて常に住して法を説いているのであり、滅・不滅ありと示すのは、方便によってなのである。

この常住の仏がいて、常にそこで説法しているという。それは、「毎《つね》に自らこの念を作す、何をもってか衆生をして無上道に入り、速《すみやか》に仏道を成就することを得せしめん」という、その純一な思いのゆえである。

釈尊は遷化《せんげ》される。み仏にまのあたりお会いできることは、もうなくなってしまう。しかし実は我々は、常住の仏の、この私を想う大悲にいつもいつも包まれている。そうであればこそ、仏道に出立した者は、やがて阿耨多羅三藐三菩提《あのくたらさんみゃくさんぼだい》を成就することができる。大小・長短さまざまのどんな川でも、無数ともいえるすべての川が大海に集まることが出来るのである。

ところが、もし霊鷲山で、常に住して説法されている仏、久遠実《くおんじつ》成《じょう》の仏がいなかったら、無数の人々が成仏にいたることはありえないであろう。このことを指摘する中で、良寛は永遠の仏の大悲を讃嘆し、また感謝しているわけである。

如来寿量品4

【原文】

言道有可修可成　実愚於認乙為甲
衆生若無種々心　如来不説種々法
不奈何舟打破戽斗
更説道理看

【書き下し】

道《みち》に修《しゅ》すべく成《じょう》ずべき有《あ》りと言《い》はば　実《じつ》に乙《おつ》を認《みと》めて甲《こう》と為《な》すよりも愚《おろか》なり
衆生《しゅじょう》に若《も》し種々《しゅじゅ》の心《しん》無《な》くんば　如来《にょらい》も種々《しゅじゅ》の法《ほう》を説《と》かじ
舟《ふね》を奈何《いかん》ともせず戽斗《こと》を打破《だは》す
更《さら》に道理《どうり》を説《と》いて看《み》よ

【現代語訳】

道として修すべきまたは成ずべきものがあると言うなら、それは実に誤って乙を甲と認めるよりも愚かである。人々に、もし種々の心が無ければ、如来もまた種々の法を説くまいものを。

（著語）水を汲み出すひしゃくを壊せば、船を制御できない。説法をしなければ、悟りに到達できない。

種々の法を説かじということに関して、さらに道理を説いてみよ。

【解説】

大乗仏教は一般に、仏道修行して悟りを成就し仏となっていく道だと考えられている。しかし良寛は、そういう考え方を根本から否定している。修すべき道などない、成就すべき悟りなどない、という明瞭な立場に立つ。ゆえにそのようなことを言おうものなら、乙を甲と言うよりも愚かしいという。いったいこれはどういうことであろうか。

もちろん良寛は、仏教を頭から否定しているわけではないであろう。本来、仏である事実に立って、そこに自足したときに、仏としての自己が実現する。しかし、その事実を忘れて、どこか未来に仏となった自分を想定して、それを対象的に追い求めるならば、いつまでたってもらちが明かない。そのような立場での修行は、むしろ業《ごう》つくりである。「求心歇《ぐしんや》む処《ところ》、即ち無事」ともいう（『臨済録』）。その意味で、修行も悟りもないというのである。

そのように、分別《ふんべつ》、はからいを放下していくところに、実は修行にかなった世界があるであろう。

そうは言っても、衆生には、さまざまな欲望、理想等がある。こうなりたい、という思いは簡単に消えるものではない。その思いは、人さまざまであろう。そこで釈尊は、相手に応じて最も適切な説法を施していく。衆生の「種々の心」とは、希望・意欲のみならず、性格や資質、能力等においても実にさまざまであろう。釈尊はその事情にも、真摯に対応されることは言うまでもない。経典には、「諸《もろもろ》の衆生には、種種の性、種種の欲、種種の行、種種の憶想《おもい》・分別あるをもっての故に、諸の善根を生ぜしめんと欲して、若干《そこばく》の因縁《いんねん》・譬喩《ひゆ》・言辞《ごんじ》をもって、種種に法を説きて、作すべき所の仏事を未だ曽て暫らくも廃せざるなり」とあり、その事において久遠《くおん》の昔の成道以来、ひとときもやめたことはないのである。

ここを、良寛は、大変なことだ、ご苦労なること限りない。もし衆生に求める心がなければ、釈尊もそのような苦労をせずにすむものを、という言い方をしている。しかしこの表現は、一つは外に仏を求めてあくせくするなということを伝えると同時に、愚かであるほかない我々衆生のために、いかに釈尊が心を砕いてくださっていることか、ありがたい、ありがたいと、釈尊の大慈悲心に感謝の念を捧げているものであろう。

それにしても、修すべきものもなければ証すべきものもないと、はっきり言える良寛は、仏道への確かな眼を有しておられたというほかないであろう。

如来寿量品5

【原文】

刧（劫）火洞然大千壊　我此国土長平安
此是神仙真秘訣　誰指蓬莱凌波瀾
疥狗不生天
笑雲中白鶴

【書き下し】

劫《こう》火《か》洞然《どうねん》として大千《だいせん》壊《え》するも　我《わ》が此《こ》の国土《こくど》は長《とこしな》へに平《へい》安《あん》なり
此《これ》は是《こ》れ神仙《しんせん》の真秘訣《しんひけつ》　誰《たれ》か蓬莱《ほうらい》を指《さ》して波瀾《はらん》を淩《わた》らん
疥狗天《かいくてん》に生《しょう》ぜず
雲中《うんちゅう》の白鶴《はっかく》を笑《わら》ふ

【現代語訳】

宇宙は、成《じょう》・住《じゅう》・壊《え》・空《くう》のプロセスを繰り返すという。その壊劫《こう》の最初に起こるという火災は洞然として（激しく燃えさかって）三千大千世界を焼き尽くすとしても、我がこの国土はとこしなえに平安である。この国土にあるということこそが、不老長寿を謳う神仙の真の秘訣である。どうして不死の妙薬の産地という蓬莱《ほうらい》山をめざして、海を渡ろうとする必要があろうか。

（著語）壊する時は壊するのみ。楽しみを求めるばかりが人生ではない。

【解説】

「劫火洞然として大千壊するも」は、『碧巌録《へきがんろく》』第二十九則「大隋劫火洞然」の本則に、そのまま出る。この句は、公案《こうあん》として用いられるわけである。

ただし経典には、「……神通力かくの如し、阿僧祇劫において、常に霊鷲山及び余の諸の住処に在るなり。衆生の、劫尽きて、大火に焼かるると見る時も、わがこの土は安穏にして、天・人、常に充満せり」とある。「此の国土」とは、久遠実成《くおんじつじょう》の釈迦牟尼仏《しゃかむにぶつ》のいます霊鷲《りょうじゅ》山《せん》のことである。

この国土のことがわかったら、「神仙」つまり道家のいう不老長寿の「真秘訣」が了解されるという。「真秘訣」とは、核心、要諦、と言った意味であろう。こうして、真の不老長寿を、この国土で得られるならば、不老長寿の霊薬、仙丹《せんたん》の入手をめざして、蓬莱山に向けて舟で行く必要もないであろう、という。

さて、そうだとすれば、ではすべてが壊滅してもなお永遠に平安であるという「この国土」とは、いったいどういう世界なのであろうか。

経典には、久遠実成の釈迦牟尼仏は、「如実に三界の相は、生まれること死すること、若しくは退すること若しくは出ずること有ることなく、亦、世に在るもの及び滅度する者もなく、実にも非ず、虚にも非ず、如にも非ず、異にも非ざることを知見して、三界のものの三界を見るが如くならざればなり。斯《かく》の如きの事《じ》を、如来は明かに見て、錯謬《あやまり》あることなし」とある。三千大千世界が壊するというその只中にも、壊・不壊に関わらない世界がある。そこが平安の国土であろうが、そこはいったい、どこに見出されるのであろうか。

かつて良寛は、三条の大地震があったとき、与板《よいた》の山田杜皐《やまだとこう》老に、「災難に逢う時節には災難に逢うがよく候《そうろう》。死ぬ時節には死ぬがよく候。是《これ》はこれ災難をのがるる妙法にて候」と手紙を書いた。おそらく、良寛は、壊するときは壊する、そこに永遠の平安の世界があるといわれるに違いない。何か天国や浄土のような、永遠の存在がどこかにある、というのではないに違いない。

そのつどそのつど、縁に応じて主体が主体のままに生きるとき、あるいは死ぬとき、そこに生死《しょうじ》を超えた、絶対の生の世界がある。生也《しょうや》全機現《ぜんきげん》・死也全機現である。そこは対象的に、生まれた、滅したと捉えられる世界ではないので、不生である。この不生の生に、永遠のいのちが躍動している。それは、即今・此処・自己において見出されるべきことである。海のかなたの蓬莱山にあるわけではないのである。

如来寿量品6

【原文】

之子可愍被毒中　乃昼乃夜謾狂顚

医王不知何処去　長留薬品在大千

服与不服非医咎也

きみなくてたれにか見せむうめのはないろをもかをもしるひとそしる

【書き下し】

之《こ》の子愍《こあわれ》むべし　毒《どく》に中《あ》てられ　乃昼乃夜《だいちゅうだいや》　謾《みだ》りに狂顚《きょうてん》す

医王《いおう》知《し》らず何処《いずこ》にか去《さ》りにし　長《とこしな》へに薬品《やくひん》を留《とど》めて大千《だいせん》に在《あ》り

服《ふく》すると服《ふく》せざるとは医《い》の咎《とが》に非《あら》ざるなり
君《きみ》なくて誰《たれ》にか見《み》せむ梅《うめ》の花色《はないろ》をも香《か》をも知《し》る人《ひと》ぞ知《し》る

【現代語訳】

この子はまことに可哀想だ。毒に当たって、昼も夜もさかんに狂いもがいている。医王（仏）はいったいどこへ行ったのか知られない。しかし遠い未来に向けて薬品を残して大千世界に留められている。

（著語）病を治す薬を服するかどうかは、当人次第だ。

知る人ぞ知る梅の花のよき色・よき香（『法華経』の核心）を、方便に通じていたあなた（仏）がいなくなってしまったら、誰が知りえようか。

【解説】

ここは、「如来寿量品」の喩え話にちなんでの讃である。喩え話の内容は、次のようである。昔、良医がいた。その者に多くの子どもがいたが、その子どもたちは、父の留守の間に、「他の毒薬を飲み、薬、発《あらわ》れて悶《もだ》え乱《なや》み、地に宛転《まろ》べり」ということになってしまった。やがて父が帰ってきて、毒を飲むも本心を失っていなかった者は、父の薬を飲んで治った。しかし本心を失った者は、薬を「美《うま》からず」と想って、それを飲まなかった。これを見て、父はこう思ったという。「この子は愍《あわれ》むべし。毒のために中《あて》られて心は皆、顚倒せり。」そこで方便を設けて、「汝等よ、当に知るべし。われは今、衰え老いて死の時已《すで》に至れり。この好《よ》き良薬《ろうやく》を今、留めてここに在《お》く。汝よ、取りて服すべし。差《い》えざらんことを憂《うれ》うること勿れ」と語って、他国に行き、使いは帰して「父は死んだ」と告げさせた。子どもたちはこれを悲しみ、心がめざめ、薬を服すると、すべて毒を飲んでの病は治った。やがて父は帰ってきて、子どもたちとあいまみえた、という。

この話は、釈尊が経典を残しつつ、方便をもって涅槃《ねはん》に入る相を見せて、そうして愚かな衆生を導くことの喩えである。そうした衆生に、釈尊への切なる渇仰《かつごう》の想いを起こさせるのである。その釈尊の大悲の深さが主題であると同時に、方便ではない、常住ともいわれた真の釈尊のありかはどこにあるかをも問うものとなっていよう。

この讃は、まさしくこの喩え話をそのまま詩にしたものである。なお、経典には、「此子可愍、為毒所中、心皆顚倒。……」の語もある。

いうまでもなく、この喩え話中の薬とは、『法華経』のことである。ただし道元《どうげん》―良寛における『法華経』のその核心は、たとえば渓声山《けいせいさん》色《しき》であることを、忘れてはならない。

分《ふん》別《べつ》功《く》徳《どく》品《ほん》

【品の概要】

釈尊は、その本来の如来の寿命の長遠なることを説いた時、それを聞いた莫大な数の菩薩や衆生に、無生法忍《むしょうほうにん》の悟りや、無礙《むげ》の弁才、清浄《しょうじょう》な説法等、さらには八生ないし一生に阿耨多羅三藐三菩提《あのくたらさんみゃくさんぼだい》を得る（以上、菩薩）もしくは菩提心を発する（衆生）功徳があったことを明かす。すると、多宝如来《たほうにょらい》・釈迦牟尼仏《しゃかむにぶつ》及びその無量の分身らに、曼陀羅華《まんだらけ》・摩訶《まか》曼陀羅華が雨ふるなど、その他、妙なる奇瑞が現れる。弥勒《みろく》菩薩は、この内容を偈《げ》でもってつづり、釈尊に献げてその歓喜を表わすのであった。

その時、釈尊は弥勒菩薩に、もし人々が仏の寿命の長遠なることを聞いて、少なくとも一念信解したら、測り知れない無量の功徳を得、阿耨多羅三藐三菩提において不退となると説き、さらに偈でもってこのことを再説する。

さらに釈尊は弥勒菩薩に対し、『法華経』を詳しく聞き、人に聞かせ、自ら持ち、人に持たせ、自ら書し、人に書させ、さらに華《け》・香《こう》等によって経巻を供養するなら、その人の功徳は無量・無辺で、一切種智《いっさいしゅち》を生じることが出来ると説く。また、人々が自分が説いた寿命の長遠なることを聞いて「深心に信解《しんげ》する」なら、霊鷲山《りょうじゅせん》に常に在って説法している釈迦牟尼仏を見、この娑婆《しゃば》世界が浄土のように見えるであろう、とも説く。

あるいは『法華経』を読誦・受持する者は、「如来を頂戴したてまつる」のであり、その行為は塔寺《とうじ》や僧坊を建立して衆僧を供養することと同じだとや、七宝に飾られた仏塔を建立して長時に供養することと同じだと示す。まして「能くこの経を持《たも》ち、兼《か》ねて布施《ふせ》・持戒《じかい》・忍辱《にんにく》・精《しょう》進《じん》・一心《いっしん》・智慧《ちえ》を行じるなら、その功徳は最勝にして無量・無辺であり、疾く一切種智に至る」と明かしている。

最後に、釈尊は、ある人がこの経を読誦・受持し、他人のために説き、若しくは自らも書き、若しくは人をして書かしめたときの功徳を説くが、中にその人のありようについて、次のように言っている。

……又他人のために種種の因縁をもって義に随って此の法華経を解説し、また能く清浄に戒を持ちて柔和《にゅうわ》なる者と共に同じく止《す》み、忍辱《にんにく》にして瞋《いか》り無く、志《こころざし》念堅固にして常に坐禅を貴《とうと》び、諸の深定《じんじょう》を得《え》、精進勇猛《ゆうみょう》にして諸の善法を摂し、利根智慧《かしこき》ありて善く問難《もんなん》に答えん。

そして、「当に知るべし、この人は已に道場に趣き、阿耨多羅三藐《あのくたらさんみゃく》三菩提《さんぼだい》に近《ちか》づきて、道樹の下に坐せることを」と示している。ここの結びには、「阿逸多よ、この善男子・善女人の、若しくは坐し、若しくは立ち、若しくは経行せん処、この中には便《すなわ》ち応に塔を起つべし。一切の天・人は皆、応に供養すること仏の塔の如くすべし」とある。以下、釈尊は重ねて偈でもって、以上のことを説明するのである。

著語

（原文）
驢載馬駄上鉄船
（書き下し）
驢載馬駄《ろさいばだ》して鉄船《てっせん》に上《のぼ》る
（解説）
『法華経』を広めることの功徳を、たくさん挙げている。

分別功徳品１

【原文】

従佗（他）流通与正宗　箇裏一句如何持
堪笑諸方暗黒豆　終日区々向外馳
罕逢穿耳客
多逢刻舟人

【書き下し】

従他《さもあらばあれ》　流通《るずう》と正宗《しょうしゅう》と　箇裏《こり》の一句《いっく》　如何《いか》んが持《たも》たん
笑《わら》ふに堪《た》へたり　諸方《しょほう》の暗黒豆《あんこくず》　終日区々《しゅうじつくく》として外《そと》に向《むか》って馳《は》す
穿耳《せんに》の客《かく》に逢《あ》ふことは罕《まれ》にして
多《おお》くは舟《ふね》を刻《きざ》む人《ひと》に逢《あ》ふ

【現代語訳】

古来、この品には本門の正宗分《しょうしゅうぶん》（前半）と本門の流通《るずう》分（後半）とがあるというが、そんなことはどうでもよい。このなかの核心をどうつかまえ受持するかが問題である。諸方の言葉のみを追う者には笑ってしまう。終日、自分の外に何かを追い求めてあくせく走りまわっているのみだ。

（著語）本当に解っている人は少なく、多くは本質がわかっていない者ばかりである。

【解説】

「分別功徳品」は古来、初め本門の正宗分を終え、いよいよ本門の流通分を説くという形になっているとされている。その流通分は、『法華経』を広める功徳の高大なることを説く。ここで問題は、『法華経』を受持するとか広めるとかは、どういうことか、である。畢竟《ひっきょう》、『法華経』とは何か、ということである。『法華経』の形式的な構成の判定がもっとも大事なわけでもないのに、その方を大事だと考える人が案外いるものである。

『法華経』とは何か。良寛はそれを「箇裏の一句」と言っている。箇裏のとは、直接的には「分別功徳品」のないし本門のということになろうが、要は経典全体のでよいであろう。一句とは、すべてをそこに凝縮した核心のことである。それはいうまでもなく諸法実相《しょほうじっそう》であり、経典のたとえば十如是《じゅうにょぜ》というような言葉のことではない。まさに如是そのものとしての、道元のいう渓声山色のことである。その一句を持《たも》つとは、その一真実を生きるということに他ならない。

しかし多くの仏教僧は、このことに思いが至らず、『法華経』の言葉にとらわれ、講釈したりする。暗黒豆とは、正しくは揞黒豆であり、黒豆のような漢字を一つひとつ拾って読む者ということである。『臨《りん》済録《ざいろく》』には、臨済が黄檗山《おうばくさん》によって、黄檗老師がお経を読んでいるのを見て、「私はこれまで老師を一箇の人物だと思っていましたのに、なあんだ、ただのお経読み坊主だったのですか」と言ったとある。この「ただのお経読み坊主」というのは、「元来是揞黒豆老和尚」の訳である。

良寛に言わせれば、『法華経』はただの文字の羅列ではない。また、『法華経』を読むとは、そのもっとも根本的なメッセージを深く理解することでなければならない。けっして、言葉にとらわれて、その本質を見失ってはならないのである。『法華経』には、久遠実成《くおんじつじょう》の釈迦《しゃか》牟尼仏《むにぶつ》のいのちが脈打っているのであり、それは即今・此処・自己にはたらいているのである。そこをぜひつかまえてほしいという、いわば切なる悲心がここにある。

ここがわからないと、何か自分の外にすばらしいものがあると思って、それをあくせく追い求めるのみと成り下がるのである。

随喜功徳品《ずいきくどくほん》

【品の概要】

この品は、前の「分別功徳品」の続きのような品である。初め、弥《み》勒《ろく》菩薩は釈尊に、『法華経』を聞いて随喜するなら、どのくらいの福を得るのかを尋ねる。これに対し釈尊は、次のように答える。出家・在家・老若男女を問わず、『法華経』を聞いて随喜し、さらに「法会《のりのあつまり》より出でて余処に至り、若しくは僧坊に在り、若しくは空閑《しずけ》き地、若しくは城邑《みやこ》・巷陌《ちまた》・聚落《まち》・田里《むら》にて、その所聞の如く、父母・宗親《やから》・善友《よきとも》・知識《しりびと》のために、力に随って演説」すると、これを聞いた人もまた随喜して他の所に行き、『法華経』を語る。このように、次から次へと伝えて五十番目に至ったとして、その第五十の人の、『法華経』の一偈を聞いて随喜することによる功徳は、測り知れないという。

その測り知れなさの例として、まさに無数の生きとし生ける者に対して、その者が望むままに閻浮提《えんぶだい》に一杯の諸の珍宝や象・馬の車、七宝よりなる宮殿・楼閣を布施して八十年過ごし、死を前にしてはそれらの者を仏法によって導いて阿羅漢《あらかん》等にならしめ、八解脱《はちげだつ》を得せしめたとして、その無量無辺の功徳さえ、『法華経』の一句に随喜する功徳の百千万億分の一にもならないという。そのように五十番目の人の功徳はなお無量無辺阿僧祇《あそうぎ》であるのであり、まして最初、仏の説法を聞いて随喜した者の福は、それと比べものにならないほど大きいとも説くのである。

さらに釈尊は、弥勒菩薩に語りかける。もし人が『法華経』を聞くために僧坊に往《い》って、ほんのわずかの間でもこれを聴けば、死後には上妙の車に乗って天宮に上るであろう。また、『法華経』が説かれている会座《えざ》にあって、人に席をゆずるなどして人にそれを聴かせれば、死後、神々の世界に生まれるであろう。もし人に一緒に『法華経』を聴きにいこうと呼びかけ、わずかの間でも実際に聞けば、その人は死後、陀羅尼菩薩《だらにぼさつ》（陀羅尼を得た菩薩）と同じところに生まれるであろう、等と語る。この陀羅尼菩薩と同じところに生まれた菩薩は、きわめて健康的で美しい相貌であることが、種々、詳しく説かれる。さらに、「世世に生《うま》れん所には、仏を見、法を聞き、教誨《みおしえ》を信受せん」ともある。

こうして、釈尊は弥勒菩薩に、最後に次のようにも語るのである。

阿逸多よ、汝、且《しばら》くこれを観《み》よ。一人を勧めて往きて法を聴かしむる功徳は、かくの如し。何に況んや、一心に聴き、説き、読誦し、しかも大衆において、人のために分別し、説《おしえ》の如く修行せんをや。

以下、上述の内容を、偈《げ》でもって重ねて説く。その中には、死を間近にした信徒への教えとして、「世は皆、牢固ならざること、水の沫《しぶき》・泡《あわ》、焔《かげろう》の如し。汝等よ、咸《ことごと》く応当《まさ》に、疾《と》く厭離《おんり》の心を生《おこ》すべし」と説くともある。

著語

（原文）
千尺糸綸直下垂
一波纔起万波随

（書き下し）
千尺《せんじゃく》の糸綸《しりん》直下《じきげ》に垂《た》る
一波《いっぱ》纔《わず》かに起《お》これば万波《まんぱ》随《したが》ふ

（解説）
大物を釣るために、深く糸を垂れ、獲物がかかってちょっと波が起きると、どこまでも広がっていく。随喜の輪の広がることを言う。

随喜功徳品1

【原文】

有経有経名法華　好勧一人為聴侶
五十展転随喜功　我今与君子細叙

若道子細叙
那箇是子細叙処
若道子細不叙
奈何已如是道
畢竟作麼生
頻喚小玉元無事
只要檀郎認得声

【書き下し】

経《きょう》有《あ》り経《きょう》有《あ》り　法華《ほっけ》と名《な》づく　好《よ》し一人《いちにん》に勧《すす》めて聴侶《ちょうりょ》と為《な》すに
五十《ごじゅう》展転《てんでん》す　随喜《ずいき》の功《く》　我《わ》れ今君《いまきみ》が与《た》めに子細《しさい》に叙《の》べん

若《も》し子細《しさい》に叙《の》べんと道《い》はば
那箇《なこ》か是《こ》れ子細《しさい》に叙《の》ぶる処《ところ》
若《も》し子細《しさい》に叙《の》べずと道《い》はば
已《すで》に是《か》くの如《ごと》く道《い》ふを奈何《いかん》せん
畢竟《ひっきょう》作麼生《そもさん》
頻《しき》りに小玉《しょうぎょく》を喚《よ》ぶも元事無《もとじな》し
只《た》だ檀郎《だんろう》の声《こえ》を認得《にんとく》せんことを要《ほっ》するのみ

【現代語訳】

法華と名づけるすばらしい経典がある。一人の人に語って聞かせて仲間にすることはとてもよいことだ。それが人から人に語りつがれて、五十人にも至ったときのその随喜の功徳を、私は今、あなたに詳しく述べよう。

（著語）随喜の功徳について、もしも詳しく述べようというなら、何が詳しく述べるということか。もしも詳しく述べないというなら、すでに、経典にそのように詳しく述べていたことをどうするのか。畢竟、どうか。

側室の女が、しきりに侍女を呼ぶのは、用があるわけでなく、主君に自分のことを知ってもらいたいからのみだ。随喜の功徳の多さが肝心なのではない、『法華経』自身が重要なのだ。

もっとも、ここでも問題は、『法華経』を聴かせるということは、いったいどういうことなのかである。ここが確かでなければ、功徳の量も半減どころか全くないということになりかねない。『法華経』を語るのは、いい。しかしただ言葉の文字面のみを伝えても、真に伝えたことにはならない。「子細に叙《の》べん」の中には、良寛としては、そのことも込めていたのではなかろうか。

【解説】

この讃は、『法華経』がつぎからつぎへと語りつがれていくときの、随喜の功徳がどれほどの量のものか、詳しく説明しましょう、というものである。もちろん、このことは、経典に説かれているところであり、それは莫大とされる。経典には、「……かくの如くして第五十に至らん。阿逸多よ、その第五十の善男子・善女人の随喜の功徳を、われ今、これを説かん」とあり、その無量なることが詳しく説かれていく。すなわち、四百万億阿僧祇《あそうぎ》の世界の一切の衆生の一々に、閻浮提《えんぶだい》に満ちた宝石類や象・馬の車、七宝より成る宮殿・楼閣等の娯楽の具を八十年にわたり施与し、さらに仏法をもって訓《おし》え導いて、小乗における解脱《げだつ》を得せしめたとする。その功徳は莫大であるが、今の五十人目の人が法華経の一偈《げ》を聞いて一念随喜する功徳に比べれば、それは百千万億分の一にも及ばない。まして最初の人が随喜した時の功徳の如きは無量無辺無数で比べることが出来ないという。

さらに釈尊は、『法華経』を一人でも聞かせる功徳について、来世の容貌等の優れていることを実に事細かに示し、「世世に生《うま》れん所には、仏を見、法を聞き、教誨《みおしえ》を信受せん」とある。まして一心に聴き、説き、読誦し、しかも大衆において、人のため分別し、説の如く修行する人の功徳はそれどころではないとしている。

この讃は、この経典の記述をそのまま詩にしたものである。なお、この品の重頌《じゅうじゅ》の中に、「如是展転教、至於第五十」、「若有勧一人、将引聴法華……」等とある。

法師功徳品《ほっしくどくほん》

【品の概要】

この品は、次のように始まる。「その時、仏は常《じょう》精進《しょうじん》菩薩《ぼさつ》・摩訶《まか》薩《さつ》に告げたもう。「若し善男子《ぜんなんし》・善女人《ぜんにょにん》にして、この法華経を受持し、若しくは読み、若しくは誦し、若しくは解説《げせつ》し、若しくは書写せば、この人は当に八百の眼《げん》の功徳《くどく》、千二百の耳《に》の功徳、八百の鼻《び》の功徳、千二百の舌《ぜつ》の功徳、八百の身《しん》の功徳、千二百の意の功徳を得べし。この功徳をもって六根《ろっこん》を荘厳《しょうごん》して皆、清浄《しょうじょう》ならしめん。……」」以下、『法華経』を受持等する者の眼・耳・鼻・舌・身・意の六根（六つの器官）は、いかに多くの功徳を得るか、各根ごとに詳しく説かれていく。

たとえば、眼は、肉眼ながら三千大千世界の内外のありとあらゆるものを見ることになる。自然界の山川のすべてや、阿鼻《あび》地獄から有《う》頂天《ちょうてん》までの衆生の姿などである。

耳は、同様に世界のありとあらゆる音を聞く。鼻も同様に、世界のありとあらゆる香をかぐ。舌は少し異なっていて、一つは何を食べても皆な変じて上味となるとあり、一つは説法すると深妙の声となって、ありとあらゆる者たちが集まってくるとある。身は、清浄となり、浄《きよ》き瑠璃《るり》のようになるとあり、その身中に、他のあらゆる者たちの身が現れるとある。

以上は、五つの感覚器官の功徳であるが、いずれもまず長行《じょうごう》（普通の文による説法）があって、そのあと偈《げ》で重ねてその趣旨が説かれている。そういう仕方で、どれだけ多くのものを見たり聞いたりするかが、こと細かに説かれるのである。身に関する偈文の最後には、「未だ無漏《むろ》、法性《ほっしょう》の妙身を得ずと雖も、清浄の常の体《からだ》を以って、一切を中《なか》において現わさん」とある。

最後に、意の功徳である。もちろん、如来の滅後にこの経を受持し、若しくは読み、若しくは誦し、若しくは解説し、若しくは書写する善男子・善女人の功徳なのであるが、次のようである。「この清浄の意根を以って、乃至、一偈《げ》一句《く》を聞くに、無量無辺の義を通達《さと》らん。その義を解《さと》り已りて、能く一句一偈を演説すること、一月・四月、乃至、一歳に至らんに、諸の所説の法は、その義趣《いみ》に随って皆、実相と相い違背《いはい》せざらん。若し俗間《ぞっけん》の経書、治世の語言、資生《ししょう》の業《ごう》等を説かば、皆正法《しょうぼう》に順《したが》わん。三千大千世界の六趣《しゅ》の衆生の心の行《ぎょう》ずる所、心の動作する所、心の戯論《けろん》する所、皆悉くこれを知らん。未だ無漏の智慧を得ずと雖も、しかもその意根の清浄なること、かくの如くならん。この人の思惟し籌量《はか》り言説する所あらば、皆これ仏法にして真実ならざること無く、またこれ先仏の経の中の所説ならん。」

このあと、偈でもってこの意旨が説かれるのである。

著語

（原文）

無限落花与流水

幾多啼鳥共春風

（書き下し）

限《かぎ》り無《な》き落花《らっか》と流水《りゅうすい》と

幾多《いくた》の啼鳥《ていちょう》春風《しゅんぷう》と共《とも》なり

（解説）

清浄《しょうじょう》なる五根《ごこん》（五感の器官）に現成する妙境そのもの。無限・幾多にその意旨を見るべきである。

法師功徳品1

【原文】

眼八百　耳千二　戴嵩牛　韓幹馬

他日有人問如何

有人若問端的意　好執掃箒劈口打

某甲在這裏

【書き下し】

眼八百《げんはっぴゃく》　耳千二《にせんに》　戴嵩《たいすう》の牛《うし》　韓幹《かんかん》の馬《うま》

人《ひと》有《あ》って若《も》し端的《たんてき》の意《い》を問《と》はば　好《よ》し掃箒《そうそう》を執《と》って劈口《へきく》に打《う》たん

某甲《それがし》這裏《ここ》に在《あ》り

【現代語訳】

『法華経』を、受持し、読み、誦し、解説し、書写すると（五種法師）、眼根清浄《げんこんしょうじょう》の功徳《くどく》として八百の眼の功徳を得、耳《に》根清浄の功徳として千二百の功徳を得るという。その功徳は、名画師の戴嵩《たいすう》や韓幹《かんかん》の描く牛や馬のようである。この意味の真意を問う者がいるとしたら、そいつを箒でもって口がさけるほど打ってやるわい。

（著語）さあ、打ってやるぞ。

【解説】

『法華経』を受持し・読み・誦し・解説し・書写する五種法師《ほっし》の功徳の中、眼の八百の功徳とは、肉眼で通常は見ることのできないものが、たくさん見えるということであり、耳の千二百の功徳も同様である。経典には冒頭、「若し善男子《ぜんなんし》・善女人《ぜんにょにん》にして、この法華経を受持し、若しくは読み、若しくは誦し、若しくは解説《げせつ》し、若しくは書写せば、この人は当に八百の眼《げん》の功徳《くどく》、千二百の耳《に》の功徳、八百の鼻《び》の功徳、千二百の舌《ぜつ》の功徳、八百の身《しん》の功徳、千二百の意の功徳を得べし。この功徳をもって六根《ろっこん》を荘厳《しょうごん》して皆、清浄《しょうじょう》ならしめん。この善男子・善女人は父母所生《ふもしょしょう》の清浄なる肉眼《にくげん》をもって三千大千世界の内外《ないげ》の所有《あらゆ》る山・林・河・海を見ること、下《しも》は阿鼻《あび》地獄に至り、上《かみ》は有頂《うちょう》に至らん。亦、その中の一切衆生を見、及び業の因縁・果報の生《しょう》処《じょ》を悉く見、悉く知らん」とある。眼八百とは、父母所生の清浄の眼の清浄なるによって、須弥山《しゅみせん》や諸々の大自然、地獄から有頂天までの世界の一切衆生などを見る力を得るという。耳千二百も同様で、父母所生の耳の清浄なるによって、象の声や駱駝《らくだ》の野声、鈴の声や小太鼓の声、龍の声や夜叉《やしゃ》の声、地獄の声や菩薩、仏の声等々、三千世界の実にありとあらゆる音声《おんじょう》を聴く功徳である。結局は、六根《ろっこん》清浄の世界ということである。

そこに対し良寛は、名画師の戴嵩や韓幹が描いた牛や馬のようであるという。はたして、このことは何を意味していようか。その絵はあたかも生きているようだ、ということを捉えて、六根清浄となった者にとっては、見るもの聞くもの妙有《みょうう》にほかならないといったところか。あるいはその絵を描く行為が自在で流れるようであるところを捉えて、六根清浄の者の感覚・知覚のはたらきは、無礙自在で無作《むさ》の妙用《みょうゆう》にもほかならないというのか。

ちなみに、『臨済録《りんざいろく》』には、「道流《どうる》、山僧が見処《けんじょ》に約せば、釈迦と別ならず。今日多般《たはん》の用処《ゆうじょ》、什麼《なに》をか欠少《かんしょう》する。六道の神光、未だ曽て間歇《かんけつ》せず。若し能く是《かく》の如く見得せば、祇《た》だ是れ一生無事の人なり」とある。

しかも良寛は、六根清浄の者の功徳は、韓幹が描いた牛や馬のようであるということの、その心は何かと聞いたりするなら、口が裂けるほどひっぱたいてやる、という。ここは解りにくいところである。

言えることは、ここで良寛は主体そのものになりきっているということである。これはひっぱたく行為において自ら無作の妙用を示したとも言える。とすれば、戴嵩の牛・韓幹の馬とは、絵のことではなく、これを描く神業を現わしたものと解すべきである。ということは、六根清浄とは、何か特別なものが見えるところに価値があるのではなく、むしろ日常においておのずから自由自在にはたらいているところに価値があるということになる。こんな理解を述べたなら、こっぴどく叩かれるほかないのであろうか。

なお、『碧巌録《へきがんろく》』第五十一則「雪峰是什麼」の本則《ほんそく》の著語《じゃくご》に「好劈口便打」（好し劈口に便ち打たん）の語があり、岩波文庫は、「口をめがけて打ちたいところだ」と注している。

法師功徳品2

【原文】

鼻八百　舌千二　紫羅帳外撒珠玉

雖然一等弄精魂　就中這段最奇特

土曠人稀相逢者少

【書き下し】

鼻《び》八百《はっぴゃく》　舌千二《ぜっせんに》　紫羅帳外《しらちょうげ》に珠玉《しゅぎょく》を撒《ま》く

一《ひと》等しく精魂《しょうこん》を弄《ろう》すと雖然《いえど》も　就中《なかんずく》這《こ》の段《だん》最《もっと》も奇特《きどく》なり

土曠《どひろ》く人稀《ひとまれ》にして　相逢《あいあ》ふ者《もの》少《すくな》し

【現代語訳】

五種法師《ほっし》の功徳《くどく》は、鼻根《びこん》の功徳として八百あり、舌根《ぜっこん》の功徳として千二百あるという。それはあたかも、紫のうすぎぬの寝所のとばりの所に、珠玉をまきちらすかのようである。経典は六根の功徳についていずれについても等しく詳しく描こうと精魂を傾けているが、とりわけこの段はもっともすばらしいものである。

（著語）知音まれである。

【解説】

経典によると、五種の法師は、清浄の鼻根をもって、末利華《まつりけ》の香や青蓮華《しょうれんげ》の香等々、千万種の和香の香をききわけ、象の香、馬の香、童子・童女等の香、草木・叢林の香等々、三千大千世界の上下・内外の種々の香りをききわけ、誤らないという。一方、舌根清浄とは、その舌に苦い、あるいは渋いものをおくと、みな変じて上味《じょうみ》となり、天の甘露《かんろ》のようになるという。また、この舌根でもって演説すると、その深妙の音声《おんじょう》に、種種の天や天女、龍や夜叉《やしゃ》等、あらゆる人々が惹かれて来至して、生涯、侍り供養するとある。

ここを良寛は、「紫羅帳外に珠玉を撒く」と歌った。『碧巌録《へきがんろく》』第十則「睦州問僧甚処」の頌《じゅ》の評唱《ひょうしょう》に、「紫羅帳裏に向《お》いて真珠を撒く」の句があり、『禅林句集《ぜんりんくしゅう》』はこの句に対し、「美しき事限りなし、また真情を吐露する意」とある。鼻根・舌根の功徳の描写に対して、美しいこと限りなしというのであろう。

後半、第三・四句の、「一等しく精魂を弄すと雖然も　就中這の段最も奇特なり」とは、六根それぞれの功徳が実に詳しく説かれているが、その中でもこの段がもっともすばらしいということである。その意味でも、「美しいこと限りない」の意と照応している。

「紫羅帳」とは、美しい紫色の絹のうすもののとばりということになる。高貴な方のベッドや座を囲う幕を意味しよう。「紫羅帳外に珠玉を撒く」は、「紫羅帳裏に珠玉を撒く」のほうがよりよいように思われるが、いずれにしても、視覚的な美である。これを鼻根・舌根の功徳の描写に用いているのは、おかしいのでは、と思われるかもしれない。しかしここは、「美しいこと限りない」の意を表現しているものであり、あるいは「奇特」なことを言おうとするものであるから、特段、齟齬《そご》はない。さらに禅者はよく、「眼で聞いて、耳で見る」というようなことを言う。これは無分別の、主客未分の、純粋経験のところを言うものである。その意味で、嗅覚・味覚を視覚の世界で表現することもありえると言うべきである。

ともあれ、見るもの聞くもの等々、現成底《げんじょうてい》がそのまま諸法実相《しょほうじっそう》であり、それぞれ光り輝いていることを思うべきである。

法師功徳品3

【原文】

身八百　意千二　渠已《是争奈》非有要甚空
夜来一遭喫顚僵《無端》　失却従前多少功

一夜窗《(窓)》前風雨悪
和根推倒海棠花
独ねの閨の燈うちきへ《(え)》てわか影にさへ別ぬるかな

【書き下し】

身八百《しんはっぴゃく》　意千二《いせんに》　渠已《かれすで》に有《う》に非《あら》ず　甚《なん》の空《くう》をか要《よう》せん

夜来《やらい》一《ひと》たび顛《てん》僵《きょう》を喫《きつ》するに遭《あ》ひてより　従《じゅう》前《ぜん》多少《たしょう》の功《く》を失却《しっきゃく》す

一夜《いちや》窓前《そうぜん》風雨《ふうう》悪《あ》しく
根《ね》に和《わ》して推倒《すいとう》す海棠《かいどう》の花《はな》
独寝《ひとりね》の閨《ねや》の燈《ともしび》うち消《き》えて我《わ》が影《かげ》にさへ別《わか》れぬるかな

【現代語訳】
身根《しんこん》の功徳《くどく》は八百、意根《いこん》の功徳は千二百という。それらはすでに有《う》ではない。どうして空《くう》ずることが必要であろうか。昨夜より、ひとたびひっくり返る経験に出会ってからは、これまでいささか修行を積んできたものの、それも必要なかったことを了解した。

（著語）昨夜は窓を打つ風雨が激しかった。海棠の花も根っこから木ごと倒されてしまった。悟ろう悟ろうと思って修行に励んでいたが、そういうはからいはまったく必要なかったと気がついた。

夜、闇夜になって、自己における主客の分裂がおさまり、真実の自己に出会えた。

【解説】
この品の讃として、最後に、身根と意根の功徳についてである。経典に、身根の功徳については、「清浄の身の、浄《きよ》き瑠璃《るり》の如くに、衆生の見《み》んと喜《ねが》うところなるを得ん」とあり、その身の中に、三千大千世界のありとあらゆる衆生等々がその身に現れるという。意根の功徳については、「一偈《げ》一句を聞《く》くに、無量無辺の義理を通達《さと》らん。この義を解《さと》り已りて、能く一句一偈を演説すること、一月・四月、乃至、一歳に至らんに、諸の所説の法は、その義趣《いみ》に随って皆、実相と相い違背《いはい》せざらん」等とある。さらに、「この人の思惟し籌量《はか》り言説する所あらば、皆これ仏法にして真実ならざること無く、またこれ先仏の経の中の所説ならん」とある。

「渠已に有に非ず　甚の空をか要せん」とは、もともと実体として存在していないのであるから、どうしてわざわざ空《くう》ずる必要があろうか、というところであろうが、身根・意根の功徳もしくはこの品全体の説くところとどのように関係するのか、理解はむずかしい。六根清浄の功徳は、改めて得るべきものではなく、本よりそれそのものとして実現していたのであり、そこが、「甚の空をか要せん」なのであろうか。経典には、意根の解説の箇所に、「未だ無漏の智慧を得ずと雖も、しかもその意根の清浄なること、かくの如くならん」（長行）、「法華経を持つ者は、意根の浄きこと斯くの若《ごと》くにして、未だ無漏を得ずと雖も、先ずかくの如き相あらん」（重頌）とある。この辺は「甚の空をか要せん」と重なるところなのかもしれない。

後半の第三句の「顛僵《てんきょう》を喫する」とは、ひっくりかえされてしまうということ、第四句の「功」とは、積んできた修行とその成果といったところである。それで後半の句は、悟ろう悟ろうと思って修行に励んでいたが、そういうはからいはまったく必要なかったと気がついた、ということである。今までの姿勢、考えが、まったくくつがえされてしまったのである。仏に成ろう、仏に成ろうとしていたが、もとより仏であったことに気づかされたという意味になる。

この辺は、前の「未だ無漏を得ずと雖も」あたりと関係しそうであるし、さらに岩波文庫解説によると、「この意根の功徳に関して、「若し俗間の経書、治世の語言、資生の業等を説かば、皆、正法に順わん」の句が説かれているが、これは人間の日々の生活がそのまま直ちに仏法であることを明示したものとして注目せられるべきであろう」とある。日常の生活そのものが、正法《しょうぼう》に順じたものとなるという。「至り得帰り来たれば別事なし、廬山は煙雨、浙江は潮」である。味噌の味噌臭きは上味噌にあらずで、悟りの痕跡はねこそぎ消されなければならない。臨済《りんざい》も、悟ってみれば、「仏法、多子なし」と気づいたのであった。

常不軽菩薩品《じょうふぎょうぼさつほん》

【品の概要】

初め、釈尊は、得大勢菩薩《とくだいせいぼさつ》に、『法華経』を持《たも》つ者を謗《そし》る等すると、大いなる罪の報いを受ける、『法華経』を持つ者は、六根清浄《ろっこんしょうじょう》の功徳を得る、と告げる。その上で、以下、常不軽菩薩《じょうふぎょうぼさつ》のことが説かれていく。

果てしない昔、威音王如来《いおんおうにょらい》という仏がいた。この仏は、声聞《しょうもん》には四諦《したい》、縁覚《えんがく》には十二因縁を説き、菩薩には「阿耨多羅三藐三菩提《あのくたらさんみゃくさんぼだい》に因《よ》せて、六波羅蜜《ろくはらみつ》に応ずる法を説きて、仏慧《ぶって》を究竟《くきょう》せし」めるのであった。寿命は長遠であり、何回も衆生を教化しては涅槃《ねはん》に入るのであったが、その最初の威音王如来の滅尽後、正法《しょうぼう》が滅して像法《ぞうぼう》の時代になって、増上慢《ぞうじょうまん》の比丘がたくさんいた。その時、常不軽という菩薩の比丘《びく》がいた。

この比丘は、誰であっても、「われ深く汝等を敬《うやも》う。敢えて軽《かろし》め慢《あなど》らず。所以《ゆえ》は何《いか》ん。汝等は皆菩薩の道《どう》を行《ぎょう》じて、当に仏と作ることを得べければなり」と言って、礼拝《らいはい》・讃歎《さんたん》するのであった。経典を読誦《どくじゅ》することはなく、「但、礼拝を行ずるのみ」であった。人が遠くにいても、わざわざその人の所に行って、その言葉を告げた。人々（四衆）の中には、自分たちはそんな虚妄《こもう》の授記《じゅき》は受けないと、怒り、ののしった。

この比丘は、常にののしられるも、怒りを生ぜず「汝は当に仏と作るべし」と伝え、杖木《じょうぼく》や瓦石《がせき》でたたかれても遠くに避けては、大声で同じことを言うのであった。

この常不軽菩薩比丘は、臨終に際して、虚空の中で、威音王如来が説く『法華経』を聞き、ことごとく受持して、六根清浄を得、さらに二百万億那由他《なゆた》歳、寿命がのびて、この間、広く『法華経』を説く。かの増上慢の人々は、常不軽菩薩が「大神通力《だいじんづうりき》・楽説弁力《ぎょうせつべんりき》・大善寂《だいぜんじゃく》力《りき》」を得たのを見、教えをきいて、皆、信伏し随従した。やがてこの菩薩は、命終後、諸仏を供養し、それぞれの仏の教化対象に『法華経』を説き、六根清浄を得て、仏となった。

釈尊はここで、実はその常不軽菩薩は私のことであり、宿世《しゅくせ》において、人々のためにこの経を受持・読誦したので、阿耨多羅三藐三菩提を疾く得たのだと明かすのである。

一方、常不軽菩薩を軽蔑した者たちは、地獄で大苦悩を受け、この罪を終えると、また常不軽菩薩の阿耨多羅三藐三菩提に教化するに遇うことになる。その者は、今の釈尊の説法の会座《えざ》にもいる。最後に釈尊は、得大勢菩薩に対し、「この法華経は大いに諸の菩薩・摩訶薩を饒益《にょうやく》して、能く阿耨多羅三藐三菩提に至らしむ。この故に諸の菩薩・摩訶薩は、如来の滅後において、常に応にこの経を受持し読誦し解説し書写すべし」と語るのであった。

以下、偈《げ》で重ねてこの常不軽菩薩のことが述べられていく。常不軽菩薩の言葉に反発しても、すでにその言葉を聞いたこと自体に大きな功徳があったことも明かされている。釈尊も諸仏も、この『法華経』を常に説いているともあり、結びには、「この故に行者は、仏の滅後において、かくの如き経を聞きて、疑惑を生ずることなかれ。応当《まさ》に一心に、広くこの経を説きて、世世に仏に値いたてまつりて、疾く仏道を成ずべし」とある。

著語

（原文）
明年更有新条在
黄河自源頭濁
良久曰会

（書き下し）
明年更《みょうねんさら》に新条《しんじょう》の在《あ》る有《あ》り
黄河《こうが》は源頭《げんとう》自《よ》り濁《にご》れり
良久《しばらく》して曰《いわ》く　会《え》すや

（解説）
謗って罰を受けても、仏性《ぶっしょう》はあり、『法華経』によりまた救われる。人は、もとより仏そのものであって変わるものではない。黄河云々は終始、変わらないところをいう。しばらく黙っていう。分かるか。

常不軽菩薩品1

【原文】

謗法之罪正如此　所得功徳復若斯已陳

泣尽血流無用処　不如閉口過一期

誰言(は)茶苦　会邪
あわのなるとかなにふかゝろはわしか心にくらへては

【書き下し】

謗法《ほうぼう》の罪《つみ》は正《まさ》に此《かく》の如《ごと》し　所得《しょとく》の功徳《くどく》復《ま》た斯《かく》の若《ごと》し

泣《な》き尽《つ》くし血《ち》流《なが》るるも用処《ゆうじょ》無《な》し　如《し》かず口《くち》を閉《と》ざして一《いち》期《ご》を過《す》ごさんには

誰《たれ》か言《い》ふ　茶《ちゃ》は苦《にが》しと　会《え》すや
阿波《あわ》の鳴戸《なると》が何深《なにふか》かろばわしが心《こころ》に比《くら》べては

【現代語訳】

『法華経』の正法《しょうぼう》を謗る罪は、正にこのようだし、『法華経』の受持等による所得の功徳もまたこのようである。謗法の行いによって泣き尽くし、血が流れてもどうにもしようのないことである。であれば、口を閉じて、一期を過ごすにこしたことはない。

（著語）茶は苦いといって嫌う人がいようか。軽々しく否定すべきではない。分かるか。
謗法の罪をおかさないように、と願う私の心の深さは、どれだけのものか測り知れないものがある。

【解説】

この「常不軽菩薩品」の冒頭には、「その時、仏は得大勢菩薩《とくだいせいぼさつ》・摩《ま》訶薩《かさつ》に告げたもう、「汝よ、今当《いままさ》に知るべし、若《ある》いは比丘《びく》・比丘尼《びくに》・優婆塞《うばそく》・優婆夷《うばい》の法華経を持《たも》つ者を、若し悪口し罵詈《ののし》り誹謗《そし》ることあらば、大いなる罪の報《むくい》を獲んこと、前に説ける所の如し。その所得の功徳《くどく》は、向《さき》に説ける所の如く、眼《げん》・耳《に》・鼻《び》・舌《ぜつ》・身《しん》・意《い》は清浄《しょうじょう》ならん」とある。「前に説ける所の如し」に関しては、たとえば「法師品《ほっしほん》」第十に、「若《も》し人、一の悪言《あくごん》をもって、在家にもあれ、出家にもあれ、法華経を読誦する者を毀訾《そし》らば、その罪は甚だ重し」とあるようである。前半、第一句・第二句は、ここを示していよう。なお、良寛はここで、「謗法の罪」と、正法を謗る罪と示しているが、今、見た経典の文句に限れば、『法華経』を持《たも》つ「人」を謗ることとある。もちろん、それは謗法に帰着するであろう。

さらにこの「常不軽菩薩品」自身に、「得大勢よ、彼の時の四衆たる比丘・比丘尼・優婆塞《うばそく》・優婆夷《うばい》は瞋恚《しんに》の意を以って、われを軽《かろん》じ賤《いやし》むるが故に、二百億劫に常に仏に値《あ》いたてまつらず、法を聞かず、僧を見ずして、千劫、阿鼻地獄《あびじごく》において大苦悩を受く。この罪を畢《お》えること已《おわ》りて、復《また》常不軽菩薩の、阿耨多羅三藐三菩提に教化するに遇えり。得大勢よ、汝が意において如何ん。その時の四衆の、常にこの菩薩を軽《かろ》しめたる者は、豈、異人ならんや。今、この会《え》の中の跋陀婆羅《ばっだばら》等の五百の菩薩と師子月《ししがつ》等の五百の比丘尼と思仏《しぶつ》等の五百の優婆塞《うばそく》との皆阿耨多羅三藐三菩提において退転せざる者、これなり。得大勢よ、当に知るべし、この法華経は大いに諸の菩薩・摩訶薩を饒益《にょうやく》して、能く阿耨多羅三藐三菩提に至らしむ。この故に諸の菩薩・摩訶薩は、如来の滅後において、常に応にこの経を受持し読誦し解説し書写すべし」とあるのも参考になろう。

謗法の罪によって、泣き尽しても血が流れても、どうしようもない、という。だから、謗法の罪は犯さないよう、口を閉ざして過ごすのがよいという。しかし単純に口を閉ざせばよいというものでもないであろう。その真意は、不用意な発言は慎むべきであるということに違いない。口を閉ざすだけなら、「所得の功徳」は得られないに違いない。問題は、結局、正法を讃えるとはどういうことか、に帰着する。それは、「開口」にあった、「南無妙法華」以外、ないのかもしれない。

常不軽菩薩品2

【原文】

此土西天那所似　半堪笑半堪悲
今日雖迴（廻）成正覚　尚慕但行礼拝時

夢中説夢
匹上不足匹下有余
箇半前落後漢

【書き下し】

此土《しど》と西天《さいてん》と那《なん》の似《に》たる所《ところ》ぞ　半《なか》ば笑《わら》ふに堪《た》へたり　半《なか》ば悲《かな》しむに堪《た》へたり
今日《きょう》迴《はる》かに正覚《しょうがく》を成《じょう》ずと雖《いえど》も　尚慕《なおした》ふ　但《た》だ礼拝《らいはい》を行《ぎょう》ぜし時《とき》を

夢中《むちゅう》に夢《ゆめ》を説《と》く
上《うえ》に匹《くら》ぶれば足《た》らず　下《した》に匹《くら》ぶれば余《あま》り有《あ》り
箇《こ》の半前落後《はんぜんらくご》の漢《かん》

【現代語訳】

　この地とかのインドの地と、何が似ていようか。おろかしい限りだし、情けない限りだ。常不軽菩薩はすでに成仏して久しいとはいえ、なお、ひたすら礼拝を行じていたかつてのときを慕うばかりである。

（著語）疾く成仏しえたなどというのは、夢の中で夢を説くようなものだ。

　まだ仏とはなりえていなくても、ふつうの人々からすれば優れていることときわまりない。

【解説】

　この品のある重頌《じゅうじゅ》の部分には、「……不軽は命終して、無数の仏に値いたてまつり、この経を説くが故に、無量の福を得《え》、漸く功徳を具して、疾く仏道を成《と》ぜり」とある。常不軽《じょうふぎょう》菩薩は、その行によって、疾く仏と成ったのであった。ここを釈尊は、「得大勢よ、意《こころ》において云何《いか》ん。その時の常不軽菩薩は豈、異人ならんや。則ちわが身これなり。若しわれ宿世《しゅくせ》において、この経を受持し読誦して他人のために説かざりせば、疾《と》く阿耨多羅三藐三菩提を得ること能わざりしならん。われ先仏の所《みもと》において、この経を受持し読誦し、人のために説きしが故に、疾く阿耨多羅三藐三菩提を得たるなり」とも説明している。

　以上は、第三句、「今日迥かに正覚を成ずと雖も」の背景である。さて、「此土と西天と」とに関して、「西天」はインドとして、「此土」とは一体どこのことであろうか。ごく普通には中国のことであるが、良寛にとっては日本のことであろう。では、日本と理解して、この讃全体の意味は、どのようになろうか。「日本とインドとは、どこが似ていようか。全然異なっている。常不軽菩薩のようなお方は、この日本にはついぞ出なかった。このことは、笑ってしまうし、悲しいことだ。常不軽菩薩は疾く仏と成れたが、あの常に礼拝行をされていた頃の行持が慕われてならない。」このようなところであろうか。あるいは、「現在の日本もインドも、かつての常不軽菩薩がおられた時代のインドと全然異なっている」という意味かもしれない。

　しかしながら、私は、「此土」は、常不軽菩薩を主語と見て、すでに仏となってしまって住んでいるその仏国土と受け止められるのではないかと思う。そうすると、次のような解釈になるであろう。「私が今いるこの仏土と娑婆《しゃば》のインドと、どこが似ていようか。こんな快適な国に安穏として過ごしているのは、笑っちゃうし、悲しいことでもある。確かに疾く成道を果たしたが、昔、娑婆世界で人々に合掌礼拝していたころが慕われてならない。」つまり、仏となって仏国土に納まってしまうのは、お笑いものだし、情けないばかりだ。それよりも、むしろ人間界や悪趣に生まれて、他の衆生らの救済に専心、活動していることのほうがよっぽど大事なことだということになる。このような解釈は突飛ではあるものの、ありえないとも言えないのではないか。大悲闡提《だいひせんだい》という言葉がある。闡提とは、一闡提《いっせんだい》のことで、成仏できない者をいう。煩悩《ぼんのう》があまりにも厚い等の理由によるのである。しかし、そうした各種、成仏できない者の中に、大悲の心により、けっして仏に成らず、菩薩のままにいて衆生済度《さいど》に励む者がいるという。そういう者を、大悲闡提の者というのである。この讃は、良寛がそういう心を歌ったものと、私はあえて思うのである。

常不軽菩薩品3

【原文】

朝行礼拝莫(暮)礼拝　但行礼拝送此身
南無帰命常不軽　天上天下唯一人

清風颯々凛々
赤心片々
象王行処絶狐蹤

【書き下し】

朝《あした》に礼拝《らいはい》を行《ぎょう》じ暮《くれ》にも礼拝《らいはい》す　但《た》だ礼拝《らいはい》を行《ぎょう》じて此《こ》の身《み》を送《おく》る
南無帰命《なむきみょう》　常不軽《じょうふぎょう》　天上天下《てんじょうてんげ》唯一人《ただひとり》のみ

清風颯々《せいふうさつさつ》として凛々《りんりん》たり
赤心片々《せきしんへんぺん》たり
象王《ぞうおう》の行《ゆ》く処狐蹤《ところこしょう》を絶《ぜっ》す

【現代語訳】

朝にも礼拝を行じ、暮にも礼拝を行じて、ただひたすら礼拝を行じて生活なされた。その常不軽菩薩に、私は帰依したてまつる。常不《じょうふ》軽《きょう》菩薩は、天上にも天下にも、唯一人しかいない尊いお方です。

（著語）但行礼拝の行持は、あたかも清風颯々として凛々としているようだ。
それは、赤心片々の行持だ。
常不軽菩薩こそ菩薩道の王道を行く者であり、他は色あせてみえよう。

【解説】

この讃は、難しいところは何もない。ただそのまま受け止めればよいものである。
「天上天下唯一人のみ」とは、経典には特になく、良寛がいかにこの常不軽菩薩を讃仰しているかを示すものである。良寛は、たとえば次のような歌も作っている。

　比丘はただ万事はいらず常不軽菩薩の行ぞ殊勝なりける

良寛自身、日常的に、実はひそかに常不軽菩薩行を行じていたと言える。子どもらとただ遊びほうけているようでも、心の中で深く合掌礼拝していたに違いない。そういう意味では、第一句および第二句、「朝に礼拝を行じ暮にも礼拝す　但だ礼拝を行じて此の身を送る」は、実は良寛自身の日常そのものを歌うものとも解釈できるであろう。

常不軽菩薩品4

【原文】

遠見四衆復故往　只麼礼拝讃歎爾
此老去後幾永劫　皆当作仏猶在耳

一回挙著一回新
いくたひもまひ(ゐ)るこころははつせ寺仏（の）ちかひたのもしきかな

【書き下し】

遠《とお》くに四衆《ししゅ》を見《み》て復《ま》た故《ことさ》らに往《ゆ》き　只麼《しも》に礼拝《らいはい》して讃歎《さんたん》するのみ

此《こ》の老《ろう》去《さ》って後《のち》　幾永劫《いくようごう》ぞ　皆《み》な当《まさ》に仏《ほとけ》と作《な》るべし　猶《なお》耳《みみ》に在《あ》り

一回《いっかい》挙著《こじゃく》すれば一回新《いっかいあら》たなり
幾度《いくたび》も参《まい》る心《こころ》は初瀬寺《はつせでら》仏《ほとけ》の誓《ちかい》頼《たの》もしきかな

【現代語訳】

常不軽《じょうふぎょう》菩薩は、遠くに、出家の男・女の僧、在家の男・女の信者を見ては、わざわざそこへ行って、いつものようにただ礼拝讃嘆するばかりであった。この常不軽菩薩が世を去ってしまってから、どれほど長い時間が経ったであろうか。しかし、「みんなやがて仏になる方です」との声は、今なお私たちの耳にとどまっている。

(著語）そのときそのとき、新たな礼拝讃嘆だ。
何度でも、相手に礼拝讃嘆するのが常不軽菩薩行だ。何回となく聞いた仏に成る方だというその言葉は、そのつど新鮮で頼もしい限りだ。

【解説】

経典には、常不軽菩薩の礼拝行が説かれているが、まず第一には、「凡そ見る所有らば」、比丘《びく》・比丘尼《びくに》・優婆塞《うばそく》・優婆夷《うばい》の四衆を礼拝讃嘆し、次に、「乃至、遠くに四衆を見ても、亦復《また》、故《ことさ》らに往きて」礼拝讃嘆するとある。さらに、悪口、罵詈されても、杖木《じょうぼく》・瓦石《がせき》をもって打擲《うちたた》かれても、と続いていくのである。この讃は、その後者の描写をそのまま取ったものである。

常不軽菩薩は、前にも見たように、もはやはるか昔に仏となってしまっているお方であった。常不軽菩薩がこの世を去って以来、どれだけ永劫の時間が経ったのか測ることもできないほどであるが、礼拝行を行っていた時に、必ず相手に言っていた「あなた方は皆な将来、仏になられるはずの方だ」の言葉は、今、現在の我々にも耳に残っているという。この言葉は、どこまでも常不軽菩薩を讃えるとともに、我々がこの言葉をいただいていることへの改めての注意喚起と見ることができよう。良寛の意図としては、「あなたも成仏すべき人間なのですぞ」と訴えていることであろう。

常不軽菩薩品5

【原文】

或投瓦石或杖木　避走遠住高声唱

此老一去無消息　夜来風月為誰浄

逝者若可起　我為執掃箒

【書き下し】

或《ある》いは瓦石《がしゃく》　或《ある》いは杖木《じょうぼく》を投《とう》ぜられ　避《さ》け走《はし》り遠《とお》くに住《とど》まりて高声《こうしょう》に唱《とな》ふ
此《こ》の老《ろう》　一《ひと》たび去《さ》って消息《しょうそく》無《な》し　夜来《やらい》の風月《ふうげつ》　誰《た》が為《ため》にか浄《きよ》き
逝《ゆ》きし者《もの》若《も》し起《た》つべくんば　我《われ》は為《ため》に掃箒《そうそう》を執《と》らん

【現代語訳】
常不軽《じょうふぎょう》菩薩は、あるいは瓦石《がしゃく》を投ぜられ、或いは杖木《じょうぼく》でうちつけられても、これを避け、「あなたは仏となる方です」と、大きな声で唱えた。あの常不軽菩薩は、この世を去って以来、消息が知られない。一体、昨夜からの趣きある月は、誰のために浄らかなのであろうか。

（著語）死んだ者がまたよみがえってくるなら、箒で叩きのめすぞ。正法に不思議無し。

【解説】
第一句・第二句は、経典の次の言葉を文字通り写したものと言えよう。

……かくの如く、多年を経歴《きょうりゃく》して、常に罵詈《ののし》らるるも、瞋恚《しんに》を生《おこ》さずして、常にこの言を作せり、「汝は当に仏と作るべし」と。この語を説く時、衆人《もろびと》、或いは杖木《じょうぼく》・瓦石《がしゃく》を以ってこれを打擲《うちたた》けば、避《さ》け走《はし》り、遠くに住《とど》まりて、猶《なお》、高声《こうしょう》に唱《とな》えて言《い》わく、「われ敢えて汝等を軽しめず、汝等は皆当に仏と作るべし」と。それ、常にこの語《ことば》を作すを以っての故に、増上慢《ぞうじょうまん》の比丘・比丘尼・優婆塞・優婆夷は、これを号《なづ》けて常不軽《じょうふぎょう》となせるなり。

常不軽菩薩は、この世を去って、その後、仏と成ったこと、実は釈尊の前身であることが経典に書かれている。しかしここに「消息無し」とあるのは、むしろその後、この世に常不軽菩薩のような方がついぞ現れていない実情を表現しているものであろう。

第四句、「夜来の風月　誰が為にか浄き」とは、何を意味していようか。夜中、天空にかかっている清らかな月は、常不軽菩薩の真誠なる心の象徴かと思われる。その味わいを解る者は果たしていないのか、と嘆いているのだと思われる。誰もその趣きを賞美しないのは、残念至極だというのである。良寛は同時代の人々に、そして我々にも、皆さん、常不軽菩薩の清らかなこころを、ぜひ味わって下さいと呼びかけているのである。

常不軽菩薩品6

【原文】
斯人未来無斯人　斯人已去無斯人
不軽老不軽老　教我人転仰至惇
讃歎不軽　不覚全身入草

【書き下し】

斯《こ》の人《ひと》未《いま》だ来《きた》らざるに斯《こ》の人《ひと》無《な》く　斯《こ》の人《ひと》已《すで》に去《さ》りて斯《こ》の人《ひと》無《な》し

不軽《ふぎょう》老《ろう》　不軽《ふぎょう》老《ろう》　我人《がにん》をして転《うた》た至惇《しじゅん》を仰《あお》がしむ

不軽《ふぎょう》を讃歎《さんたん》して　覚《おぼ》えず全身草《ぜんしんそう》に入《い》る

【現代語訳】
かの常不軽《じょうふぎょう》菩薩の、未だ現われざる時に、そのような人はいなかったし、かの常不軽菩薩の、已に去った後にも、そのような人はいない。ああ、常不軽菩薩よ、あなたは私に、いよいよその純粋さを慕わせるのです。

（著語）常不軽菩薩を讃嘆しようとして、その魅力のあまり、おしゃべりしすぎてしまったわい。

【解説】
この讃も、何も解説すべきところはない。いかに良寛がこの菩薩を崇敬し敬慕していたかを表わすのみである。第四句中、常不軽菩薩の心を、「至惇」といっている。前の讃の、夜来の風月の趣意そのものである。

また、その前に、「我人をして」とあるのは、単に人々をしてではなく、まさにこの私をしての意となり、その切実さがさらに増していよう。

如来神力品《にょらいじんりきほん》

【品の概要】

この品で、地涌《じゆ》の菩薩が再び登場し、釈尊の滅後の『法華経』の説法を誓う。この時、釈尊は、文殊《もんじゅ》菩薩等の、昔より娑婆《しゃば》世界に住せるありとあらゆる人々の間で、大神力を現わした。それは、「広長舌《こうちょうぜつ》を出して上《かみ》は梵世に至らしめ、一切の毛孔《もうく》より無量無数《むしゅ》の色《いろ》の光を放ちて、皆悉く遍く、十方の世界を照ら」すというものであった。するると、もろもろの宝樹の下の師子座《ししざ》の上の諸仏もまた同様の神力を現わす。それは百千歳に及んだ。その後、「還って、舌相を摂《おさ》めて一時に謦欬《しわぶき》し、倶共《とも》に弾指《ゆびはじき》し」た。この二つの音声《おんじょう》は、遍く十方の諸仏の世界に至り、地は皆、六種に震動し、その世界の衆生等はこの神力によって、娑婆世界に集まる分身仏や、多宝塔《たほうとう》の中の釈迦牟尼《しゃかむに》仏《ぶつ》・多宝如来を見、さらに釈尊が無量の菩薩や諸の四衆によって恭敬・囲遶《いにょう》されているのを見た。

これを見終わった衆生らは、大いに歓喜し、一方、諸の天は、釈尊の『法華経』の説法に深心に随喜して、釈迦牟尼仏を礼拝し供養すべきだと唱える。その声を聞いた衆生は、みな娑婆世界に向かって、「南無釈迦牟尼仏《なむしゃかむにぶつ》、南無釈迦牟尼仏《なむしゃかむにぶつ》」と唱え、種々の華・香等、珍宝等をはるか遠くの娑婆世界に散じた。そうすると、それらは雲のように集まり、変じて宝の帳《とばり》となってここの諸仏の上に覆うというようなことになる。このとき、「十方世界は通達無礙なること、一仏土の如し」となるのであった。

このとき釈尊は、上行《じょうぎょう》等の菩薩の大衆（地涌の菩薩）に、この経典の功徳は、あの神力によっても説き尽せない、この経典には、如来の一切の所有の法や如来の一切の甚深の事等を明かしており、広大な功徳がある、故に如来の滅後に、「応に一心に受持し読誦し解説し書写して、説《おしえ》の如く修行《しゅぎょう》すべし」と諭すのであった。

さらにどんなところであれ、『法華経』を受持し読誦し解説し書写して、説の如く修行する者がいるなら、そここそ道場であると告げる。なぜなら、「諸仏はここにおいて阿耨多羅三藐三菩提《あのくたらさんみゃくさんぼだい》を得《え》、諸仏はここにおいて、法輪《ほうりん》を転じ、諸仏はここにおいて、般涅槃《はつねはん》す」るからであると明かすのである。

以下、釈尊はこのことを重ねて偈《げ》でもって宣《の》べていく。中に、「能《よ》くこの経を持《たも》つ者は、即ち為《これ》、己にわれを見、亦、多宝仏と、及び諸の分身の者とを見、又、わが今日、教化せる諸の菩薩をも見るなり」「諸仏の、道場に坐して、得たまえる所の秘要の法を、能くこの経を持つ者は、久しからずして亦、当に得べし」等とある。最後のほうには、「如来の滅後において、……義に随って実《まこと》の如く説かば、日月《にちがつ》の光明の、能く諸の幽冥《くらやみ》を除くが如く、斯の人は世間に行じて、能く衆生の闇を滅し、無量の菩薩をして、畢竟《ひっきょう》して一乗に住せしめん」等とある。

著語

（原文）
有意気時添意気
無風流処也風流
（書き下し）
意気有《いきあ》る時意気《ときいき》を添《そ》へ
風流無《ふうりゅうな》き処也《ところま》た風流《ふうりゅう》
（解説）
釈尊の在世時もよかったが、滅後であっても『法華経』を解説等すれば、またよきかな。

如来神力品1

【原文】

衆宝樹下獅座上　謦欬弾指一時新
我今要問諸仏子　如何法華授持人
山高石裂

【書き下し】

衆《もろもろ》の宝樹《ほうじゅ》の下《した》　獅座《しざ》の上《うえ》　謦欬弾指《けいがいたんし》すれば一時《いちじ》に新《あら》たなり
我《わ》れ今諸仏子《いましょぶっし》に問《と》はんと要《ほっ》す　如何《いか》なるか法華授持《ほっけじゅじ》の人《ひと》なると
山高《やまたか》く石裂《いしさ》く

【現代語訳】

宝石で飾られた多くの樹の下の、獅子座《しざ》の上にいます諸仏が、同時にしわぶきし、指をはじたところ、十方の人々は、自ら住む世界が、釈迦牟尼仏《しゃかむにぶつ》のいます仏国土となったのを見た。私は今、あなたがた仏法に帰依しているものたちに尋ねたい。いったい『法華経』を受持せる人とは、どんな人なのか、と。

（著語）山高く、石裂ける。どこも、道場。しかし近づきがたいぞ。

【解説】

この讃の第一句・第二句は、明らかに経典の次の一節を描いたものである。

……衆《もろもろ》の宝樹の下《もと》の師子座の上の諸仏も亦復《また》、かくの如く広《こう》長舌《ちょうぜつ》を出して無量の光を放ちたもう。釈迦牟尼仏及び宝樹の下《もと》の諸仏は、神力を現わしたもう時、百千歳を満《みた》せり。然して後に還って、舌相を摂《おさ》めて一時に謦欬《しわぶき》し、倶共《とも》に弾指《ゆびはじき》したもう。この二つの音声《おんじょう》は遍く十方の諸仏の世界に至り、地は皆六種に震動せり。その中の衆生と天・龍・夜叉・乾闥婆《けんだつば》・阿修羅《あしゅら》・迦楼羅《かるら》・緊那羅《きんなら》・摩睺羅迦《まごらか》・人《にん》・非人《ひにん》と等は、仏の神力を以っての故に皆、この娑婆世界の無量無辺百千万億の衆《もろもろ》の宝樹の下《もと》の師子座の上の諸仏を見、釈迦牟尼仏の、多宝如来《たほうにょらい》と共に宝塔の中《うち》に在《ましま》して、師子座に坐したまえるを見たてまつり、又、無量無辺百千万億の菩薩・摩訶薩及び諸の四衆の、釈迦牟尼仏を恭敬し囲遶《いにょう》したてまつるを見る。

こうして、諸天が『法華経』に随喜し、釈迦牟尼仏を礼拝・供養すべきことを説く。これに諸の衆生は応え、「南無釈迦牟尼仏、南無釈迦牟尼仏」と唱え、さらに「種種の華・香・瓔珞・幡・蓋及び諸の厳身《みのかざり》の具・珍宝・妙《たえ》なる物をもって、皆共に遙かに娑婆世界に散ず。散ずる所の諸の物は、十方より来ること、譬えば雲の集るが如し。変じて宝《たから》の帳《とばり》と成りて遍く此間《ここ》の諸仏の上《みうえ》に覆う。于時《ときに》、十方世界は通達無礙なること、一仏土の如し」ということにもなる。このことも、一時新の内容に含まれようか。

このあと、釈尊は上行《じょうぎょう》等の菩薩の大衆に、『法華経』の功徳の無尽なることを説き、これを受持すべきであって、そこに仏の営みがあり、そここそ道場、つまり悟りの座であることが説明されるのである。この経の無限なる功徳を、要をもって言わば、「如来の一切の所有《あらゆ》る法と、如来の一切の自在の神力と、如来の一切の秘要《ひよう》の蔵《ぞう》と、如来の一切の甚深《じんじん》の事《じ》」が、すべてこの経に説かれているということである。

さてここで、『法華経』を受持する人とは、どのような人か。つまり、受持する等を行うべき人は、経典には上行の菩薩等とあるが、それは誰のことか、というのである。いうまでもなく良寛は、諸の仏子よ、それはあなたではないのかと言っているのである。あなたこそ、『法華経』を受持・読・誦・解説・書写する人だ、それを忘れているのか、というのである。

では、『法華経』を受持・読・誦・解説・書写するとは、どのようなことをいうのか、がさらに問われることであろう。このことは、すでに再三、述べてきたことであるが、この品に即して言えば、「ここ」において生まれ、「ここ」において死に、「ここ」から「ここ」へと生きることと言えるであろう。

嘱累品《しょくるいほん》

【品の概要】

前の「如来神力品《にょらいじんりきほん》」において、地涌《じゆ》の菩薩の大衆に対して、「汝等よ、如来の滅後において、応に一心に受持し読誦し解説し書写して、説《おしえ》の如く修行《しゅぎょう》すべし」と告げたのであったが、これを受けて、この品では、次のように始まる。

その時、釈迦牟尼仏《しゃかむにぶつ》は法座より起ちて、大神力を現わし、右の手を以って無量の菩薩・摩訶薩の頂《いただき》を摩《な》でて、この言《ことば》を作したもう、「われは無量百千万億阿僧祇劫《あそうぎこう》において、この得難き阿耨多羅三藐三菩提の法を修習《しゅじゅう》せり。今、以って汝等に付嘱《ふしょく》す。汝等よ、応当《まさ》に一心にこの法を流布《るふ》して、広く増益《ぞうやく》せしむべし」と。

釈尊は、三《み》たび、諸の菩薩らの頭をなで、同様のことを言った。この二回目、三回目には、「付嘱す」と言ったあと、「汝等よ、当に受持し読誦して、広くこの法を宣《の》べ、一切の衆生をして普ねく聞知することを得せしむべし」と言っている。そのわけを、次のように明かしている。

如来には大慈悲《だいじひ》ありて諸の慳悋《やぶさか》なく、亦畏るる所もなくして、能く衆生に仏の智慧・如来の智慧・自然《じねん》の智慧を与うればなり。如来はこれ一切衆生の大施主《だいせしゅ》なり。汝等も亦、随って如来の法を学《まな》ぶべし。慳悋《やぶさか》を生ずることなかれ。

こうして、人々に仏慧《ぶって》を得せしめるべく、『法華経』を演説して、聞かせてあげるべきこと、信じない者には他の教えを説くべきことを告げ、そうすればそれが「已に諸仏の恩を報ずる」ことなのであると告げる。

これを聴いた菩薩らは、身体中に大いなる歓喜が遍満し、「益《ますます》恭敬を加え、躬《み》を曲げ頭《こうべ》を低《た》れ、合掌して仏に向いたてまつり」、一緒に次のように申し上げる。

世尊の勅《いましめ》の如く、当に具さに奉行《ぶぎょう》すべし。唯然《はい》、世尊よ。願わくは慮《うらおもい》したもうこと有らざれ。

釈尊の三たびの付嘱に対し、菩薩らは三たびこの真摯な言葉を申し上げるのであった。

すると釈尊は、十方より来た分身仏を各々、本土に還らせようとして「諸仏は、各《おのおの》安《やす》ろう所に随いたまえ。多宝仏の塔は還って故《もと》の如くしたもうべし」と言う。この言葉を聞いて、十方の無量の分身の諸仏の、宝樹の下の師子座《ししざ》の上に座したまえる者と、及び多宝仏《たほうぶつ》と、並びに上行《じょうぎょう》等の無辺の阿僧祇の菩薩の大衆と、舎利弗《しゃりほつ》の声聞《しょうもん》の四衆と、及び一切世間の天・人・阿修羅等とは、みな大いに歓喜したのであった。

なお、ここで『法華経』の説法の会座《えざ》が、もとの霊鷲山《りょうじゅせん》に戻ることになる。

著語

（原文）
白雲影裏　笑呵々
両手拈来分付他
（書き下し）
白雲影裏《はくうんようり》笑呵々《わらいかか》
両手《りょうて》に拈《ねん》じ来《きた》って他《た》に分付《ぶんふ》す
（解説）
三度の付嘱と応答の誓いは、いわば呵々大笑のうちに行われた。
両手でたくさん汲み取って他に分け与える。

嘱累品1

【原文】

年老心孤思家門　一回挙著一回悲
寄語殊方同道子　直体此意莫遅疑

同病相憐

【書き下し】

年老《としお》い心孤《しんこ》にして家門《かもん》を思《おも》ふ　一回挙著《いっかいこじゃく》すれば一回悲《いっかいかな》し
語《ご》を寄《よ》す　殊方同道《しゅほうどうどう》の子《し》　直《じき》に此《こ》の意《い》を体《たい》して遅疑《ちぎ》すること莫《なか》れ

同病相憐《どうびょうあいあわれ》む

【現代語訳】
老境が深まって孤独を覚えると、我が家門（宗門）の行く末が思いやられてくる。そこで〔国師は法を久住させるため〕三たび弟子の者に禅の核心を提示しても、わかってもらえず、そむかれて、そのつど悲しい思いをした。〔釈尊の経を広めよとの、この三たびの呼びかけに対する今日の僧侶方の応答も、それと同じではないか。〕私は今、至るところの同じく仏道に生きる者たちに言っておきたい。言われたら、直ちにその意を汲んで、迷うことなく実行しなければだめだぞ、と。

（著語）国師が、本当に分かってもらえなかったことが不安なことは、分かる分かる。

【解説】
『無門関《むもんかん》』第十七則「国師三喚」は、「国師、三たび侍者を喚ぶ。侍者三たび応ず。国師云く、将に謂《おも》えり、吾れ汝に辜負《こぶ》すと。元来却って是れ汝の吾に辜負す」というものである。これに対し、無門は、「……国師年老い心孤にして、牛頭《ごず》を按じて草を喫せしむ。侍者、未だ肯《あえ》て承当《じょうとう》せず、美食、飽人《ほうじん》の飡《さん》に中《あた》らず。……」という。無門によれば、慧忠国師は年老いて、法の行く末が心細くなり、わざわざ弟子に法を伝えようと三たびはからったが、受入れられなかったという。侍者の名前を三たび呼んだものの、その真意をそのつど解ってもらえず、その努力も空しく終わったのであった。

この「国師三喚」の話を、良寛はこの品の内容に寄せて語ったわけである。もっとも経典では、釈尊が『法華経』を説き聞かせよと三たび呼びかけ、諸の菩薩は歓喜して、三たび「世尊の勅《いましめ》の如く、具さに奉行《ぶぎょう》すべし」と誓っている。諸の菩薩らは、釈尊の喚びかけに対して、そむくことはない。にもかかわらず、良寛はわざわざこの「国師三喚」の公案《こうあん》をここに置いたのはなぜだったろうか。

一つは、諸の菩薩らは、本当に『法華経』を説き聞かせるということが解っていようか、とあえて苦言を呈したと解釈できるかもしれない。そういう仕方で、『法華経』の何たるかに眼を開くべきことを、再度、注意したと受け止めるのはどうであろうか。

一方、経典では釈尊の呼びかけに応じているが、良寛在世当時の同門の士らは、仏道に真摯に取り組んでおらず、釈尊の勅命があるにもかかわらずこれに背いて生活していることを嘆いて、あえてここに「国師三喚」の話を持ってきたと理解すればよいであろう。

いつの時代であろうとも、大乗仏教徒であるなら、釈尊から『法華経』を広めよと、三たび呼びかけられていることは同じである。しかし国師の時代も今も、誰も本当の意味で『法華経』の真意を知り、それを弘めようとしている者はまずいない。今日においては、釈尊の三たびの呼びかけは、いずれもそむかれ、空しいのが実情であろう。良寛は、そのことを問題にしているのである。

そこで良寛は当時の禅道、仏道に入った者たちに広く呼びかける。経典の言葉通りに、私たちも実践しようではないかと。殊方のとは、異なるありとあらゆる地域のということ。良寛は日本中のあらゆる僧侶らに呼びかけているのである。あるいは、自分が国師と同じ運命になることを予想していたであろうか。

嘱累品2

【原文】

山自高　水自清（深流）　付属有在復何思
諸来清（海）衆並古仏　（青）帰去来兮各東西
乞尔（爾）一条拄杖子

【書き下し】

山《やま》自《おのず》から高《たか》く　水《みず》自《おのず》から清《きよ》し　付属《ふしょく》有《あ》る在《あ》り　復《ま》た何《なに》をか思《おも》はん
諸来《しょらい》の清衆《しょうしゅう》並《なら》びに古仏《こぶつ》　帰去来《かえりなんいざ》各《おのおの》東西《とうざい》に
爾《なんじ》に一条《いちじょう》の拄杖子《しゅじょうす》を乞《こ》ふ

【現代語訳】

山はおのずから高くそびえ、水はおのずから清く流れる。釈尊から、『法華経』の付嘱《ふしょく》があった今や、何をぐずぐず考える必要があろう。十方から集まってきた諸菩薩や諸仏たちよ、さあ東西南北、各々もといた国土に帰って、『法華経』を広めようではないか。

（著語）私も『法華経』を広めに国に帰ろう。あなたは杖をお持ちか一本。貸してくだされ。（杖は印可の象徴である。）

【解説】

釈尊は、「われは無量百千万億阿僧祇劫《あそうぎこう》において、この得《え》難き阿耨多羅三藐三菩提の法を修習せり。今、以って汝等に付嘱す。汝等よ、当に受持し読誦して、広くこの法を宣《の》べ、一切の衆生をして普ねく聞知することを得せしむべし」と、無量の菩薩・摩訶薩に頼んだのであった。如来には大慈悲があるように、あなた方も法を伝えることを惜しんではならない。「未来世において若し善男子・善女人ありて如来の智慧を信ぜば、当《まさ》にためにこの法華経を演説して聞知《もんち》することを得せしむべし。その人をして仏慧《ぶって》を得せしめんがための故なり。若し衆生ありて信受せざれば、当に如来の余の深法《じんぽう》の中において、示し教え利し喜ばすべし。汝等よ、若し能くかくの如くせば、則ち為《こ》れ已に諸仏の恩を報ずるなり」と三たび説かれた。これに対して諸の菩薩は歓喜して「世尊の勅《いましめ》の如く、当に具さに奉行《ぶぎょう》すべし。唯然《はい》、世尊よ。願わくは慮《うらおもい》したもうこと有らざれ」と三たび誓った。

これで、釈尊滅後のために『法華経』の弘通《ぐずう》を依頼することが終わり、多宝塔《たほうとう》の開扉のために集められていた釈尊の分身は、それぞれ元の国土に返され、多宝塔の扉も閉じられるのであった。こうして、『法華経』の会座は、虚空《こくう》からまた霊鷲山《りょうじゅせん》に戻ることとなるのである。

第二句以降は、まさにこのことを謳ったものである。意味も解りやすいであろう。問題は、第一句である。この「山自から高く　水自から清し」の句が、なぜここにおかれたのであろうか。故郷に帰れば、美しい自然が待っているぞ、というのであろうか。このことは、良寛自身の行跡にもふさわしいであろう。良寛は修行先から故郷の越後に帰り、その豊かな自然の懐に、抱かれたのであった。

しかし私は、良寛はまずここに、伝えるべき『法華経』を提示したのだと思う。道元は、「法華経を詠める」の詞書のもと、たとえば、「峯の色渓《たに》の響《ひびき》もみなながら我《わが》釈迦牟尼の声と姿と」という歌をものしている。渓声山色《けいせいさんしき》が『法華経』そのものだというのである。それこそ、唯だ仏と仏とのみ乃ち能く究尽できるという諸法実相《しょほうじっそう》そのものであろう。『正法眼蔵《しょうぼうげんぞう》』「山水経《さんすいきょう》」には、「而今《にこん》の山水は古仏の道現成《どうげんじょう》なり」とある。道現成とは、言うことが現成しているとのことで、この山水が古仏の説法そのものだというのである。そこを良寛は、「山自から高く　水自から清し」と提した。これが『法華経』の核心である、『法華経』を伝えるとは、この核心を伝えることでなければならない、そのことがおわかりであろうか、というのである。

薬王菩薩本事品《やくおうぼさつほんじほん》

【品の概要】

宿王華《しゅくおうけ》という名の菩薩は、薬王《やくおう》菩薩がどうしてこの娑婆《しゃば》世界にいるのかを釈尊に問うと、釈尊は以下の話を語った。果てしない過去に、日月浄明徳如来《にちがつじょうみょうとくにょらい》がいて、一切衆生喜見《いっさいしゅじょうきけん》菩薩及び諸の菩薩、声聞《しょうもん》衆に『法華経』を説いた。一切衆生喜見菩薩は、この如来（＝仏）のもとに修行して、一万二千歳ののち、現一切色身三昧《げんいっさいしきしんざんまい》を得る。それは、『法華経』の説法を聞いたからであり、日月浄明徳仏及び『法華経』を供養しようと思い立った。そこで三昧に入り、華や香を雨《ふ》らすなど神力をもって供養するが、それ以上に「身を以って供養せんには如《し》かず」と思って、千二百年間、種々の香を服し、諸の華の香油を飲むことを経て、日月浄明徳仏の前で、身を燃したのであった。このとき、光明は遍く八十億恒河沙《ごうがしゃ》の世界を照らしたという。釈尊はこれを最上の布施《ふせ》であると讃嘆した。その身の火は、千二百年間、燃えて、その後、尽きた。

一切衆生喜見菩薩は、命終後、また日月浄明徳仏の国の中に生まれ、中でも浄徳王の家に生まれた。一切衆生喜見菩薩は、その王（父）に、かつての日月浄明徳仏との因縁を申し上げ、現に今もいるその仏を再び供養したいと申し上げる。こうして、ふたたび日月浄明徳仏のもとに至るが、その仏は今夜、般涅槃《はつねはん》する時が来たといい、一切衆生喜見菩薩に、自分の仏法のすべてをゆだねた。

そこで一切衆生喜見菩薩は、悲しみ恋慕して、仏身の舎利《しゃり》を集め、八万四千の美しい塔を建てた。しかしそれでは満足できず、百福にて荘厳《しょうごん》せる臂《ひじ》を燃すのであった。それはなんと、七万二千歳に及んだという。これによって、「無数の声聞を求むる衆《ひとびと》と、無量阿僧祇《むりょうあそうぎ》の人とをして、阿耨多羅三藐三菩提《あのくたらさんみゃくさんぼだい》の心を発《おこ》さしめ、皆、現一切色身三《げんいっさいしきしんざん》味《まい》に住することを得《え》せしめ」たのであった。

失われた両臂は、その後、必ず仏の金色の身を得るとの誓いによって、自然に還復《げんぷく》するが、このとき、三千大千世界は六種に震動し、天より宝華が雨《ふ》るなどの奇瑞がおきた。

釈尊はこうした過去の事（本事）を説いた後、宿王華菩薩に、その一切衆生喜見菩薩こそが薬王菩薩であると明かし、もし発心して阿耨多羅三藐三菩提を得んと欲する者は、「能く手の指、乃至、足の一指を燃《とも》して仏塔を供養せよ」と言う。とはいえ、もしこの『法華経』の一偈《げ》を受持するなら、その福はどんな布施よりも勝ると説くのである。それは、『法華経』が海のように深大で、須弥山《しゅみせん》のように最高であり、最も明るく最も尊くて、「諸教の王」であるからと説明する。さらに釈尊は、『法華経』は一切衆生の苦悩を離れしめ、能く一切の生死《しょうじ》の縛を解かしむるものだ等と説明する。また、『法華経』書写の功徳も強調している。

興味深いことに、この薬王菩薩本事品を聞いて受持する女人は、阿《あ》弥陀仏《みだぶつ》の極楽浄土に往生するとも説かれている。

さらに釈尊は、この品に随喜する人の功徳を説き、宿王華菩薩に如来の滅後にこれを弘めることを依頼する。多宝如来は、塔の中にあって、宿王華菩薩の質問を、無量の一切衆生を利益したといってほめたたえるのであった。

著語

（原文）

要知真金火裏看

（書き下し）

真金《しんきん》を知《し》らんと要《ほっ》せば火裏《かり》に看《み》よ

（解説）

身体を燃やして供養したのだから、本物だ。

薬王菩薩本事品1

【原文】

我今涅槃時将至　一切家業是尓（爾）累

圃團禅板並拄杖　漆桶木杓破草鞋

十字街頭打開布袋

【書き下し】

我《われ》今《いま》涅槃《ねはん》の時《とき》　将《まさ》に至《いた》らんとす　一切《いっさい》の家業《けごう》は是《こ》れ爾《なんじ》の累《るい》

圃團《ふとん》　禅板《ぜんばん》並《なら》びに拄杖《しゅじょう》と　漆桶《しっつう》　木杓《もくしゃく》　破草鞋《はそうあい》と

十字街頭《じゅうじがいとう》に布袋《ほてい》を打開《だかい》す

【現代語訳】

私は今夜、涅槃《ねはん》に入る。正にその時が来ようとしている。そこで、仏法の一切をあなた喜見菩薩《きけんぼさつ》にゆだねるぞ。付嘱《ふしょく》するものは、布団・禅板《ぜんばん》・拄杖《しゅじょう》、そして、漆桶《しっつう》・木杓《もくしゃく》・破草鞋《はそうあい》、禅の修行生活や行脚《あんぎゃ》に必要なもの、要するに参禅修行のための一切合財だ。

（著語）仏道の究極は、『十牛図《じゅうぎゅうず》』の最後の場面のように、布袋《ほてい》のような姿で市街にあって、ひそかに摂化することだ。

【解説】

経典には、次の一節がある。「……その時、日月浄明徳仏は一切衆生喜見菩薩に告げたもう、「善男子よ、われ涅槃《ねはん》の時到り、滅尽の時至れり。汝よ、牀座《じょうざ》を安《しず》かに施《もう》くべし。われ今夜において当に般涅槃《はつねはん》すべし」と。又、一切衆生喜見菩薩を勅《いまし》めたもう、「善男子よ、われ仏の法を以って汝に嘱累《しょくるい》す、及び諸の菩薩・大弟子并びに阿耨多羅《あのくたら》三藐三菩提《さんみゃくさんぼだい》の法をもなり。亦、三千大千の七宝《しっぽう》の世界・諸の宝樹・宝台及び給侍《きゅうじ》の諸天を以って悉《さず》く汝に付く。わが滅度の後、所有《あらゆ》る舎利《しゃり》も亦、汝に付嘱す。当に流布《るふ》せしめて広く供養を設くべし。応に若干《そこばく》の塔を起つべし」と。」

このように、日月浄明徳仏は、仏法、諸菩薩・大弟子、無上正等覚《むじょうしょうとうかく》の法、仏国土等および舎利をも喜見菩薩に付嘱した。要は、その仏が持つ一切を喜見菩薩に任せたのである。前の、「如来神力品《にょらいじんりきほん》」においては、『法華経』について、「如来の一切の所有《あらゆ》る法と如来の一切の自在の神力と如来の一切の秘要《ひよう》の蔵《ぞう》と如来の一切の甚深《じんじん》の事《じ》とは、皆この経において、宣《の》べ示し顕《あらわ》に説けり」とあったが、ここでは、その正法《しょうぼう》の核心のみならず、いわば仏のおられるべき環境世界と、仏に給仕する諸天までをもわたすというのである。

良寛は、それに基づき、我（日月浄明徳如来《にちがつじょうみょうとくにょらい》は）は、涅槃に入るので、爾（なんじ。一切衆生《いっさいしゅじょう》喜見《きけん》菩薩《ぼさつ》）に一切の家業を付嘱《ふしょく》する、との讃を作った。ただし、経典とはだいぶ異なって、付嘱したものを、「圃團・禅板並びに拄杖と、漆桶・木杓・破草鞋と」と示している。第三句の内容は、禅の修行者・雲水の修行生活のための道具が挙げられている。杖は、行脚の中でさらに修行するための道具である。第四句に挙げられた漆桶・木杓も、禅堂生活における洗面の道具等、上記にならうものと思われ、破草鞋は、行脚で履きつぶしたものを意味していると考えられる。『禅林句集《ぜんりんくしゅう》』には、「ち切れワラジ。何の用にもならん」とある。無用のものであり、悟り臭さを消したもののことでもある。その意味では、禅道修行の究極を象徴するものである。

とすれば、良寛は日月浄明徳仏が喜見菩薩に譲りかつその後を頼んだ仏法について、雲水《うんすい》生活そのものだぞ、参禅修行生活そのものだぞ、と言っていることになる。つまり、仏が我々自身に頼んだぞと言われていることは、如法に生活することなのであり、諸方の雲水たちよ、そのことを忘れないでほしい、と訴えたということである。もちろん、在家の者もまた、その意を汲むべきであろう。

薬王菩薩本事品2

【原文】

曽参妙法恋旧因　瞻蔔油燈燃一支

燃一支　再得完全渠是誰　咄

珊瑚枕上双行涙

半思君半恨君

はな見むといそくこふねにほをあけてふけかし風のふかてあれかし

【書き下し】

曽《かつ》て妙《みょう》法《ほう》に参《さん》ぜし旧《きゅう》因《いん》を恋《こ》ひ　瞻蔔《せんぼく》の油燈《ゆとう》もて一支《いっし》を燃《も》す

一支《いっし》を燃《も》して　再《ふたた》び完全《かんぜん》を得《え》たる渠《かれ》は是《こ》れ誰《たれ》ぞ　咄《とつ》

珊瑚《さんご》枕上《ちんじょう》双行《そうぎょう》の涙《なみだ》

半《なか》ばは君《きみ》を思《おも》ひ半《なか》ばは君《きみ》を恨《うら》む

花見《はなみ》むと急《いそ》ぐ小舟《こぶね》に帆《ほ》を挙《あ》げて吹《ふ》けかし風《かぜ》の吹《ふ》かであれかし

【現代語訳】

一切衆生《いっさいしゅじょう》喜見《きけん》菩薩《ぼさつ》は昔、『妙法蓮華経』に参じ、供養しようとして身を燃やした因縁を思い、今、『法華経』の付嘱《ふしょく》をえて、瞻蔔《せんぼく》（香樹）の香油で、臂《ひじ》を燃やして供養した。臂を燃やしても、しかもなお、両臂はもとに戻ったという。いったいこれは誰のことか。　咄

（著語）涙を流すのは、もうお隠れになるという日月浄明徳仏を思うあまりのことなのだ。

花は見たい。風に乗って早く行きたいが、風が吹くのは困る。仏にお会いしたいのに、お隠れになるとは残念だ。

【解説】

この品において、次のことが語られている。一切衆生喜見菩薩は、日月浄明徳仏《にちがつとうみょうとくぶつ》から、『法華経』を聞いて、修行・精進《しょうじん》し、現一切色《げんいっさいしき》身三昧《しんざんまい》を得る。そこで、日月浄明徳仏と『法華経』とを供養しようとして、ついに焼身供養する。「その身の火、燃ゆること千二百歳、これを過ぎて已後、その身は乃ち尽きぬ」という。喜見菩薩は命終の後、また日月浄明徳仏の国の中に生まれる。その際、浄徳王の家に生まれるのであったが、その父に対して次のように語ったという。「「大王よ、今、当に知るべし、われ彼処《かしこ》に経行して、即時《ただち》に一切現諸身三昧《いっさいげんしょしんざんまい》を得《え》、大精進を勤行して、愛する所の身を捨てしことを」と。この偈を説き已りて、父に白して言わく、「日月浄明徳仏は今、故《な》お現に在《いま》せり。われ先に仏を供養し已りて、一切衆生の語言を解する陀羅尼《だらに》を得、またこの法華経の八百千万億那由他《なゆた》・甄迦羅《けんがら》・頻婆羅《びんばら》・阿閦婆《あしゅくば》等の偈を聞けり。大王よ、われ、今、当に還《ふたた》びこの仏を供養すべし」と白《もう》し已りて……」という。この辺が、この讃の第一句の「旧因を恋ひ」であろう。

こうして、ふたたび日月浄明徳仏に親近するが、ところが日月浄明徳仏は、涅槃《ねはん》の時到り、今夜涅槃するという。一切衆生喜見菩薩は、「仏の滅度を見て、悲《かな》感しみ懊悩《なや》み、仏を恋慕したてまつ」って、種々、供養をささげるが、ついに両臂《ひじ》を燃やして供養する。このとき、喜見菩薩について、「「われ両《ふたつ》の臂を捨てて、必ず当に仏の金色《こんじき》の身を得べし。若し実にして虚《むか》しからずんば、わが両つの臂《ひじ》をして還復《げんぷく》すること故《もと》の如くならしめん」と。この誓いを作し已りしとき、自然《じねん》に還《げん》復《ぷく》せり。この菩薩の福徳《ふくとく》・智慧《ちえ》の淳厚《ねんごろ》なるに由りて致す所なり」と説かれている。この喜見菩薩こそ今の薬王《やくおう》菩薩である、とも明かされている。

というわけで、「再び完全を得たる渠は是れ誰ぞ」の答えは、さしあたり、薬王菩薩ということになる。では、その薬王菩薩とは、どういう者か。この品の冒頭には、「その時、宿王華菩薩《しゅくおうけぼさつ》は仏に白《もう》して言わく、「世尊《せそん》よ、薬王菩薩《やくおうぼさつ》は云何《いか》にして、娑婆世界に遊ぶや。世尊よ、この薬王菩薩には、若干の百千万億那由他《なゆた》の難行苦行《なんぎょうくぎょう》あらん。善い哉《かな》、世尊よ、願わくは少しく解説したまえ。……」」とある。あえて焼身供養までして仏を供養し、すでに現一切色身三昧を得るなどしていて、しかも娑婆世界に現れて『法華経』を広めているのが薬王菩薩である。その上で、良寛は、その者は一体だれか、と問うのである。

わざわざ願って娑婆世界に生まれて、人々の教化に携わる者は、いったいどこにいるのか。ここで、果たして、誰か他者を挙げるべきであろうか。禅はいつも、即今・此処・自己の事が主題である。

妙《みょう》音《おん》菩《ぼ》薩《さつ》品《ほん》

【品の概要】

薬王《やくおう》菩薩の本事《ほんじ》（過去世物語）を説き終わると、釈尊は額の白毫相《びゃくごうそう》などから光を放って、東方の無数の諸仏の世界を照らし、その果てにある浄光荘厳《じょうこうしょうごん》という名の仏国土にいる浄華宿王智如来《じょうけしゅくおうちにょらい》の世界を照らし出した。そこには、過去、無量の諸仏への供養・親近を経て無数の三昧《さんまい》を得ていた妙音菩薩がいた。

釈尊の光明が妙音菩薩を照らすと、妙音菩薩は浄華宿王智如来に、娑婆《しゃば》世界に行って、釈尊をはじめ、文殊《もんじゅ》菩薩や薬王菩薩らも礼拝したいと申し出る。浄華宿王智如来の許しを得て、その場で三昧に入り、その三昧力によって、釈尊の説法の場である霊鷲山《りょうじゅせん》のそばに、八万四千の衆宝で出来た蓮華を化作するのであった。

これを見た文殊は、その不思議について問い、さらに妙音菩薩の姿を拝したいと願いでると、多宝仏《たほうぶつ》が妙音菩薩に、文殊菩薩があなたの姿を拝したがっているから、この娑婆世界にいらっしゃいと告げた。このとき、妙音菩薩は、八万四千の菩薩とともに、娑婆世界にやってきて、釈尊を礼拝した、このとき、稀有の奇瑞も現れたのであった。

妙音菩薩は、浄華宿王智仏が、釈尊と多宝仏のことを案じていたことを伝え、さらに多宝仏を見たいと申し出る。釈尊がこれを多宝仏に伝えると、多宝仏は、善い哉、善い哉と許すのであった。

経典はここで多宝仏のすがたではなく、華徳《けとく》菩薩による、妙音菩薩がなした修行等への質問に移っていく。これに対し釈尊は、はるか過去に雲雷音王《うんらいおんおう》如来がいて、この仏を妙音菩薩は一万二千年、十万種の伎楽《ぎがく》でもって供養し、並びに八万四千の七宝の鉢をさしあげた。この因縁で、浄華宿王智仏の国に生まれ、神力を有しているのだと説明した。さらに妙音菩薩は、ここにいると同時に、「種々の身を現《あら》わして、処処に諸の衆生のために、この経典を説」いているとも明かした。それは、梵王《ぼんのう》、帝釈天《たいしゃくてん》、長者、天、龍、夜叉《やしゃ》等の身にもなり、はては「諸有《あらゆ》る地獄・餓鬼・畜生及び衆《もろもろ》の難処《なんじょ》は皆、能《よ》く救済《くさい》し、乃至、王の後宮《ごぐう》においては変じて女身《にょしん》と為《な》りて、この経を説けり」と明かす。さらに「この妙音菩薩は能く娑婆世界の諸の衆生を救護《くご》する者なり」という。最後には、一切衆生に対して、声聞《しょうもん》の姿で救える者には声聞の姿、菩薩の姿で救える者には菩薩の姿、仏の姿で救える者には仏の姿を現わす等して、相手にふさわしい法を説くと明かし、華徳菩薩に、妙音菩薩はこのような大神通と智慧の力を成就しているのだと説くのであった。

これに対し、華徳菩薩は、妙音菩薩の修行ぶりを讃嘆するとともに、どんな三昧に住しているのか等を尋ね、釈尊は、現一切色身三昧《げんいっさいしきしんざんまい》に住し、無量の衆生を饒益《にょうやく》しているのだと答える。この釈尊の説法によって、妙音菩薩についてきた八万四千の菩薩と、この娑婆世界の無量の菩薩は、現一切色身三昧を得た。このあと、妙音菩薩は本土に帰り、浄華宿王智仏に、娑婆世界に往詣したこと等の報告をした。最後に、この品の説法の間に、華徳菩薩は法華三昧《ほっけさんまい》を得たとある。

著語

(原文)
百草頭上無辺春
長安城裡任閑游

(書き下し)
百草頭上無辺《ひゃくそうとうじょうむへん》の春《はる》
長安城裡《ちょうあんじょうり》閑游《かんゆう》するに任《まか》す

(解説)
妙音菩薩が浄光荘厳土にあって三昧力によって霊鷲山《りょうじゅせん》のあたりに多くの蓮花を化作したあと、娑婆《しゃば》世界に来て釈尊のもとに参って、その後、また自らの国土に還った様子を、都への優雅な回遊として謳った。

妙音菩薩品1

【原文】

菩薩即時入三昧　坐不起身不遷
耆闍崛山法座畔　化作八万四千蓮
看々

【書き下し】

菩薩即時《ぼさつそくじ》に三昧《さんまい》に入《い》る　坐《ざ》して起《た》たず　身遷《しんうつ》さず
耆闍崛山《ぎじゃくっせん》　法座《ほうざ》の畔《ほとり》　化作《けさ》す　八万四千《はちまんしせん》の蓮《はす》
看《み》よ看《み》よ

【現代語訳】

妙音《みょうおん》菩薩は、即座に三昧《さんまい》に入り、そのまま座を起たず、身をうつさずに、耆闍崛山《ぎじゃくっせん》＝霊鷲山《りょうじゅせん》の法座のあたりに、八万四千の蓮を化作した（そこに実在しないのにあるかのごとく現わし出すこと）のであった。

（著語）眼前の蓮華の花、今・ここの一真実を見よ、見よ。その奥の三昧力を見よ、見よ。

【解説】

この讃は、経典に説かれているところをそのまま写したものである。釈迦牟尼仏《しゃかむにぶつ》が東方に光を放った時に照らされた妙音菩薩は、浄華《じょうけ》宿《しゅく》王智仏《おうちぶつ》に、娑婆《しゃば》世界に往詣したいと申し出る。浄華宿王智仏は妙音菩薩に、娑婆世界の国土と住人を軽んじ、下劣であると思ってはいけない、と注意する。妙音菩薩は、これを受け入れ、すべて浄華宿王智仏の加護によって娑婆世界に往詣するものであることを表明する。以下、経典に次のようにある。

ここにおいて、妙音菩薩は座を起《た》たず、身は動揺せずして、三昧に入り、三昧の力をもって耆闍崛山《ぎじゃくっせん》において、法座を去ること遠からずして八万四千の衆宝の蓮華を化作せり。閻浮提金《えんぶだいごん》を茎となし、白銀《びゃくごん》を葉となし、金剛《こんごう》を鬚《しべ》となし、甄叔迦宝《けんしゅくかほう》を以ってその台《うてな》となせり。

このように、今の箇所をそのまま讃にしたことは、明瞭であろう。それにしても、良寛は、経典の説くところをそのまま讃にして、何を言いたかったのであろうか。確かに、衆宝で作られた蓮華が八万四千もあれば、そのえもいわれぬ美しさに圧倒されるであろう。現成底《げんじょうてい》の妙境を、それに託したとも解せる。あるいは、化作《けさ》即真実・真実即化作の消息、つまり色即是空《しきそくぜくう》・空即是色《くうそくぜしき》の端的を、賞美していると解することもできるのかもしれない。

しかしおそらくは、身を移さずしてその八万四千の蓮華を化作するという、その三昧力の妙用《みょうゆう》こそをほめたたえているであろう。妙音菩薩は、前の薬王菩薩同様、現一切色身三昧《げんいっさいしきしんざんまい》を得ているのであった。そして、次の観世音《かんぜおん》菩薩のように、種々の身を現わして、『法華経』を説き、娑婆世界及び十方世界の衆生を救済する。それだけでなく、相手に応じて声聞《しょうもん》・縁覚《えんがく》・菩薩・仏等の身を現わして救済のはたらきをなし、さらには涅槃《ねはん》に入って隠れることが適切であるなら入涅槃も現わす。これらはすべて、現一切色身三昧の力によるものである。ほめたたえるべきは、現わされた形や姿ではなく、それを現わす働きのほうであろう。

だとすれば、良寛は、八万四千の蓮華の化作によりつつ、妙音菩薩の現一切色身三昧そのものを讃えていると見るべきかと思われる。それは、妙音菩薩の衆生救済の大いなるはたらきを讃えることであり、ひいては、仏の大悲そのものを讃えることでもあったと私は思うのである。

妙音菩薩品2

【原文】

曽供妓楽感此身　一華纔発一華媚
一華媚　自茲万事付游戯　参
手把華枝半遮面　令人見転風流
堕望羽眠団扇重
月将低休釣帰来不繋船
仮令一夜風吹去　猶在蘆華浅水中遙

【書き下し】

曽《かつ》て妓楽《ぎがく》を供《く》して此《こ》の身《み》を感《かん》ず　一華《いっけ》纔《わず》かに発《ほっ》して一華《いっけ》媚《うつく》し
一華《いっけ》媚《うつく》し　茲《これ》自《よ》り万事《ばんじ》游戯《ゆげ》に付《ふ》す　参《さん》
手《て》に華枝《かし》を把《と》って半《なか》ば面《おもて》を遮《さえぎ》り　人《ひと》をして転《うた》た風流《ふうりゅう》なるを見《み》せしむ
望《のぞ》みを堕《おと》して羽眠《うみん》の団扇《だんせん》重《おも》し
月将《つきまさ》に低《ひく》からんとす　釣《つり》を休《や》めて帰《かえ》り来《きた》る不繋《ふけい》の船《ふね》
仮令《たとい》一夜《いちや》風《かぜ》吹《ふ》きて去《さ》るも　猶《なお》蘆華《ろか》は浅水《せんすい》の中《なか》遥《はる》かに在《あ》り

【現代語訳】

かつて雲雷音王仏《うんらいおんおうぶつ》を、十万種の伎楽《ぎがく》等をもって供養した。その因縁によって、妙音《みょうおん》菩薩は、浄華宿王智《じょうけしゅくおうち》仏の国土に生まれ、神通力《じんずうりき》を有しているのである。この神力によって、いろいろの身を現わすが、一つの身を現わせば、その身は華咲くように人々の心をひく。この現一《げんいっ》切色身三昧《さいしきしんざんまい》を得てのちは、そのすべてが、衆生済度《さいど》の活動としての遊《ゆ》戯三昧《げざんまい》なのである。

（著語）妙音菩薩の現一切色身三昧に基づく種々の変化《へんげ》は、あたかも花の咲く枝で顔を隠しつつ（三昧にありつつ）、舞を舞って観衆を喜ばせる芸能のごとしだ。

相手を饒益しては、三昧に戻り、その繰り返しは限りがない。いったんは救護の活動を終えても、まだ救済すべき人がいて、その人たちの救護の活動が始まる。

【解説】

この讃は、妙音菩薩が、三十四の変化身《へんげしん》等を現わして、人々を救済する活動を讃えたものである。経典には、まず、妙音菩薩の過去の修行に関して、「過去に仏有《いま》せり、雲雷音王多陀阿伽度《うんらいおんおうただあかど》・阿羅訶《あらか》・三藐《さんみゃく》三仏陀《さんぶっだ》と名づけたてまつる。国をば現一切世間《げんいっさいせけん》と名づけ、劫をば喜見と名づく。妙音菩薩は万二千歳において、十万種の伎楽《ぎがく》をもって、雲雷音王仏を供養し、幷びに八万四千の七宝の鉢を奉上《たてま》つれり。この因縁の果報を以って、今、浄華宿王智仏《じょうけしゅくおうちぶつ》の国に生れて、この神力《じんりき》有り。……」とある。ここが、第一句、「曽て妓楽を供して此の身を感ず」のもとである。

さらに、「華徳よ、汝は、但、妙音菩薩のその身はここに在りとのみ見るも、しかもこの菩薩は種種の身を現《あら》わして、処処に諸の衆生のために、この経典を説けり。或は梵王《ぼんのう》の身を現わし、或は帝釈《たいしゃく》の身を現わし、……この妙音菩薩はかくの如く種種に変化し、身を現わしてこの娑婆国土に在りて、諸の衆生のために、この経典を説くも、神《じん》通《づう》・変化《へんげ》・智慧《ちえ》において、損減する所なし。……」とある。おそらく、第二句以下、「一華纔かに発して一華媚し　一華媚し」とは、三昧力によって、一つの身を現わすや、その身がどれも美しいということを描いたものであろう。美しいというのは、適切に相手に応じて見事に救済していくはたらきのことを言うものと思われる。「茲自《これよ》り」とは、前に見た因縁によって、神力を得てから、ということであろう。

「万事游戯に付す」に関して、経典には、「……（種種の）身を現わして、この経を説き、諸有《あらゆ》る地獄・餓鬼・畜生及び衆《もろもろ》の難処《なんじょ》は皆、能く救済《くさい》し、乃至、王の後宮《ごぐう》においては変じて女身《にょしん》と為《な》りて、この経を説けり。華徳よ、この妙音菩薩は能く娑婆世界の諸の衆生を救護《くご》する者なり」「……妙音菩薩はこの三昧の中に住して、能くかくの如く無量の衆生を饒益《にょうやく》せるなり」等とあるのは参考になろう。妙音菩薩の自在な救済のはたらきを、遊戯三昧《ゆげざんまい》と見たものである。

「参」はこの妙音菩薩の三昧力よる活動に参じてみよ、ということであろうが、むしろこのはたらきにあなたもあずかれ、というところであろうか。あるいは、実は出会う人々が、妙音菩薩の三昧力によってあなたの前に現われている化身である場合があることに気づきなさいということか。

観世音菩薩普門品《かんぜおんぼさつふもんぼん》

【品の概要】

初め、無尽意菩薩《むじんにぼさつ》が、観世音《かんぜおん》菩薩の名前の理由について釈尊に問い、釈尊は次のように答えた。

善男子《ぜんなんし》よ、若し無量《むりょう》 百千万億《ひゃくせんまんのく》の衆生《しゅじょう》ありて、諸の苦悩を受けんに、この観世音菩薩を聞きて一心に名《みな》を称《とな》えば、観世音菩薩は、即時《ただち》にその音声《おんじょう》を観《かん》じて皆、解脱《まぬが》るることを得せしめん。

その苦悩、危機には、大火に入る、大水のために漂わされる、刀杖で危害を加えられる、険路で賊に襲われる、といったことがあげられ、いつでも「南無観世音菩薩」と称えればたちどころに災難を免れることができるとある。あるいは、婬欲、瞋恚《しんに》、愚痴が多い等、常に観世音菩薩を念ずればそれらを離れることができ、また、観世音菩薩を礼拝・供養すれば希望の赤ちゃんを授かることができるという。こうして、釈尊は「この故に、衆生は皆、応に観世音菩薩の名号を受持すべし」と説くのであった。

釈尊はさらに、観世音菩薩は、仏、声聞《しょうもん》、梵王《ぼんのう》、宰官、童男・童女、天、龍、夜叉《やしゃ》等どんな身となってでも、相手にふさわしい身を現じて、その人のために法を説くのだと解説する。ここが、三十三身に身を現ずといわれるところである。

さらに釈尊は、この観世音菩薩は「怖畏《おそれ》の急難の中において、能く無畏《むい》を施す」と説き、「施無畏者」と名づけると明かす。無尽意菩薩はこのことを聞いて、観世音菩薩を供養するとして、自分の首の「衆《もろもろ》の宝珠《ほうじゅ》の瓔珞《ようらく》の価《あたい》、百千両の金《こがね》に直《あたい》」するものを外《はず》して、観世音菩薩に差し出す。観世音菩薩はいったんは断るも、結局受けて、これを二つに分け、一つは釈迦牟尼仏《しゃかむにぶつ》に、一つは多宝《たほう》仏に奉献した。

以下、上来のことが偈《げ》でもって重ねて説明されていく。種々様々な危難に会っても、「念彼観音力」、彼の観音の力を念ずれば、問題が根本的に解決されると、繰り返し説かれていく。そして、「衆生、困厄《わざわい》を被《こうむ》りて、無量の苦、身に逼《せま》らんに、観音の妙なる智力《ちりき》は、能く世間の苦を救わん」と、「観音妙智力」の句も出る。また、「真《まこと》の観・清浄の観、広大なる智慧の観、悲の観及び慈の観あり、常に願い常に瞻仰《あおぎみ》るべし」ともある。「悲《あわれみ》の体《すがた》たる戒は雷《いかずち》の震《ふる》うがごとく、慈《いつくし》みの意《こころ》は妙えなる大雲のごとし、甘露の法雨を澍《そそ》ぎて、煩悩の燄《ほのお》を滅除す」ともある。

また、「妙《たえ》なる音・世を観ずる音、梵の音・海潮の音、彼の世間に勝れたる音あり、この故に須《すべ》からく常に念ずべし」ともある。その最後には、「念々に疑を生ずること勿れ、観世音の浄聖《きよきひじり》は、苦悩《くるしみなやみ》と死《しの》厄《わざわい》とにおいて、能く為めに依怙《たより》と作《な》らん。一切の功徳を具して、慈眼を以って衆生を視《みそなわ》す。福の聚《あつま》れる海は無量なり、この故に応に頂《ちょう》礼《らい》すべし」とあって、結ばれている。最後に、釈尊がこの「普門品」を説かれたとき、衆中の八万四千の衆生は、皆、発《ほつ》阿耨多羅《あのくたら》三藐三《さんみゃくさん》菩提《ぼだい》心したとある。

著語

（原文）
門々有路々蕭索
（書き下し）
門々《もんもん》路有《みちあ》り　路《みち》蕭索《しょうさく》たり
（解説）
あらゆる方面に観音菩薩は働いているが、そのことを知る人は稀である。

観世音菩薩普門品1

【原文】

慣捨西方安養界　五濁悪世投此身
浄法界身　本無出没　大悲願力　示現去来
就木々兮就竹々　全身放擲多刧(劫)春
一任千里万里尓(爾)引去
脚下金蓮拖水泥　頭上(脱)宝冠委塵埃
嘆嗟去日顔如玉　而今帰来為醜老
乃往一時楞厳会　令佗(他)吉祥択疎親
列聖叢中作者知
森々二十五大士　独於此尊歎嗟頻
一将難求
南無大悲観世音　哀愍納受救世仁
是為讃観音
是為謗観音

【書き下し】

西方安養界《さいほうあんにょうかい》を捨《す》つるに慣《な》れて　五濁《ごじょく》悪世《あくせ》に此《こ》の身《み》を投《とう》ず
浄法界《じょうほうかい》の身《み》　本出没無《もとしゅつもつな》し　大悲《だいひ》の願力《がんりき》　去来《こらい》を示現《じげん》す
木《き》に就《つ》けば木《き》　竹《たけ》に就《つ》けば竹《たけ》　全身放擲《ぜんしんほうてき》す　多劫《たごう》の春《はる》
千里万里爾《せんりばんりなんじ》が引《ひ》き去《さ》るに一任《いちにん》す
脚下《きゃっか》の金蓮《こんれん》　水泥《すいでい》を拖《ひ》き　頭上《ずじょう》の宝冠《ほうかん》　塵埃《じんあい》に委《す》つ
嘆嗟《たんさ》す　去《さ》りし日《ひ》の顔《かお》は玉《ぎょく》の如《ごと》くなりしを　而今《いま》帰《かえ》り来《きた》って醜《しゅう》老《ろう》と為《な》るを
乃往一時《むかしあるとき》　楞厳会《りょうごんえ》に　他《か》の吉祥《きちじょう》をして疎親《そしん》を択《えら》ばしむ
列聖叢中作者《れっしょうそうちゅうさしゃ》のみ知《し》る
森々《しんしん》たる二十五大士《にじゅうごだいし》　独《ひと》り此《こ》の尊《そん》に於《お》いて歎嗟頻《たんさしき》りなり
一将《いっしょう》は求《もと》め難《がた》し
南無大悲観世音《なむだいひかんぜおん》　哀愍《あいみん》し納受《のうじゅ》したまへ　救世《くせ》の仁《じん》
是《こ》れ観音《かんのん》を讃《たた》ふると為《な》すか

是《こ》れ観音《かんのん》を誇《そし》ると為《な》すか

【現代語訳】

観世音菩薩《かんぜおんぼさつ》は、西方《さいほう》極楽浄土におられるはずの方なのに、いつもそこから出られて、この五濁《ごじょく》（劫《こう》濁・見《けん》濁・煩悩《ぼんのう》濁・衆生《しゅじょう》濁・命《みょう》濁）の悪世である娑婆《しゃば》世界に降りてこられている。

木に対しては木、竹に対しては竹、すなわち、相い対する衆生のあり方に応じ、ぴたりと姿を現わすのである。こうして、全身を衆生済《さい》度《ど》のために投げ出して、相いも変わらず、果てしなく長遠の時間を経ておられる。

足もとの蓮華の台《うてな》も泥水になずみ、頭上の宝冠も、ちりほこりにまみれたままである。

かつてある時、『楞厳経《りょうごんきょう》』が説かれた会座《えざ》において、如来はかの文《もん》殊《じゅ》菩薩に、どの者が仏道を成就するのに親しいのかを選ばせたことがあったが、文殊菩薩は、二十五の優れた（務学の）諸大菩薩や阿羅漢《あらかん》の中で、ただ観世音菩薩のみをほめたたえてやまなかった。

南無大悲観世音。この私を、人々をあわれみ、祈りを聞いて下さい。救世の人よ。

（著語）

その本体そのもの（法身《ほっしん》）はもとより出没のないものであるが、大悲の衆生を救済したという願力によって相手の前に姿を現わす。

どこまでも、あなたのもとに参ります。

浄土を出たときは、美しいお顔だったのに、今、帰ってこられたら、やつれた姿でおかわいそう。

多くの大菩薩等の中、観音菩薩こそ第一と、実は釈尊は（または文殊菩薩は）知っていたのだ。

一人だけとは、むずかしい。みんな大菩薩だ。

以上の讃は、観音菩薩を讃えたものか謗ったものか。自己の内なる観音を忘れるではない。

【解説】

観世音菩薩は、勢至《せいし》菩薩とともに、阿弥陀仏《あみだぶつ》の脇士《わきじ》である。阿弥陀三尊というと、この三尊をいう。したがって、観世音菩薩は阿弥陀仏の極楽浄土にいるのかと思われるのに、そこを抜け出て、五濁悪世のこの娑婆世界に降り立って久しいという。確かに観世音菩薩は、この世でしばしば出会う菩薩であろう。

「木に就けば木　竹に就けば竹」とは、相手にぴたりと応じて示現して救済する様子を言ったもの。「全身放擲す　多劫の春」とは、全身を娑婆に投じて久しいということをまた述べたものと思われる。その救済業の遊戯《ゆげ》三昧《ざんまい》のゆくりない趣きが、春であろうか。

「脚下の金蓮」も、「頭上の宝冠」も、本来の観世音菩薩の身を飾るものである。菩薩は人々を教導するために、美しく着飾っている。しかしそれらも、汚れ濁っているこの世にあって活動していて、泥まみれ、ほこりまみれになっているという。苦海の娑婆世界でなりふりかまわず人々のためにはたらいている、というのである。

「楞厳会」とは、『楞厳経』の説法の会座のこと。『楞厳経』巻第六に、如来が、文殊に二十五の諸大菩薩・阿羅漢のうち、誰がその根（本）に当たり、何れの方便門《ほうべんもん》か成就し易きを得ん、と問うたところ、文殊は、「良い哉《かな》観世音、恒沙劫《ごうしゃこう》の中に於いて、微塵《みじん》の仏国に入り、大自在の力を得て、無畏を衆生に施す。妙音、観世音、梵音、海潮音、世を救いて悉く安寧ならしめ、出世して常住を獲《え》しむ。我れ今、如来に啓《もう》す。観音の所説の如きは、譬えば人の静《じょう》に居《こ》するとき、十方世界に鼓《く》を撃てば、十処一時に聞くが如し。此れ則ち円《まどか》にして真実なり。」等と答えた。そこで良寛は、昔、ある時、『楞厳経』が説かれた会座で、釈尊は吉祥（妙吉祥）すなわち文殊に、修行を完成させた錚々《そうそう》たる二十五人の諸菩薩等のうち、人々が仏道に入るに当たって師として就くに、誰がもっともふさわしいかを選ばせたといい、そのうち、ただひとり観世音菩薩のみを「歎嗟頻り」であったと述べた。したがって、この「歎嗟」は、ほめたたえたことに他ならない。

そこで良寛は最後に、「南無大悲観世音　哀愍し納受したまへ　救世の仁」と結んでいる。「救世の仁」は、もう一度、観世音菩薩を言い換えたもの。「哀愍し」たまえは、あわれみたまえということ。「納受し」は、私たちのいのりを受け止めてくださいということである。その内容は、生死《しょうじ》の苦しみ、畏れを抜いてください、ということであろう。

良寛は、『法華経』の観世音に対して、おしゃれにも『楞厳経』の観世音を配置している。その学識の深さにも、驚くばかりである。

観世音菩薩普門品2

【原文】

月堕素影雲破時　水畳碧波風来始

永夜静倚宝陀岸　人道応身三十二

聴言不真　呼鐘作甕

【書き下し】

月《つき》　素影《そえい》を堕《お》とし　雲破《くもやぶ》るる時《とき》　水《みず》　碧波《へきは》を畳《かさ》ね　風来《かぜきた》り始《そ》む

永夜《ようや》静《しず》かに倚《よ》る　宝陀《ほだ》の岸《きし》　人道《にんどう》に応身《おうじん》す三十二《さんじゅうに》

言《ごん》を聴《き》くこと真《しん》ならずんば　鐘《かね》を呼《よ》んで甕《かめ》と作《な》す

【現代語訳】

雲が割れて、月の光がわずかにもれてきた。水面が照らされ、小波のたつのが見えるが、風が出てきたことがわかる。観音様は、一夜中、この普陀落《ふだらく》山頂の池の岸辺にたたずんで、人々の苦しみをどう救済するか、考えられるという。そうして、人間の世界に、三十二身にも姿を変えて現われるのである。

（著語）かねをかめと呼ぶのは、正しく聴いていないから。観音の居場所を正しく理解せよ。

【解説】

観世音菩薩《かんぜおん》は、ポータラカ、補陀落山《ふだらくせん》にいらっしゃるという。第三句に「宝陀の岸」とあるのは、その補陀落山の頂上にあるという池の岸辺ということになる。「永夜静かに倚る」、そこに夜の間ずっとたたずんでいるとは、一心に衆生救済のことを思っておられることを述べたものである。

とすれば、第一句・第二句は、そのあたりの情景を描いたものであろう。雲が割れると、月光が射してくる。風がそよいで、湖面にさざなみが立つ。実に美しい光景であり、禅的に言えば、現成底《げんじょうてい》の妙境というところであろうが、いずれも観世音菩薩が身を現わすはたらきを象徴したものであろう。月は智慧、風は大悲と見ることもできる。

第四句で、その観世音菩薩は、人間世界に三十二の姿を取って現れるという。『法華経』における観世音菩薩の普門示現《ふもんじげん》は三十三身であるが、ここの三十二身というのは、これまた『楞厳経《りょうごんきょう》』によったものである。

観世音菩薩普門品3

【原文】

長者長　短者短　応現不現観自在

三界茫々古与今　青天白日求亡子

一人吠虚(虚)千人吠実

【書き下し】

長《なが》きは長《なが》く　短《みじか》きは短《みじか》し　応現《おうげん》　不現《ふげん》　観自在《かんじざい》

三界茫々《さんがいぼうぼう》たり　古《こ》と今《こん》と　青天白日《せいてんはくじつ》に亡子《ぼうし》を求《もと》む

一人虚《いちにんこ》を吠《ほ》ゆれば　千人実《せんにんじつ》と吠《ほ》ゆ

【現代語訳】

長いものは長く、短いものは短い。相手に応じて現ずるも現じないも、まったく観世音《かんぜおん》菩薩の思いのままである。三界《さんがい》の人々は、相い変わらず、生死輪廻《しょうじりんね》を繰り返していて、観音様に救いを求めるが、青空の太陽の下、何もかもが露わな世界に、いなくなった子を探し求めても得られないのと同じで、観世音菩薩は外にはいないのである。

(著語) 一人が嘘をつくと、みんながそれを本当のことのように言いだす。観音様がどこかにいるなんて、うそなのだ。

【解説】

第一句の「長者長　短者短」の「者」は、「何々は」、というときの「は」に当たると見たい。このとき、長きは長く　短きは短い、ということで、真実はありのまま以外にないことを示していると見ることになる。「柳は緑、花は紅」「眼は横に、鼻は縦に」「雀はチュンチュン、烏はカーカー」と同じである。

観世音菩薩が姿・形を取って現れるかそれとも現れないか、それは自由自在のはたらきのうちにある。もっとも、この世において、五感の感覚に現われているもの、現われていないもの、すべてありのまま以外になく、そこに実は観世音菩薩がはたらいているのである。それ以外、何か特別な存在として観世音菩薩がどこかにいるわけではない。

ところが、欲《よく》界・色《しき》界・無色《むしき》界の三界、つまり地獄・餓鬼《がき》・畜《ちく》生《しょう》・修羅《しゅら》・人間・天上の六道にもほかならない迷いの世界を、私たちは始めのない過去から今日まで、さらには未来にと生死輪廻してやまないのが実情である。「茫々」とは、『角川漢和中辞典』には、①ぼうっとしてはっきりしないさま、②広々として果てしないさま、③疲れうむさま、とある。ここは、その中、①もしくは、②であろう。しかし③を採るのはどうであろうか。弘法大師空海《くうかい》は、「生まれ生まれ生まれ生まれて生の始めに暗く、死に死に死に死んで死の終わりに冥し」と嘆じた。

その中で、助けてくださる観音様がいないかとそのお姿を追いかける。しかし、禅的に見れば、観世音菩薩は、外にいらっしゃるわけでなく、自分の心のはたらきにおいてあるのが本当なのである。そこで、外に探し回っても、すべてが白日のもとにさらされて明らかなところで、なくなった子どもを求めても求められないように、見つかりはしない。参考までに、『無門関《むもんかん》』第三十則「即心即仏《そくしんそくぶつ》」の無門の頌《じゅ》に、「青天白日、切忌尋覓」とある。すべてが明らかなところで、さらに何かないかと尋ね求めることはしてはならないというのである。

こうして、観世音菩薩の真実は、実は即今・此処・自己に見いだされるべきなのである。

観世音菩薩普門品４

【原文】

真観清浄観　広大智慧観　悲観及慈観　無観最好観

為報途中未帰客　観音不在宝陀山

やますみの冬の夕のさひしさをうきよの人（は）なにとかたらむ
うつせみのもぬけの殼か是ほとにしらぬ山路をとへとこたへす

【書き下し】

真観《しんかん》　清浄観《しょうじょうかん》　広大智慧観《こうだいちえかん》　悲観《ひかん》及《およ》び慈観《じかん》あるも　無観《むかん》最《もっと》も好観《こうかん》なり

為《ため》に報《ほう》ず　途中未帰《とちゅうみき》の客《かく》　観音《かんのん》は宝陀山《ほだせん》に在《いま》さずと

山住《やまず》みの冬《ふゆ》の夕《ゆうべ》の寂《さび》しさを浮世《うきよ》の人はなにと語《かた》らむ
空蟬《うつせみ》のもぬけの殼《から》か是《これ》ほどに知《し》らぬ山路《やまじ》を問《と》へど答《こた》へず

【現代語訳】

真実の観、清浄な観、広大な智慧の観、悲の観、慈の観、いろいろな観がいわれているが、無観こそもっとも良い観である。観音様を未だ尋ね求めてやまない途中にある人に伝えよう。観音様は、宝陀山《ほだせん》にはいませんぞ、と。

（著語）心の奥にある三昧力を知る人はいるのだろうか。

誰も奥の細道、観音の居場所について案内してくれる人はいない。今日、禅道はどうしてしまったことか。

【解説】

この品の偈《げ》の部分には、「真観、清浄観、広大智慧観、悲観及慈観、常願常瞻仰」とある。観世音菩薩の世間の音を見る観は、真実の観であり、清浄なる観であり、広大な智慧による観であり、悲に基づく観であり、慈に基づく観である、というのであろう。

しかし良寛は、無観こそがもっとも良い観であるという。それは、対象的に観察するのではなく、はからいなくしてありのままに見る観であるといえようか。観世音菩薩も、無念・無心の観であるからこそ、一切衆生の苦悩に感応し、身を分けて応現するのである。

この無観の観は、実は衆生の心の中ではたらいているものである。たとえば、盤珪《ばんけい》禅師は、不生《ふしょう》の仏心ということを強調した。はからわずして、雀の声、鳥の声を聞き分ける。そこに不生にして霊明《れいみょう》なる仏心が息づいているというのである。「仏になろうとしようより、仏でおるが造作がなうて、近道でござるわいの」、とも言った。無観の観は、この私にすでにはたらいていたのである。その意味では、観世音菩薩を外に求めるべきではない。いま・ここの自己自身に見出すべきなのである。

そこで良寛は、観音様が補陀落山《ふだらくせん》にいると思って、会いに向かっている人（途中にあって未だ帰っていない人）に対して、「観音は宝陀山に在さず」、そこに行っても無駄だぞ、と呼びかけるのである。

実はこの趣旨は、道元《どうげん》が観世音菩薩について詠んだ漢詩と同一である。道元は、身心脱落《しんじんだつらく》・脱落身心《だつらくしんじん》の悟りを得てのち、まわりを小旅行し、補陀洛山と言われるところに行ったらしい。道元は「補陀巌に遊び礼す」と題して、次のような漢詩を作っている。

聞思修《もんししゅ》より三摩地《さんまじ》に入り、自己端厳《たんごん》にして聖顔《しょうげん》を現ず。
為に来人《らいにん》に告げて此の意を明《あきら》めしむ、観音は宝陀山に在《ましま》さずと。

良寛は道元に時を隔てて私淑《ししゅく》し、道元の禅の心をそっくり体得されていたのであった。

観世音菩薩普門品5

【原文】

妙音観世音　梵音海潮音　勝彼世間音　希音是真音

是故我今頂首礼　南無帰命観世音

ひさかたのゆきのにたてるしらさきはおのかすかたにみをかくしつゝ

【書き下し】

妙音《みょうおん》観世音《かんぜおん》　梵音海潮音《ぼんおんかいちょうおん》　勝彼世間音《しょうひせけんおん》あるも　希音《きおん》是《こ》れ真音《しんおん》なり

是《こ》の故《ゆえ》に我《われ》今《いま》頂首礼《ちょうしゅらい》す　南無《なむ》帰命《きみょう》観世音《かんぜおん》

久方《ひさかた》の雪野《ゆきの》に立《た》てる白鷺《しらさぎ》はおのが姿《すがた》に身《み》を隠《かく》しつつ

【現代語訳】

妙《たえ》なる音、世を観ずる音、梵の音、海潮の音、かの世間に勝れたる音等あるも、人間の聞こえない音こそ真実の音である。この故に私は今、深く頭をたれて礼拝し、南無観世音菩薩と帰命《きみょう》したてまつろう。

（著語）自分が自分自身に帰したところ。道元は、「礼拝」と題して、「冬草も見えぬ雪野の白鷺は己が姿に身をかくしけり」と歌っている。礼拝とは、対象的に行うべきことではなく、自己が自己に帰することだというのである。南無帰命観世音も同じことである。

【解説】

ここも、この品の、「世尊妙相具」から始まる長い偈《げ》の部分にそってくり出てくる。「妙音観世音、梵音海潮音、勝彼世間音、是故須常念」（妙なる音・世を観ずる音、梵の音・海潮の音、彼の世間に勝れたる音あり、この故に須《すべ》からく常に念ずべし）とあるようである。これに続けては、「念念勿生疑、観世音浄聖、於苦悩死厄、能為作依怙、具一切功徳、慈眼視衆生、福聚海無量、是故応頂礼」（念念に疑を生ずること勿れ、観世音の浄聖《きよきひじり》は、苦悩《くるしみなやみ》と死厄《しのわざわい》とにおいて、能く為めに依怙《たより》と作《な》らん。一切の功徳を具して、慈眼を以って衆生を視《みそなわ》す、福の聚《あつま》れる海は無量なり、この故に応に頂礼すべし）とあって、その長い偈は終わるのである。

妙音以下、すばらしい音が挙げられている。ここの種々の音について、岩波文庫の注には、「妙音とは空と有を双遮する空智の音、観世音とは空有を双照する中智の音、梵音とは慈・悲・喜・捨の四観をもって照らす仮智の清浄なる音、海潮音とは潮の時節をたがえざるごとく衆生救済に時を失わず出す音で、共に仮智の音、勝彼世間音とは、智の外に音無く、音の外に智無き境智冥合し思慮を越えた音」とある。かえって解りにくいかもしれないが、本来、いずれも観世音菩薩が有するすばらしい音のことである。

ともあれ、すばらしい音がいろいろとあるが、良寛は、中でも希音《きおん》こそが真実の音であるという。『老子《ろうし》』によれば、大音のようであるが、一方、良寛の漢詩に、「静夜草庵裏、独奏没絃琴」と始まる詩があり、その最後は「耳聾《にろう》の漢《かん》に非ざる自《よ》りは、誰か聞かん希声の音を」とあり、この「希声音」は、絃《げん》の無い琴の音なので、無音の音であろう。要は聞こえない音のことなのであり、つまり対象的に捉えられた音ではなく、音そのものと一つになった境涯が希音なのだと思われる。いわば主客未分の純粋経験のような世界である。そこに観世音菩薩がいきいきとはたらいているのである。

そこを賞美して、良寛は「南無帰命観世音」と言う。それは、外の観世音菩薩に帰命するというのではなく、自己自身に手を合わせているのである。

観世音菩薩普門品6

【原文】

風定花猶落　鳥啼山更幽　観音妙智力　咄

若不得流水過別山
鶯の声なかりせは梅の花こすえ《（ゑ）》につもる雪と見ましを

【書き下し】

風《かぜ》定《さだ》まって花猶《はななお》落《お》ち　鳥《とり》啼《な》いて山更《やまさら》に幽《ゆう》なり　観音《かんのん》妙智《みょうち》力《りき》　咄《とつ》

若《も》し流水《りゅうすい》を得《え》ずんば別山《べつざん》に過《わた》れ
鶯《うぐいす》の声《こえ》なかりせば梅《うめ》の花梢《はなこずえ》に積《つ》もる雪《ゆき》と見《み》ましを

【現代語訳】

風が静まってなお花がぽとりと落ち、山深く鳥が一声、二声鳴いて、いっそうあたりは静かである。観音妙智力というべきか。　咄

（著語）この意が解らなければ、さらに参ぜよ。
　鳥が鳴いてこそ、観音の妙智力が知られる。空空ではない、空即是《くうそくぜ》色《しき》だ。

【解説】

「風定まって花猶落ち　鳥啼いて山更に幽なり」の句は、『禅林句集《ぜんりんくしゅう》』に、出典を『詩人玉屑』と示し、「現成底の妙景、また道人心中の好風景」と説明している。なお、入矢義高は、「梁の王籍の詩に「蝉噪いで林逾《いよいよ》静か、鳥啼いて山更に幽なり」。また陳の謝貞の（「春日閑居」の）句に「風定まって花猶お落つ」。この句と前者の下句とをつなげて対句にしたのは宋の王安石である」と説明している（『良寛詩集』、禅入門12、講談社）。

　これは、自然の味わい深い情景であるとともに、私たちのいのちのあり方そのものも示唆するものとなっている。存在が深い無において成立していること、色即是空《しきそくぜくう》・空即是色《くうそくぜしき》の端的を描いている。西田幾《にしだき》多郎《たろう》は、「故に私たちの自己は、どこまでも自己の底に自己を越えたものにおいて自己をもつ、自己否定において自己自身を肯定するのである」（「場所的論理と宗教的世界観」、『西田幾多郎全集』第十一巻、四四五〜四四六頁）と言っている。

　それが成立していることは、いわば観世音菩薩の妙智力によると言いたいところであろう。しかし、そのような言葉も要らない、ただ「風定まって花猶落ち　鳥啼いて山更に幽なり」のみである。そこで、「咄」と言って、観音妙智力とわざわざ言うことをもさらに否定した。

陀羅尼品《だらにほん》

【品の概要】

初めに、薬王《やくおう》菩薩が座より起《た》って、釈尊に、「能く『法華経』を受持」し、「若しくは読誦して通利《よくさと》り、若しくは経巻を書写」する者の福はどのくらいのものか、尋ねる。釈尊は、それは八百万億那由他《なゆた》の恒河沙《ごうがしゃ》に等しい諸仏を供養するにも匹敵すると明かす。だが、『法華経』の少なくとも「一の四句偈《しくげ》をも受持し、読誦し、義を解《さと》り、説《おしえ》の如く修行」するなら、そのくらいの功徳があるというのである。

これを聴いて、薬王菩薩は、『法華経』を説く者を守護する陀羅尼《だらに》呪《じゅ》を、その者たちに与えようといって、呪を説く。これは、かなり長いものである。そして釈尊に、「此の陀羅尼神呪《だらにじんじゅ》は、六十二億の恒河の沙に等しい諸仏の説かれるものであるから、法師《ほっし》を侵《おか》し毀《そし》る者は、諸仏を侵し毀ることになる」と申し上げる。これに対し釈尊は、その心ばえを讃え、諸の衆生を饒益《にょうやく》すること多かろうと答える。

その後、勇施《ゆうせ》菩薩、毘沙門天王護世者《びしゃもんてんのうごせしゃ》、持国天王《じこくてんのう》が次々に、『法華経』を読誦・受持する者を擁護する陀羅尼呪を説いていく。

このとき、藍婆《らんば》・毘藍婆《びらんば》・曲歯《こくし》等々、十人の羅刹女《らせつにょ》たちがいた。十人目の羅刹女は、奪一切衆生精気《だついっさいしゅじょうしょうけ》という名前の者である。この十人の羅刹女は、鬼子母《きしも》およびその子並びに眷属とともに釈尊のみもとに行き、ともに声をそろえて、次のように申し上げるのであった。

世尊よ、われ等も亦、法華経を読誦し、受持する者を擁護《まも》りて、その衰患《わずらい》を除かんと欲す。若し法師の短《あやまち》を伺《うかが》い求むる者ありとも、便《たよ》りを得ざらしめん。

こうして呪を示し、「寧《むし》ろ我が頭《こうべ》の上に上《のぼる》とも、法師を悩ますことなかれ」といい、さらに法師を悩ます悪鬼や、熱病や、異性等々がつけいらないようにと述べて、今の呪の効験を明かす。さらに釈尊のみまえで、次のような偈を説く。

若しわが呪に順《したが》わずして、説法者を悩乱せば、頭《こうべ》は破《われ》て七分と作《な》ること、阿梨樹《ありじゅ》の枝の如くならん。父母《ふも》を殺《しい》する罪の如く、亦油を圧《お》すの殃《つみ》と、斗秤《はかり》をもって人を欺誑《あざむ》くと、調達《じょうたつ》の、僧を破《やぶ》りし罪との如く、この法師を犯さん者は、当にかくの如きの殃《つみ》を獲《う》べし。

こうして、諸の羅刹女らは、「われ等も亦、当に身自らこの経を受持し、読誦し、修行せん者を擁護《まも》りて、安穏《あんのん》を得、諸の衰患《わずらい》を離れ、衆《もろもろ》の毒薬を消《け》さしむべし」と釈尊に申し上げるのであった。

釈尊はこれに対し、「善い哉、善い哉」と讃嘆し、「但、能く法華経の名《みな》を受持する者を擁護《まも》るすら」福は無量なのであり、まして自ら「具足して受持」したり、あるいはこの経巻を種々のものを供えて供養する者を擁護するなら、測り知れない福があると示して、「皐諦《こうたい》（十羅刹女の一人）よ、汝等及び眷属は応当《まさ》にかくの如きの法師を擁護《まも》るべし」と伝える。

釈尊がこの「陀羅尼品」を説いた時に、六万八千人が無生法忍《むしょうぼうにん》の悟りを得たのであった。

著語

（原文）
正令当行十方坐断
（書き下し）
正令当行《しょうれいとうぎょう》して十方坐断《じっぽうざだん》せらる
（解説）
法令が施行されて、それに国中が支配されるのは当然だ。

陀羅尼品1

【原文】

二種天王与眷属　共説神呪鎮塵紛
斯之諸法実相印　率土何物不奉行

違時作麼生

【書き下し】

二種《にしゅ》の天王《てんのう》と眷属《けんぞく》と　共《とも》に神呪《じんじゅ》を説《と》いて塵紛《じんぷん》を鎮《しず》む
斯《こ》の諸法実相《しょほうじっそう》の印《いん》　率土《そつど》何物《なにもの》か奉行《ぶぎょう》せざらん

違《たが》ふ時作麼生《ときそもさん》

【現代語訳】

毘沙門天王《びしゃもんてんのう》と持国天王《じこくてんのう》の二人及びその天王のまわりの者たちは、皆一様に、神呪《じんじゅ》（ダラニ）を説いてさまざまな思い患いをしずめた。その神呪で守られる、諸法実相《しょほうじっそう》の印である『法華経』を、国中、誰か奉じないでよかろうか。

（著語）神呪をもって法師を護れとの指示にたがうときはどうなるか。誰も法華を生きていないことはありえないのだが。

【解説】

「二種の天王」とは、この品によるに、明らかに毘沙門天と持国天である。「眷属」は、その天王を取り囲むおつきの者たちをいう。経典では、薬王《やくおう》菩薩、勇施《ゆうせ》菩薩と、かの毘沙門天と持国天のほか、十羅刹《らせつ》女《にょ》や鬼子母《きしも》及びその十羅刹女の子並びに眷属《けんぞく》も神呪を説いたという。なお、眷属とは、今の十羅刹女の眷属を意味していようが、また持国天王を描く箇所に、「その時、持国天王《じこくてんのう》は、この会の中に在りて千万億那由他の乾闥婆《けんだつば》の衆《ともがら》の、恭敬し囲遶《いにょう》せるとともに……」とあるので、それらの者も含ませてよいであろう。

「塵紛」とは、いわば六塵（色《しき》・声《しょう》・香《こう》・味《み》・触《そく》・法《ほう》の六境。感覚・知覚の対象）に基づく紛糾、つまり無明《むみょう》・煩悩による感覚・知覚の対象に対する愛着、執着による心の乱れのことである。経典には、毘沙門天に関して、「世尊よ、この神呪《じんじゅ》を以って法師を擁護《まも》らん。われも亦、自ら当にこの経を持《たも》たん者を擁護《まも》りて、百由旬《ゆじゅん》の内に諸の衰患《わずらい》なからしむべし」とあり、この「衰患」のことを表したものと思われる。

「斯の諸法実相の印」とは、神呪を説くことによって守るべき『法華経』を持《たも》つ人々の、その『法華経』のことを言うものである。良寛は『法華経』の核心を、どこまでも「諸法実相」と見ているのである。良寛は繰り返しになるが、諸法実相は、「方便品《ほうべんぼん》」に、「唯、仏と仏のみ、乃《すなわ》ち能く諸法の実相を究《きわ》め尽せばなり」とあり、それは、十如是《じゅうにょぜ》で説明されるのであった。しかし良寛は、そのように幾多の如是を重ねることはない、ただ如是のみに、たとえば「風定まって花猶落ち　鳥啼いて山更に幽なり」のみに、それを見るのである。

そのように、多くの菩薩や天王等が擁護している『法華経』は、尊くないわけがないであろう。そこで、みんなが『法華経』を大切に実践すべきだ、という。「率土」は、全土のこと。「何物か」は、「何者か」でよいであろう。誰もが『法華経』を奉行すべきだというのであるが、その『法華経』とは、良寛にして見れば諸法実相そのものにほかならず、道元《どうげん》のいう渓声山色《けいせいさんしき》そのものなのである。世の中の何もかもが法華そのものなのであり、それを生きていない者はありえないのである。

陀羅尼品2

【原文】

銅頭鉄額並鬼面　千口一舌作誓言

若違我語侵法師　果然頭破作七分

国有憲章

【書き下し】

銅頭《どうとう》と鉄額《てつがく》と並《なら》びに鬼面《きめん》と　千《せん》口《く》一舌《いちぜつ》に誓言《せいごん》を作《な》す

若《も》し我《わ》が語《ご》に違《たが》ひて法師《ほっし》を侵《おか》さば　果然《かぜん》として頭《こうべ》破《やぶ》れて七分《しちぶん》と作《な》らんと

国《くに》に憲 章《けんしょう》有《あ》り

【現代語訳】

銅の頭を持つもの、鉄の額を持つもの、鬼の面のすがたを持つもの、あらゆる者たちがすべて同様に誓いの言をなしている。それは、「若し我が言葉にそむいて法師を侵すなら、必ずや頭が七つに裂けるであろう」というものである。

（著語）法令があれば罰則もある。

【解説】

たとえば経典には十人の羅刹女《らせつにょ》として、藍婆《らんば》・毘藍婆《びらんば》・曲歯《こくし》・華歯《けし》・黒歯《こくし》・多髪《たほつ》・無厭足《むえんぞく》・持瓔珞《じようらく》・皐諦《こうたい》・奪一切衆生《だついっさいしゅじょう》 精気《しょうけ》というものがあがっている。これらの者は、鬼子母《きしも》およびそれらの羅刹女の子並びに眷属とともに仏のみもとに詣でて誓いを立てる。

この羅刹女らは、「世尊よ、われ等も亦、法華経を読誦し、受持する者を擁護《まも》りて、その衰患《わずらい》を除かんと欲す。若し法師の短《あやまち》を伺《うかが》い求むる者ありとも、便《たよ》りを得ざらしめん」と述べ、さらに呪を説き、もう一度、誰であれ、法師を悩ますなと念を押す。

そして今度は、次の偈《げ》を述べる。

若し我が呪に順《したが》わずして、説法者を悩乱せば、頭《こうべ》は破《われ》て七分と作《な》ること、阿梨樹《ありじゅ》の如くならん。父母《ふも》を殺《しい》する罪の如く、亦油を圧《お》すの殃《つみ》と、斗秤《はかり》をもって人を欺誑《あざむ》くと、調達《じょうたつ》の、僧を破《やぶ》りし罪との如く、この法師を犯さん者は、当にかくの如きの殃《つみ》を獲《う》べし。

このあと、諸の羅刹女は、「世尊よ、われ等も亦、当に身自らこの経を受持し、読誦し、修行せん者を擁護《まも》りて、安穏《あんのん》を得、諸の衰患《わずらい》を離れ、衆《もろもろ》の毒薬を消《け》さしむべし」という。これに対し仏は、全面的に祝福する。『法華経』を説く人を護るだけでも、功徳があるのだというのである。

この讃は、以上の箇所をそのまままとめたものである。第一句、「銅頭と鉄額と並びに鬼面と」とは、経典に出てくる諸の羅刹女のことを、このような表現で言ったものと思われる。あるいは良寛はこの句により、二天王と羅刹女のことを言おうとしたのであろうか。頭は破れて云々ということを、二天王も言ったとは経典にはないものの、思いは同じ事であろう。『碧巌録《へきがんろく》』第七十則「潙山《いさん》侍立百丈」の頌《じゅ》の評唱《ひょうしょう》の中に、「……獅子、銅頭鉄額の獣を出だす」とあるが、一方、『五灯会元《ごとうえげん》』第十二巻に、「瑯琊《ろうや》覚禅師に、僧問う、如何なるか是れ仏。師曰く、銅頭鉄額」とある。羅刹女を銅頭・鉄額等と言ったとすれば、その背景に、仏をそれらとするこの禅問答を置いてみるのも面白いであろう。

第二句、「千口一舌に誓言を作す」とは、みんなが同じ誓いを立てた、ということであり、その誓いの内容は、前にかかげた偈に、「若し我が呪に順《したが》わずして、説法者を悩乱せば、頭《こうべ》は破《われ》て七分と作《な》ること、阿梨樹《ありじゅ》の如くならん。」等とあったようである。

こうして、良寛もまた『法華経』を持《たも》つ人を尊重しようとしている。では、この『法華経』を持つとは、どういうことなのか、それはこれまでの讃において明かされてきたことである。

妙《みょう》荘《しょう》厳《ごん》王《おう》本《ほん》事《じ》品《ほん》

【品の概要】

この品では、「その時、仏は諸の大衆《だいしゅ》に告げたもう」と始まる。はるか昔、雲雷音宿王華智如来《うんらいおんしゅくおうけちにょらい》という仏がおり、その国土には妙荘《みょうしょう》厳王《ごんおう》という王がいた。夫人は浄徳《じょうとく》といい、また浄蔵《じょうぞう》と浄眼《じょうげん》という二人の子がいた。この二人の子は、すでに長遠の間、修行してきて、大《だい》神力《じんりき》、福徳、智慧とを有し、大乗のあらゆる修行に通達し、諸の三昧《さんまい》も得ていた。

雲雷音宿王華智如来は、その妙荘厳王を導こうと、『法華経』を説く。このとき、二人の子は母に、ともに雲雷音宿王華智如来のみもとにまいり、供養・礼拝したいと願い出る。母は、父が外道《げどう》の教えを信受しているので、一緒に連れて行ってあげるようにいう。二人は、「われ等は、これ法王の子《みこ》なるに、しかもこの邪見《じゃけん》の家に生れたり」と申し上げる。

父を連れ出すにあたって、母の助言により、虚空《こくう》に上って種々の神《じん》変《ぺん》を現わした。これを見た父は信解《しんげ》し歓んで、お前たちの師は誰かと聞く。二人は、雲雷音宿王華智如来であり、一切世間の天・人の衆の中で、広く『法華経』を説いていると答えた。そこで、父は一緒にその仏を礼拝したいといい、結局、父母ともども行くことになった。こうして、二人の子は、「方便力を以って善くその父を化《おし》えて、心に仏法を信解し好楽《ねがわ》しめ」たのであった。

雲雷音宿王華智如来は、やってきた王のために説法すると、王は大いに歓悦《よろこ》び、夫人とともに、きわめて高価な真珠の瓔珞《ようらく》を首からはずし、仏の上に散じると、種々奇瑞がおき、王は仏への信仰をますます深める。このとき、雲雷音宿王華智如来は、四衆の前で、この妙荘厳王は、この国土で修行して、将来、娑羅樹王《しゃらじゅおう》という名の仏になると授《じゅ》記《き》した。王はただちに、夫人・二子・眷属らと出家した。

王は出家以後、八万四千年の間、「常に勤めて精進して妙法華経を修行」した。一切浄《いっさいじょう》功徳《くどく》荘厳《しょうごん》三昧を得たとき、虚空高く上って、雲雷音宿王華智如来に、自分の二子が、「宿世《しゅくせ》の善根《ぜんごん》を発起して、われを饒益せんと欲するを為《も》っての故に来りてわが家に生れしなり」と申し上げる。雲雷音宿王華智如来は、その言を認め、その二人はすでに計り知れない仏を供養・恭敬し、諸仏の所において『法華経』を受持し、「邪見《じゃけん》の衆生を愍念《あわれ》みて正見《しょうけん》に住せしめ」たのだと明かすのであった。

妙荘厳王は、虚空の中より下りて、雲雷音宿王華智如来にその相好《そうごう》と無量の功徳を讃え、そして「世尊よ、未曽有《みぞう》なり。如来の法は不可思議の微妙《みみょう》の功徳を具足し成就したまえり。教と戒と所行は安穏《あんのん》にして快善《こころよ》し。われは今日より復《また》、自ら心に随《まか》せては行わず、邪見《じゃけん》・憍《きょう》慢《まん》・瞋恚《しんい》の諸の悪の心をも生《おこ》さざらん」と申し上げ、退出した。

この物語を話したあと、妙荘厳王は今の華徳菩薩、浄徳夫人は光《こう》照荘厳相菩薩《しょうしょうごんそうぼさつ》、二子は薬王《やくおう》菩薩、薬上《やくじょう》菩薩であると明かす。釈尊がこの品を説いたとき、八万四千人は塵《ちり》を遠ざけ垢《けがれ》を離れて、諸の法の中において、法眼浄《ほうげんじょう》を得た。

著語

（原文）
山赴岱嶺尽
水到蒼海窮
（書き下し）
山《やま》は岱嶺《たいれい》に赴《おもむ》きて尽《つ》き
水《みず》は蒼海《そうかい》に到《いた》りて窮《きわ》まる
（解説）
最後には、仏法にたどり着くものなのだ。

妙荘厳王本事品1

【原文】

履水未了復入地　二子妙用太多生
更有一段高風流　等閑携手至道場

将謂胡鬚赤　更有赤鬚胡　苦衆生
衆生苦
人々尽欲出常流　折合還帰炭裏坐
なほさりにわかこしものをあきののはなにこのひをくらしつるかも

【書き下し】

水《みず》を履《ふ》んで未《いま》だ了《おわ》らざるに復《ま》た地《ち》に入《い》る　二子《にし》の妙用《みょうゆう》太多生《たいたせい》
更《さら》に一段《いちだん》の高風流《こうふうりゅう》有《あ》り　等閑《とうかん》に手《て》を携《たずさ》へて道場《どうじょう》に至《いた》る

将《まさ》に謂《おも》へり胡鬚赤《こしゅあか》しと　更《さら》に赤鬚《しゃくしゅ》の胡《こ》有《あ》りき　苦衆生《くしゅじょう》
人々《にんにん》尽《ことごと》く常流《じょうる》を出《い》でんと欲《ほっ》す　折合《しゃくごう》して炭裏《たんり》に還《かえ》り帰《き》して坐《ざ》す
等閑《なおざり》に我《わ》がこしものを秋《あき》の野《の》の花《はな》にこの日《ひ》を暮《く》らしつるかも

【現代語訳】

妙荘厳王《みょうしょうごんおう》の二子、浄蔵《じょうぞう》・浄眼《じょうげん》は、水の上を地を歩くように歩いたり、地の中に入ったり、次から次へと数々の神変《じんぺん》をあらわして見せた。しかし、そんなことよりさらにいっそうすてきな風流があった。それは、妙荘厳王が、夫人及びその眷属らとともに、また自らの眷属とともに、仲良く一緒に仏のみもとに詣り、悟りに達したことだ。

（著語）菩薩には菩薩のあり方があるものだが、妙荘厳王はまさに菩薩だった。
誰もがこの世を解脱したいと思うものだが、結局、仏のもとに帰してふだんの如法の生活に落ち着いた。
何の思いもなく過ごしてきたが、今や花を愛でて暮らす身となった。

【解説】

経典に、次の文がある。
ここにおいて、二子はその父を念《おも》うが故に、踊《のぼ》りて虚空《こくう》に在《あ》ること高さ七多羅樹《たらじゅ》にして、種種の神変《じんぺん》を現わせり。虚空の中において、行・住・坐・臥し、身の上より水を出し、身の下より火を出し、身の下より水を出し、身の上より火を出し、或は大身を現わして虚空の中に満ち、しかも復《また》小を現わし、小にして復《また》大を現わし、空中において滅し、忽然《こつねん》として地に在り、地に入ること水の如く、水を履《ふ》むこと地の如し。かくの如き等の種種の神変《じんぺん》を現わして、その父王をして心浄《きよ》く信解《しんげ》せしめたり。

第一句、第二句は、この箇所を讃にしたものである。「太多生」とは、実にたいそう多いことだ、ということで、手を変え品を変え次から次へと神変が繰り出される様子を表わすものである。

さらに経典には、次のようにある。

妙荘厳王は群臣・眷属と倶に、浄徳夫人《じょうとくぶにん》は後宮の采女《さいにょ》・眷属《けんぞく》と倶に、その王の二子は四万二千人と倶に、一時に共に仏の所《みもと》に詣《もう》で、到り已りて頭面に足《みあし》を礼し、仏を遶《めぐ》ること三帀《そう》して却《さ》って一面に住せり。

ここが、「等閑に手を携へて道場に至る」であろう。本来、「道場」とは、菩提の座のことで、釈尊が悟りを開いた菩提樹下の座を意味する。転じて、仏の居場所を道場と呼んで、さしつかえない。「等閑に」の句は、経典にはないものの、仲良くなごやかな様子がうかがえてほほえましい。

この両者の間で、第三句は、神変よりも道場に到りえたことのほうが、格段に佳きことだという。私たちはともすれば、超世間的な現象に眼を奪われ、そこに貴重なものがあると思ってしまう。しかし、禅宗では古来、「運水搬柴、神通妙用」という。日常、一挙手一投足に仏のおんいのちがはたらいている。唐突ながら、井上円了《いのうええんりょう》は、「老狐幽霊怪物に非ず、清風名月是れ真怪」と喝破した。正法《しょうぼう》に不思議無しともいう。そのように、良寛も、非日常的な奇特なことに惑わされることはまったくない。かといって、ここでは平常底に高風流を見るという言い方でもない。一緒に、道場に到るということに、高風流を見ている。良寛はおそらく「道場に到る」よりも、「手を携えて」というところにこそ、高風流を見たことであろう。このことこそ、大乗の精神だからである。

妙荘厳王本事品2

【原文】

子為其父作仏事　父因其子成菩提
箇中消息如何委　驢胎《事未了》一出入馬胎《事来》

少出大遇
ちくし柿うみ柿をとふらふ
仮令将来無所著

【書き下し】

子《こ》は其《そ》の父《ちち》の為《ため》に仏事《ぶつじ》を作《な》し　父《ちち》は其《そ》の子《こ》に因《よ》りて菩提《ぼだい》を成《じょう》ず。
箇中《こちゅう》の消息《しょうそく》　如何《いか》んが委《し》らん　驢胎《ろたい》より一《ひと》たび出《い》でて馬《ば》胎《たい》に入《い》る

少《まれ》に出《い》でて大《おお》いに遇《あ》ふ

熟《ぢく》し柿《がき》熟《う》み柿《がき》をとぶらふ
仮令《たとい》将来《しょうらい》とも著《じゃく》する所無《ところな》し

【現代語訳】

子は、その父のために救済のための仕事をなし、父は、その子の導きによって悟りを完成するに至った。この間の事情をどう知るべきであろうか。驢の胎から出れば馬の胎に入る、といったことだ。

（著語）種種の神変《じんぺん》を喜んで、ついには仏に出会えた。
薬王《やくおう》菩薩ら（子）は、華徳菩薩（妙荘厳王・父）を導いた。
いつまでも、休まず衆生済度にはたらくに違いない。

【解説】

妙荘厳王の妻・浄徳《じょうとく》夫人と浄蔵《じょうぞう》・浄眼《じょうげん》の二人の子どもは、父親を『法華経』を説く仏のもとに連れていくために、種種の神変を現わしたのであった。すると、父はその神変を歓喜して、お前たちは誰の弟子なのかを問い、二人の子どもは、今、菩提樹下の法座で『法華経』を説いている雲雷音宿王華《うんらいしゅくおうけ》智仏《ちぶつ》の弟子であると答える。すると妙荘厳王は、信心を起こして、仏に会おうと思うのであった。以上はまさに、「子は其の父の為に仏事を作し」であろう。

こうして、その後、妙荘厳王は、夫人や二人の子ども、およびそれぞれの眷属らとともに、仏のみもとに詣で、その説法を聞いて大いに歓悦したのであった。このとき、妙荘厳王は仏から娑羅樹王《しゃらじゅおう》仏となるとの授記《じゅき》を受け、夫人や二人の子ども及び眷属とともに出家し、八万四千歳の間、『法華経』を修行して、一切浄功徳荘厳三昧《いっさいじょうくどくしょうごんざんまい》を得た。すると虚空《こくう》に上って、二人の子どもがわが善知識《ぜんちしき》であったことを仏に述べ、仏から「この二人の子どもは測り知れない数の仏を供養し、そのみもとで『法華経』を受持して、「邪見《じゃけん》の衆生を愍念《あわれ》みて正見《しょうけん》に住」させるのだと聞き、また地上に降りて、仏の無量の功徳を讃嘆したのち、「世尊よ、未曽有《みぞう》なり。如来の法は不可思議の微妙の功徳を具足し成就したまえり。教と戒と所行は安穏《あんのん》にして快善《こころよ》し。われは今日より復《また》自ら心に随《まか》せては行わず、邪見《じゃけん》・憍慢《きょうまん》・瞋恚《しんい》の諸の悪の心をも生《おこ》さざらん」と申し上げるのであった。以上は、「父は其の子に因りて菩提を成ず」である。菩提とは、悟りの智慧のことである。大乗の修行者すなわち菩薩は、一定の修行を経て、無分別智《むふんべつち》・後得智《ごとくち》を発し、さらに菩薩として修行して、最後に四智を完成し、仏となるのである。また、仏は、この妙荘厳王は、今の華徳菩薩のことだと明かしている。子の導きによって、大乗仏教の世界に入り、ついには華徳菩薩になったわけである。ちなみに、二人の子どもは、実は薬王菩薩と薬上菩薩であるという。

さて、第三句にある「箇中の消息」とは何のことであろうか。第一句・第二句からすれば、子のはたらきのことなのであろう。第四句、「驢胎より一たび出でて馬胎に入る」は、衆生済度のために繰り返し繰り返し世に現れては活動することを言ったもの。休む間もなく、衆生済度に励んでやまないということである。元来、この二人の子どもは、測り知れない長遠の期間、諸仏を供養するなど菩薩道を修して、大神力および福徳智慧を具えていたのであった。おそらくは、繰り返し繰り返し、世に現れては他者に対して仏道への導きのわざを行っているのであろう。そこを、「驢胎より一たび出でて馬胎に入る」と述べた。それは、菩薩の大悲、仏の大悲に深い感謝の念を捧げたものであろう。

【原文】

転禍作福雖然妙　捨邪帰正有幾人
而以後不随心行　善哉《是云》言也可書紳

虚《(虚)》閣松風画簾月
未逢先寄絶交書

【書き下し】

禍《か》を転《てん》じて福《ふく》と作《な》すは妙《みょう》なりと雖然《いえど》も　邪《じゃ》を捨《す》てて正《しょう》に帰《き》するは幾人《いくにん》か有《あ》る
而以後《いご》　心《こころ》に随《まか》せては行《おこな》はず　善《よ》い哉言《かなごん》や　紳《しん》に書《しょ》すべし

虚閣《こかく》の松風《しょうふう》　画簾《がれん》の月《つき》
未《いま》だ逢《あ》はざるに先《ま》ず寄《よ》す絶交《ぜっこう》の書《しょ》

【現代語訳】

禍いを転じて福となすのはすばらしいことではあるが、それ以上に大事なことである、邪を捨てて正に帰する人は、どれほどいようか。今よりは邪見《じゃけん》等の心のままに行うことはすまい、と妙荘厳王《みょうしょうごんおう》は言ったが、その言葉こそほめられるべきで、忘れないよう大帯に書いておくべきだ。

（著語）誓いの言葉は、内実のないものになりはしないか。大丈夫か。邪見・憍慢《きょうまん》・瞋恚《しんい》の悪の心を生じないと、もとより起きていないものを否定したって、その通りにできればよいが。

【解説】

人は、災厄に会うと、神仏の加護を求める。祈りが通じて首尾よく危難を脱し、幸福を得られれば、感謝しつつもそこで満足して終わってしまう。しかし宗教とは何か。西田幾多郎《にしだきたろう》は、「自己がいかに行動するかではなく、自己とは何かが問題となり、自己のありかはどこなのかが問題となることである」旨、言っている。この立場からすれば、邪を捨てて、正に帰するとは、必ずしも宗教的とも思えないが、古来、破邪顕正《はじゃけんしょう》は仏教教理の得意とするところである。その正において、自己とは何かの究極が明かされるであろう。なお、三論宗《さんろんしゅう》（インドの中観《ちゅうがん》派の系譜）では、破邪がそのまま顕正であるという。そのあらゆる対象的了解を否定し尽した無得正観《むとくしょうかん》に究極を見るのであった。

妙荘厳王は、出家後、八万四千歳の間、常につとめて精進して『法華経』を修行し、一切浄功徳荘厳三昧《いっさいじょうくどくしょうごんざんまい》を得たという。そして雲雷音宿王華智仏《うんらいおんしゅくおうけち》を讃嘆し、み前において一心に合掌して、次のように申し上げるのであった。「世尊よ、未曽有《みぞう》なり。如来の法は不可思議の微妙の功徳を具足し成就したまえり。教と戒と所行は安穏《あんのん》にして快善《こころよ》し。われは今日より復《また》自ら心に随《まか》せては行わず、邪見《じゃけん》・憍慢《きょうまん》・瞋恚《しんい》の悪の心をも生《おこ》さざらん。」

このように妙荘厳王は、教と戒によって、邪見等を捨て、正しい行為に帰したのであった。それはけっして窮屈で緊張を要することではなく、実はそれこそ、まさに「安穏にして快善」い世界なのである。戒を持《たも》つことは心を楽にする道なのである。

良寛は、この妙荘厳王の言葉を大いに賞美している。またその言葉をけっして忘れるでない、という。肝に銘じておけというのである。それは、妙荘厳王に言ったというより、同時代の僧衆に向けて述べたものではないかと思うのである。

普賢菩薩勧発品《ふげんぼさつかんぼっぽん》

【品の概要】

宝威徳上王仏《ほういとくじょうおうぶつ》の国にいた普賢菩薩《ふげんぼさつ》は、娑婆《しゃば》世界で『法華経』が説かれるのを聞いて、無数の大菩薩らとともに、釈尊のみもとにきて礼拝し、善男子《ぜんなんし》・善女人《ぜんにょにん》は如来の滅後、どのようにしたら『法華経』を得ることができるのか質問する。釈尊は、一、諸仏に護念せらるることを為《う》る、二、衆《もろもろ》の徳本を殖《う》うる、三、正定聚《しょうじょうじゅう》に入る、四、一切衆生を救うの心を発《おこ》す、の四法を成就すれば、得られようと答える。

これを聞いた普賢菩薩は、後の五百歳の濁世《じょくせ》にあって、この経典を受持する者を私が守護し、また『法華経』を読誦する人には、六牙《ろくげ》の白象王《びゃくぞうおう》に乗って大菩薩衆とともにその人の前に現れ、守護等すると誓う。さらに、『法華経』を三七日、一心に修習するなら、女人《にょにん》の惑乱《わくらん》することが無くなる等、種々その人を守護する陀羅尼呪《だらにしゅ》を与えるとも誓う。

こうして、陀羅尼呪が示されるが、このあと普賢は釈尊に、この陀羅尼を聞くのは普賢の神通力によるのであり、『法華経』を受持するのも普賢の威神力《いじんりき》によるのであり、もし受持し読誦し正しく憶念し、その義趣《いみ》を解《さと》りて説《おしえ》の如く修行するなら、それは普賢の行を行じているのだと申し上げる。そして、このことの功徳は測り知れないことを示唆し、またその者が命終するとき、千仏がその者を悪趣に堕ちないようにし、兜率天《とそつてん》の弥勒《みろく》菩薩のもとに生まれると明かす。こうして、人々に、『法華経』の書写、受持、読誦を勧めるとともに、「世尊よ、われは今、神通力を以っての故にこの経を守護し、如来の滅後において閻浮提《えんぶだい》の内に広く流布《るふ》せしめて断絶《だんぜつ》せざらしめん」と言うのであった。

釈尊は普賢菩薩を讃嘆し、普賢菩薩の名を受持する者を守護するといい、さらに次のように説く。

普賢よ、若しこの法華経を受持し読誦し正しく憶念し修習し書写する者有らば、当に知るべし、この人は則ち釈迦牟尼仏に見《まみ》えて仏の口よりこの経典を聞くが如しと。当に知るべし、この人は釈迦牟尼仏を供養したてまつるなりと。……当に知るべし、この人は釈迦牟尼仏の衣をもって覆《おお》わるることを為《え》んと。

さらにこの人は、さまざまな煩悩《ぼんのう》に悩まされず、少欲知足《しょうよくちそく》にして、普賢の行を修することができると説き、もし如来の滅後、後の五百歳に『法華経』を受持・読誦する人を見れば、「この人は、久しからずして、当に道場に詣《いた》り、諸の魔衆を破《やぶ》り、阿耨多羅三藐三菩提《あのくたらさんみゃくさんぼだい》を得、法輪を転じ、法の鼓《つづみ》を撃《う》ち、法の螺《かい》を吹き、法の雨《あめ》を雨《ふ》らすべし。当に天・人の大衆の中の師子《しし》の法座《ほうざ》の上に坐すべし」と思うべきだと語る。

さらに、現世にも福のあることを説き、最後に、『法華経』を行ずる者を軽んじ毀《そし》るものは、さまざまな苦しみを受けることを説く。こうして、「この故に、普賢よ、若しこの経典を受持する者を見れば、当に起ちて特に迎うべきこと、当に仏を敬《うやも》うが如くにすべし」と説くのであった。

この普賢菩薩勧発品が説かれたとき、無数の菩薩が普賢の道を具し、あらゆる菩薩、声聞《しょうもん》、等々は大いに歓喜し、仏の語を受持して礼を作して去ったのであった。

著語

（原文）
明年更有新条在
悩乱春風卒未休

（書き下し）
明年《みょうねん》更《さら》に新条《しんじょう》の在《あ》る有《あ》り
春風《しゅんぷう》に悩乱《のうらん》せられて卒《つい》に未《いま》だ休《や》まず

（解説）
花は嵐に散っても、来年にはまた新たに芽吹くであろう。如来は滅せられるが、久遠仏は常住でひとときもやまず仏事をなしているのだ。

普賢菩薩勧発品1

【原文】

幾回生幾回死　生死悠々無窮極
今遇妙法飽参究　且道是什麼人力
適来也記得
款乃和櫓声　満船載月帰

【書き下し】

幾回《いくたび》か生《しょう》じ　幾回《いくたび》か死《し》す　生死《しょうじ》悠々《ゆうゆう》として窮極《きわまり》無《な》し
今《いま》妙法《みょうほう》に遇《あ》ひて飽《あ》くまで参究《さんきゅう》す　且《しばら》く道《い》へ　是《こ》れ什麼人《なんぴと》の力《ちから》ぞ
適来《せきらい》也《ま》た記得《きとく》す
款乃《あいだい》櫓声《ろしょう》に和《わ》し　満船《まんせん》に月《つき》を載《の》せて帰《かえ》る

【現代語訳】

これまでの生死輪廻《しょうじりんね》の中で、幾たびか生まれ、幾たびか死したことであろう。無始から無終へと、生死をこもごもふんで永劫やむことがない。しかし、今、妙法にあうことができ、心ゆくまで参究しえた。さあ言うてみよ、いったいこれは、誰のお蔭か。

（著語）前にすでに述べた。普賢菩薩によること、もはや言うまでもない。

漁も終わった。大漁だ。さあ、元の港に戻ろう。真如《しんにょ》の月に照らされつつ。これで『法華経』への参究もなし終えられた。

【解説】

第三句、「今妙法に遇ひて飽くまで参究す」とある、この「参究」しえた者とはだれであろうか。素直にとれば、各品に讃を工夫した良寛自身であろう。どの品にもその真意を深く探ってきたし、この品は、『法華経』最後の品であり、ここまで来たわけで、その意味でもまさに「飽くまで」参究したとの思いであろう。もちろん、そのお蔭で、私たちもいささか参究しえた。

これも今、この世の人生において、『法華経』に出会えたからである。良寛に即して言えば、道元《どうげん》の禅に参じたことによって、道元が最重要視した経典を無視できなかったからであろう。それにしても、この世で『法華経』に出会えたことは、実に僥倖《ぎょうこう》という言葉も届かないほど有り難いことである。前の「妙荘厳王本事品《みょうしょうごんおうほんじほん》」には、「仏に値いたてまつることを得ること難きこと、優曇波羅《うどんばら》の華《はな》の如く、又、一眼《いちげん》の亀《かめ》の、浮木《うきき》の孔《あな》に値《あ》うが如ければなり」とあったが、そのくらい妙法に出会うことはむずかしいことであるのだから、まして十分に参究出来たことはこの上ない幸せであろう。

この参究すの主体が良寛だとすれば、第一句・第二句の「幾回か生じ　幾回か死す　生死悠々として窮極無し」は、自分自身について言ったものということになる。もちろん、一緒に学ばせていただいた私たちのことでもあることになるが。それは言うまでもなく、始めのない過去から終わりのない未来に向かって、生死輪廻してやまないさまを歌ったものである。であればこそ、この世において妙法に出会えたということは、どこまで感謝してもしきれないことである。『証道《しょうどう》歌《か》』に、「幾迴生、幾迴死、生死悠々無定止」とある。良寛は、この「無定止」を「無窮極」としている。空海の、「生まれ生まれ生まれ生まれて生の始めに暗く、死に死に死に死んで死の終わりに冥し」の言葉が思い合わされる。

さて、これほど無明長夜《むみょうじょうや》の闇路を行くしかないこの自己が、まさにこの世において、『法華経』に出会い参究しえたのは、いったい誰の力のお蔭であろうか。もちろん、この品に寄せていえば、普賢菩薩の力によるというべきである。実際、別のテキストには、「正是普賢威神力」とある。経典にも、「世尊よ、若し菩薩ありて、この陀羅尼を聞くことを得ば、当に知るべし、普賢の神通の力なることを。若し法華経の閻浮提《えんぶだい》に行わるるを受持すること有らば、応にこの念を作すべし、皆これ普賢の威神《いじん》の力なり、と」とあるのをふまえたものである。

ただし、この普賢菩薩の背後には、釈尊がいよう。釈尊の背後には、久遠実成《くおんじつじょう》の釈迦牟尼仏《しゃかむにぶつ》がいよう。畢竟《ひっきょう》、仏の大悲そのもののお蔭であろう。

閣筆《かくひつ》

【原文】

我作法華讃　都来一百二　羅列在這裏　時々須熟視
視時勿容易　句々有深意　一念若能契　直下至仏地

たちかゑ（へ）りまたもこのよにあとたれむなもおもしろきわかのうらなみ

夜や寒き　衣やうすき　するすみの　おとさへしのふ　閨の文
一筆染て　かほあけて　きのふは恨　けふはまた
こひしゆかしき　とりとりの　なにからさきへ
あゝしむき

硯引寄　書墨の　音さへ忍ぶ
閨の文○
夜や寒き　衣や薄き　独寝の　夢も破て
うつとりと　○一筆染て　顔あげて　昨日は恨
今日はまた　恋しゆかしき　とり〳〵の
何から先へ　あゝしむき

○印は、挿入箇所を示す。

法華讃　〈裏表紙〉

【書き下し】

我《わ》れ法華讃《ほっけさん》を作《つく》る　都来《すべて》一百二《いっぴゃくに》　羅列《られつ》して這裏《ここ》に在《あ》り
時々《じじ》に須《すべか》らく熟視《じゅくし》すべし
視《み》る時容易《ときようい》にする勿《なか》れ　句々深意《くくじんい》有《あ》り　一念《いちねん》若《も》し能《よ》く契《かな》
はば　直下《じきげ》に仏地《ぶっち》に至《いた》らん

立《た》ち返《かえ》りまたもこの世《よ》にあとたれむ名《な》も面白《おもしろ》き和歌《わか》の浦波《うらなみ》

夜《よ》や寒《さむ》き　衣《ころも》や薄《うす》き　磨《す》る墨《すみ》の　音《おと》さへ忍《しの》ぶ　閨《ねや》の文《ふみ》
一筆染《ひとふでそめ》て　顔上《かおあ》げて　昨日《きのう》は恨《うらみ》　今日《きょう》はまた
恋《こい》しゆかしき　とりどりの　何《なに》から先《さき》へ
ああしむき

夜《よ》や寒《さむ》き　衣《ころも》や薄《うす》き　独寝《ひとりね》の　夢《ゆめ》も破《やぶれ》て　うっとりと
硯引寄《すずりひきよせ》　書墨《かくすみ》の　音《おと》さへ忍《しの》ぶ　閨《ねや》の文《ふみ》
一筆染《ひとふでそめ》て　顔《かお》あげて　昨日《きのう》は恨《うらみ》　今日《きょう》はまた　恋《こい》しゆかしき
とりどりの　何《なに》から先《さき》へ　ああしむき

法華讃　〈裏表紙〉

【現代語訳】

私は、『法華讃』を作った。全部で百二首ある。すべてここに並べておいた。これを折につけよく味わってほしい。その際、安易に受け止めてはならぬ。というのも、それぞれの句に、深い意味があるからだ。その深い意味に、一念でも合致すれば、その場で仏となるであろう。

（著語）何度でも参究し推敲しよう。この讃を作る作業は面白いこと限りない。

粗末な庵で、着るものもなく、冷える夜のしじまの中で、一つ讃を作っては、あれこれ考え、『法華讃』を制作した。これぞ私の大好きな一人遊びだ。さて今夜は、どれから再考しようか。

【解説】

良寛はこの作品で、序にあたる「開口」とこの結びにあたる「閣筆」を含めて、百二の漢詩による『法華経』への讃をまとめたのであった。「開口」と「閣筆」を除けば、ちょうど百首である。日本では、古来、『法華経』に和歌百首を捧げる例があり（『尊円親王詠法華経百首』、尊鎮法親王『慈鎮和尚三百年遠忌法華経和歌』など）、一方、禅宗では古則《こそく》（古来の禅問答の公案《こうあん》）を百、選んでこれに頌《じゅ》をつける習わしもあった（『碧巌録』『従容録』など）。良寛の『法華讃』は、その和漢の伝統が融合されて、独自の香り高い作品となっている。

良寛は、この作品をよく学んでほしいと訴えている。良寛は多くの和歌や漢詩を残したが、それらについて、熟視してほしいと呼びかけたことがあったであろうか。おそらく皆無であろう。そうした中、このような言葉をここに留めていることには、良寛のこの作品に対する思い入れがいかに深いかがよくうかがわれる。

のみならず、この『法華讃』の各品の讃の一句一句、深い意味があるのだという。確かに、良寛はただ『法華経』の表面的な意味にしたがうだけではなく、『法華経』の真意、核心に迫ってこれらの讃を作られている。常に法華そのものを、すなわち諸法実相《しょほうじっそう》そのものを直指している。それをこの百二首のどこかでひとたびでも体得できたら、仏にもほかならないであろうという。ここまで明瞭に述べる良寛は稀であろう。他にほとんどないであろう。

書道の世界においても、細楷《さいかい》として名品中の名品であり、その味わいは尽きないが、やはりここに込められた禅旨に注目すべきである。この作品こそ、良寛の代表作であり、古今の禅文学の白眉である。また、良寛の暖皮肉《だんぴにく》である。

著者紹介

竹村牧男（たけむら・まきお）　全国良寛会顧問・東洋大学学長
1948 年東京生まれ。東京大学文学部印度哲学科卒業。文化庁宗務課専門職員、三重大学助教授、筑波大学教授、東洋大学教授を経て、現在、東洋大学学長。専攻は仏教学・宗教哲学。唯識思想研究で博士（文学）。
著書に、『唯識三性説の研究』『唯識の構造』『『成唯識論』を読む』『『華厳五教章』を読む』『『大乗起信論』を読む』『〈宗教〉の核心——西田幾多郎と鈴木大拙に学ぶ』『心とはなにか』『華厳とは何か〈新装版〉』『井上円了——その哲学・思想』（春秋社）、『日本浄土教の世界』『大乗仏教のこころ』（大東出版社）、『入門　哲学としての仏教』（講談社現代新書）、『日本仏教　思想のあゆみ』（講談社学術文庫）、『禅の思想を知る事典』（東京堂出版）ほか多数。

小島正芳（こじま・まさよし）　一般財団法人良寛会理事長・全国良寛会副会長
1951 年生まれ。新潟大学教育学部書道科卒。新潟県立新潟高等学校、新潟県立文書館、新潟県立新発田高等学校、新潟県立村松高等学校などに勤務。2012 年 3 月、新潟県立三条高等学校校長を最後に定年退職。現在、一般財団法人良寛会理事長・全国良寛会副会長。
著書に、『良寛と會津八一』『良寛のふるさと』（新潟日報事業社）、『良寛の書の世界』（恒文社）、『若き良寛の肖像』『良寛——その人と書〈五合庵時代〉』（考古堂）、『良寛遺墨集——その人と書』全 3 巻（淡交社）。釈文・解説に、『良寛』（没後百五十年良寛展図録）、『人間良寛　その生涯と芸術』（生誕二百三十年記念展図録）、『慈愛の人良寛—その生涯と書』（岡山県立美術館良寛展図録）、生誕二百六十年記念『心のふるさと良寛』図録（永青文庫）など。

良寛「法華讃」

2019年5月20日　第1刷発行

著作権者＝一般財団法人良寛会
監　　修＝全国良寛会
著　　者＝竹村牧男
発 行 者＝神田　明
発 行 所＝株式会社　春秋社
〒101-0021　東京都千代田区外神田2-18-6
電話　03-3255-9611（営業）　03-3255-9614（編集）
振替　00180-6-24861　http://www.shunjusha.co.jp/
装　　丁＝河村　誠
装丁写真＝良寛「法華讃」（新潟市所蔵）
印　　刷＝萩原印刷株式会社

ISBN 978-4-393-13429-0　定価はカバー等に表示してあります